U0952568

中华人民共和国
气象法规汇编

2013

中国气象局政策法规司　编

气象出版社
China Meteorological Press

图书在版编目(CIP)数据

中华人民共和国气象法规汇编.2013/中国气象局政策法规司编.—北京:气象出版社,2014.5

ISBN 978-7-5029-5936-4

Ⅰ.①中… Ⅱ.①中… Ⅲ.①气象法-法规-汇编-中国-2013 Ⅳ.①D922.179

中国版本图书馆 CIP 数据核字(2014)第 091517 号

Zhonghua Renmin Gongheguo Qixiang Fagui Huibian 2013

中华人民共和国气象法规汇编 2013

出版发行:气象出版社

地　　址:北京市海淀区中关村南大街 46 号　　邮政编码:100081

总 编 室:010-68407112　　发 行 部:010-68409198

网　　址:http://www.cmp.cma.gov.cn　　E-mail: qxcbs@cma.gov.cn

责任编辑:陈　红　　终　　审:朱文琴

封面设计:詹　辉　　责任技编:吴庭芳

责任校对:华　鲁

印　　刷:北京奥鑫印刷厂

开　　本:850mm×1168mm　1/32　　印　　张:12

字　　数:290 千字

版　　次:2014 年 8 月第 1 版

印　　次:2014 年 8 月第 1 次印刷

定　　价:30.00 元

本书如存在文字不清、漏印以及缺页、倒页、脱页等,请与本社发行部联系调换

前　言

为了适应气象依法行政以及气象行政执法和普法工作的需要，根据国务院《法规汇编编辑出版管理规定》和《中国气象局职能配置、内设机构和人员编制规定》确定的职责分工，中国气象局政策法规司于1987年起定期出版《中华人民共和国气象法规汇编》（以下简称《汇编》）。

本《汇编》收集了2013年1月1日至2013年12月31日发布的，并在2013年12月31日前仍然有效的气象法规、部门规章以及重要的规范性文件等共47件，其中与有关部（委、局）联合发布的规范性文件1件，气象部门规章2件，气象部门规范性文件26件，地方性气象法规和地方政府规章18件。

对于2013年1月1日至2013年12月31日应予废止的气象方面规范性文件11件，列出目录，附在其后。

在本《汇编》中编辑的气象法规以及重要的规范性文件目录先按照分类，然后按照发布实施的时间顺序排列。对规范内容基本维持原状，仅对少数法规中的附录、附件部分进行了省略，并校正了有错误的用词、用字和标点。

本《汇编》在编辑过程中，得到中国气象局职能机构和各省、自治区、直辖市气象局的支持和协助，在此谨表谢意。

中国气象局政策法规司

2014年5月

目 录

地方性法规和地方政府规章

与有关部(委、局)联合发布的规范性文件

气象标准化管理规定

中国气象局　国家标准化管理委员会

（气发〔2013〕82 号）

2013 年 9 月 10 日

第一章　总　则

第一条　为规范气象标准化工作，增强气象标准的系统性、科学性、协调性和适用性，提升气象标准化工作对气象事业科学发展的支撑保障作用，根据《中华人民共和国标准化法》、《中华人民共和国气象法》等有关法律法规，制定本规定。

第二条　气象领域的国家标准、行业标准、标准化指导性技术文件和地方标准（以下简称气象标准）的制修订、实施及监督等工作，适用本规定。

第三条　需要在全国范围内统一的气象技术、管理和服务要求，应当制定国家标准。

对没有国家标准又需要在气象行业范围内统一的技术、管理和服务要求，应当制定行业标准。

尚无国家标准和行业标准，且因当地自然条件或者特殊要求，需要在本省、自治区、直辖市范围内统一的气象技术、管理和服务要求，可以制定相应的地方标准。

第四条　气象标准化工作应当坚持需求牵引、广泛参与、突出重点、注重实效的原则。

第五条 气象标准化是国家标准化体系和气象事业发展的重要组成部分。各级标准化行政主管部门和气象主管机构应当加大对气象标准化工作的支持和投入，鼓励气象行业各相关组织和个人按照气象标准化规划和标准体系的要求，积极参与标准制修订及宣贯实施工作。

第六条 气象标准化发展规划应当纳入气象事业发展规划，气象标准化工作应当纳入年度目标管理和气象业务技术考核范围，气象标准制修订经费和宣传贯彻经费、工作机构运行经费等各类气象标准化工作经费应当纳入年度国家气象基建投资计划和气象事业经费预算。各省、自治区、直辖市应当安排气象标准化专项工作经费，并对所承担的气象国家标准和行业标准制修订项目匹配一定的经费。

第七条 组织推进气象标准化工作时，应当认真分析研究相应的国际标准和国外先进标准，并结合我国气象事业实际发展需求与状况加以采用和吸收，积极参与国际标准化工作。

第二章 组织与分工

第八条 在国家标准化管理委员会的统一管理、协调与监督下，中国气象局分工管理气象标准化工作，其职责如下：

（一）贯彻执行国家标准化法律、法规和方针、政策，制定气象标准化管理的规章制度；

（二）组织制定、实施气象标准化战略、发展规划和工作计划，组织建立气象标准体系；

（三）组织完成气象国家标准项目任务；

（四）组织管理气象行业标准的计划、审批、编号、发布、出版和备案工作；

（五）受国家标准化管理委员会委托，管理气象领域全国专业标准化技术委员会，根据需要组建和管理气象行业标准化技术委员会；

（六）组织开展气象标准的宣传、贯彻、培训和实施监督；

（七）承担气象领域的标准化工作的国际交流与合作；

（八）指导省、自治区、直辖市气象主管机构开展气象标准化工作。

第九条 省、自治区、直辖市标准化行政主管部门统一管理本行政区域内的地方气象标准化工作，其职责如下：

（一）负责本行政区域内的气象地方标准的统一编制计划、组织制定、审批、编号、发布；

（二）管理气象领域地方标准化技术组织，根据需要组建地方气象专业标准化技术委员会；

（三）负责在本行政区域内组织实施气象地方标准并对其实施情况进行监督检查。

第十条 省、自治区、直辖市气象主管机构分工管理本行政区域内的气象标准化工作，其职责如下：

（一）贯彻执行国家标准化工作的法律、法规和方针、政策，制定在本行政区域内实施的具体办法；

（二）组织制定和实施地方气象标准化工作规划和年度计划；

（三）组织本行政区域内气象标准制修订计划项目的申报；

（四）组织气象领域相关国家标准、行业标准和地方标准的编制，在本行政区域内组织气象标准的实施；

（五）负责向中国气象局报送已发布的气象地方标准档案材料；

（六）组织开展本行政区域内气象标准的宣传、贯彻、培训和实施监督；在本行政区域内对气象标准实施情况进行监督检查；

（七）指导下级气象主管机构开展气象标准化工作；

（八）协助省、自治区、直辖市标准化行政主管部门开展工作，受委托指导和管理本行政区域内地方气象专业标准化技术委员会；

（九）组织管理本行政区域内非气象部门所属企事业单位参与气象标准化工作的活动。

第十一条 气象领域全国专业标准化技术委员会、分技术委员会以及气象行业标准化技术委员会（以下简称标委会），是在气象领域从事全国性和行业性气象标准化工作的技术组织，其职责如下：

（一）分析本专业领域标准化的需求，研究提出本专业领域的标准化发展规划、标准体系和气象标准制修订计划项目建议；

（二）负责本专业领域国家标准和行业标准项目申报材料及送审稿的审查，提出立项建议和审查意见；

（三）协助组织本专业领域国家标准和行业标准的制修订工作，并对所归口气象标准的技术内容和质量负责；

（四）负责本专业领域国家标准和行业标准的复审工作，提出标准继续有效、修订或者废止的建议；

（五）负责本专业领域国家标准和行业标准的宣讲、解释，承担已发布标准实施情况的调查、评估工作；

（六）根据国家标准化管理委员会的有关规定，协助进行本专业领域国家标准的对外通报和咨询工作。承担或协助承担本专业领域的国际标准化技术工作，跟踪、分析相关国际标准和国外先进标准，并提出采用国际标准的建议；

（七）每年至少召开一次全体委员会工作会议。及时向国家标准化管理委员会和中国气象局报告工作，每年 1 月 15 日前应当上报年度工作报告和年度工作报表；

（八）建立和管理本专业领域国家标准和行业标准立项、起草、征求意见、审查、报批等相关工作档案；

（九）承担国家标准化管理委员会和中国气象局交办的气象标准化方面的其他工作。

各标委会的日常工作由秘书处承担单位负责。

第三章　标准的制修订

第十二条　对下列需要统一的技术、管理和服务要求，应当制定气象标准：

（一）气象术语、符号、代号（含代码）、文件格式、从业资格等通用要求；

（二）气象仪器、观测方法、技术装备及技术保障等要求；

（三）气象数据管理、档案管理和信息网络系统等要求；

（四）气象灾害监测、预警、防御、气象预报以及公共气象服务等要求；

（五）气候与气候变化的监测、预测、评估等要求；

（六）气象卫星业务运行和卫星数据监测、传输、交换以及气象卫星遥感监测和应用等要求；

（七）空间天气监测、预警、服务等要求；

（八）农业气象和生态气象及其灾害的监测、预报、评估等要求；

（九）人工影响天气作业技术、安全、装备、效果评价等要求；

（十）雷电监测、预警、防护、灾害调查、风险评估等要求；

（十一）风能太阳能气候资源的监测、预测、评估以及开发利用过程中与气象相关的要求；

（十二）大气成分观测、预报、预警和服务等要求；

（十三）公共气象服务业务系统建设和产品制作、质量评估等要求；

（十四）其他需要统一的气象技术、管理和服务要求。

第十三条 制定国家标准、行业标准和地方标准尚不成熟、符合下列情形之一的可以制定气象标准化指导性技术文件：

（一）技术尚在发展中，需要有相应的标准文件引导其发展或者具有标准化价值，尚不能制定为标准的项目；

（二）采用国际标准化组织以及其他国际组织（包括区域性国际组织）的技术报告的项目。

第十四条 气象标准分为强制性标准和推荐性标准。涉及下列技术、服务和管理要求的标准属于强制性标准：

（一）重要气象设施、气象技术衔接规定等涉及保障国家安全的要求；

（二）气象灾害防御、人工影响天气作业安全等涉及保护人体健康和人身财产安全的要求；

（三）气象设施和探测环境保护等法律、法规规定需要强制执行的要求。

其他标准属于推荐性标准。

第十五条 气象国家标准和行业标准制修订实行年度计划项目管理。

制修订年度计划项目经批准后一般不作调整。因特殊原因确需调整的，由项目承担单位提出并报归口标委会。气象国家标准项目按有关程序和要求报送国家标准化管理委员会批准后执行，气象行业标准项目报送中国气象局批准后执行。

第十六条 制修订气象标准应当符合下列要求：

（一）符合国家法律法规的规定；

（二）符合《标准化工作导则》（GB/T 1）等标准制修订工作的基础性系列国家标准的要求；

（三）与相关标准协调统一；

（四）技术成熟、可行，经济合理。

第十七条 气象行业标准、地方标准发布后，应当按有关程序和要求报送国家标准化管理委员会备案。气象地方标准还应同时向中国气象局报备。

第十八条 制修订气象标准的工作环节包括：预研究、立项、起草标准草案、征求意见、审查、批准、出版、复审。

制修订气象标准的具体管理细则按照国家有关规定和本规定另行制定。

第四章 标准的实施与监督

第十九条 各级气象主管机构、各标委会以及气象行业各有关单位要大力开展气象标准的宣传、贯彻和培训活动，普及标准化知识，促进气象标准的实施应用。

气象标准宣传贯彻实施工作应当纳入各级气象主管机构、各标委会以及气象行业相关企事业单位的业务建设、培训、技术改造等相关工作计划。

第二十条 强制性气象标准必须强制执行。推荐性气象标准鼓励执行。推荐性气象标准被法律、法规或强制性气象标准引用的，也必须强制执行。

任何公民、法人或者其他组织有权检举、揭发违反强制性气象标准的行为。

第二十一条 从事气象业务、服务、科研及管理等活动，应当符合气象标准的规定，气象领域的业务规范和管理文件应当以标准为依据。

气象行业相关企事业单位应当积极贯彻、实施气象标准。实施标准中出现的有关问题，应当及时向中国气象局或国家标准化管理委员会报告。

第二十二条 各级标准化行政主管部门和气象主管机构按照有关法律法规的要求，分工合作，加强对气象标准实施的监督检查，对不执行强制性标准的单位和个人，应当依法予以纠正和查处。

第二十三条 各级标准化行政主管部门和气象主管机构应当积极推动气象社会管理和公共气象服务综合标准化试点工作的开展，共同争取地方政府对试点工作的支持，并加强对试点单位和试点工作的过程管理和指导，推动气象标准的实施和气象标准化品牌的培育。

第二十四条 各级标准化行政主管部门和气象主管机构应当积极推进气象标准化工作的信息化建设，加强气象标准化信息资源整合，扩大气象标准影响，强化气象标准服务能力。

第二十五条 各级标准化行政主管部门和气象主管机构应当建立气象标准实施信息反馈及效益评价机制，提高气象标准质量和应用效益。

第五章 奖励与处罚

第二十六条 气象标准及相关研究成果属于科技成果，应当作为专业技术职务任职资格评审和专业技术岗位晋升的依据。对于技术水平高并取得显著成效的标准，应当纳入气象科技成果和标准化成果等奖励范围。

第二十七条 各级气象主管机构和有关企事业单位应当对在气象标准化工作中作出突出贡献的集体和个人进行表彰奖励。

第二十八条 对无正当理由，不能如期完成标准制修订任务的单位和第一起草人实行通报及记录在案制度，并取消其今后两年内申请气象标准项目的资格。

第二十九条 有关单位和人员因违反气象标准造成不良后果以致重大事故的，应当追究相应的行政责任、经济责任和法律责任。

第三十条 气象标准化工作人员因失职、渎职造成不良后果和重大损失者,应当追究相应的行政责任和法律责任。

第六章 附 则

第三十一条 本规定自发布之日起实施。由国家标准化管理委员会和中国气象局负责解释。

部门规章

中国气象局关于修改《防雷减灾管理办法》的决定

（中国气象局令第 24 号）

2013 年 5 月 31 日

中国气象局决定对《防雷减灾管理办法》作如下修改：

一、将第十二条第三款修改为："防雷工程专业设计或者施工资质分为甲、乙、丙三级，由省、自治区、直辖市气象主管机构认定。"

二、将第二十条修改为："防雷装置检测机构的资质由省、自治区、直辖市气象主管机构负责认定。"

三、本决定自 2013 年 6 月 1 日起施行，《防雷减灾管理办法》根据本决定作相应的修改，重新公布。

第一章　总　则

第一条　为了加强雷电灾害防御工作，规范雷电灾害管理，提高雷电灾害防御能力和水平，保护国家利益和人民生命财产安全，维护公共安全，促进经济建设和社会发展，依据《中华人民共和国气象法》、《中华人民共和国行政许可法》和《气象灾害防御条例》等法律、法规的有关规定，制定本办法。

第二条　在中华人民共和国领域和中华人民共和国管辖的其

他海域内从事雷电灾害防御活动的组织和个人,应当遵守本办法。

本办法所称雷电灾害防御(以下简称防雷减灾),是指防御和减轻雷电灾害的活动,包括雷电和雷电灾害的研究、监测、预警、风险评估、防护以及雷电灾害的调查、鉴定等。

第三条 防雷减灾工作,实行安全第一、预防为主、防治结合的原则。

第四条 国务院气象主管机构负责组织管理和指导全国防雷减灾工作。

地方各级气象主管机构在上级气象主管机构和本级人民政府的领导下,负责组织管理本行政区域内的防雷减灾工作。

国务院其他有关部门和地方各级人民政府其他有关部门应当按照职责做好本部门和本单位的防雷减灾工作,并接受同级气象主管机构的监督管理。

第五条 国家鼓励和支持防雷减灾的科学技术研究和开发,推广应用防雷科技研究成果,加强防雷标准化工作,提高防雷技术水平,开展防雷减灾科普宣传,增强全民防雷减灾意识。

第六条 外国组织和个人在中华人民共和国领域和中华人民共和国管辖的其他海域从事防雷减灾活动,应当经国务院气象主管机构会同有关部门批准,并在当地省级气象主管机构备案,接受当地省级气象主管机构的监督管理。

第二章 监测与预警

第七条 国务院气象主管机构应当组织有关部门按照合理布局、信息共享、有效利用的原则,规划全国雷电监测网,避免重复建设。

地方各级气象主管机构应当组织本行政区域内的雷电监测网建设,以防御雷电灾害。

第八条 各级气象主管机构应当加强雷电灾害预警系统的建设工作，提高雷电灾害预警和防雷减灾服务能力。

第九条 各级气象主管机构所属气象台站应当根据雷电灾害防御的需要，按照职责开展雷电监测，并及时向气象主管机构和有关灾害防御、救助部门提供雷电监测信息。

有条件的气象主管机构所属气象台站可以开展雷电预报，并及时向社会发布。

第十条 各级气象主管机构应当组织有关部门加强对雷电和雷电灾害的发生机理等基础理论和防御技术等应用理论的研究，并加强对防雷减灾技术和雷电监测、预警系统的研究和开发。

第三章 防雷工程

第十一条 各类建(构)筑物、场所和设施安装的雷电防护装置(以下简称防雷装置)，应当符合国家有关防雷标准和国务院气象主管机构规定的使用要求，并由具有相应资质的单位承担设计、施工和检测。

本办法所称防雷装置，是指接闪器、引下线、接地装置、电涌保护器及其连接导体等构成的，用以防御雷电灾害的设施或者系统。

第十二条 对从事防雷工程专业设计和施工的单位实行资质认定。

本办法所称防雷工程，是指通过勘察设计和安装防雷装置形成的雷电灾害防御工程实体。

防雷工程专业设计或者施工资质分为甲、乙、丙三级，由省、自治区、直辖市气象主管机构认定。

第十三条 防雷工程专业设计或者施工单位，应当按照有关规定取得相应的资质证书后，方可在其资质等级许可的范围内从事防雷工程专业设计或者施工。具体办法由国务院气象主管机构另行制定。

第十四条 防雷工程专业设计或者施工单位，应当按照相应的资质等级从事防雷工程专业设计或者施工。禁止无资质或者超出资质许可范围承担防雷工程专业设计或者施工。

第十五条 防雷装置的设计实行审核制度。

县级以上地方气象主管机构负责本行政区域内的防雷装置的设计审核。符合要求的，由负责审核的气象主管机构出具核准文件；不符合要求的，负责审核的气象主管机构提出整改要求，退回申请单位修改后重新申请设计审核。未经审核或者未取得核准文件的设计方案，不得交付施工。

第十六条 防雷工程的施工单位应当按照审核同意的设计方案进行施工，并接受当地气象主管机构监督管理。

在施工中变更和修改设计方案的，应当按照原申请程序重新申请审核。

第十七条 防雷装置实行竣工验收制度。

县级以上地方气象主管机构负责本行政区域内的防雷装置的竣工验收。

负责验收的气象主管机构接到申请后，应当根据具有相应资质的防雷装置检测机构出具的检测报告进行核实。符合要求的，由气象主管机构出具验收文件。不符合要求的，负责验收的气象主管机构提出整改要求，申请单位整改后重新申请竣工验收。未取得验收合格文件的防雷装置，不得投入使用。

第十八条 出具检测报告的防雷装置检测机构，应当对隐蔽工程进行逐项检测，并对检测结果负责。检测报告作为竣工验收的技术依据。

第四章　防雷检测

第十九条　投入使用后的防雷装置实行定期检测制度。防雷装置应当每年检测一次，对爆炸和火灾危险环境场所的防雷装置应当每半年检测一次。

第二十条　防雷装置检测机构的资质由省、自治区、直辖市气象主管机构负责认定。

第二十一条　防雷装置检测机构对防雷装置检测后，应当出具检测报告。不合格的，提出整改意见。被检测单位拒不整改或者整改不合格的，防雷装置检测机构应当报告当地气象主管机构，由当地气象主管机构依法作出处理。

防雷装置检测机构应当执行国家有关标准和规范，出具的防雷装置检测报告必须真实可靠。

第二十二条　防雷装置所有人或受托人应当指定专人负责，做好防雷装置的日常维护工作。发现防雷装置存在隐患时，应当及时采取措施进行处理。

第二十三条　已安装防雷装置的单位或者个人应当主动委托有相应资质的防雷装置检测机构进行定期检测，并接受当地气象主管机构和当地人民政府安全生产管理部门的管理和监督检查。

第五章　雷电灾害调查、鉴定

第二十四条　各级气象主管机构负责组织雷电灾害调查、鉴定工作。

其他有关部门和单位应当配合当地气象主管机构做好雷电灾害调查、鉴定工作。

第二十五条　遭受雷电灾害的组织和个人，应当及时向当地气象主管机构报告，并协助当地气象主管机构对雷电灾害进行调查与鉴定。

第二十六条　地方各级气象主管机构应当及时向当地人民政府和上级气象主管机构上报本行政区域内的重大雷电灾情和年度雷电灾害情况。

第二十七条　大型建设工程、重点工程、爆炸和火灾危险环境、人员密集场所等项目应当进行雷电灾害风险评估，以确保公共安全。

各级地方气象主管机构按照有关规定组织进行本行政区域内的雷电灾害风险评估工作。

第六章　防雷产品

第二十八条　防雷产品应当符合国务院气象主管机构规定的使用要求。

第二十九条　防雷产品应当由国务院气象主管机构授权的检测机构测试，测试合格并符合相关要求后方可投入使用。

申请国务院气象主管机构授权的防雷产品检测机构，应当按照国家有关规定通过计量认证、获得资格认可。

第三十条　防雷产品的使用，应当到省、自治区、直辖市气象主管机构备案，并接受省、自治区、直辖市气象主管机构的监督检查。

第七章　罚　则

第三十一条　申请单位隐瞒有关情况、提供虚假材料申请资质认定、设计审核或者竣工验收的，有关气象主管机构不予受理或者不予行政许可，并给予警告。申请单位在一年内不得再次申请资质认定。

第三十二条　被许可单位以欺骗、贿赂等不正当手段取得资质、通过设计审核或者竣工验收的，有关气象主管机构按照权限给予警告，可以处 1 万元以上 3 万元以下罚款；已取得资质、通过设计审核或者竣工验收的，撤销其许可证书；被许可单位三年内不得再次申请资质认定；构成犯罪的，依法追究刑事责任。

第三十三条　违反本办法规定，有下列行为之一的，由县级以上气象主管机构按照权限责令改正，给予警告，可以处 5 万元以上 10 万元以下罚款；给他人造成损失的，依法承担赔偿责任；构成犯罪的，依法追究刑事责任：

（一）涂改、伪造、倒卖、出租、出借、挂靠资质证书、资格证书或者许可文件的；

（二）向负责监督检查的机构隐瞒有关情况、提供虚假材料或者拒绝提供反映其活动情况的真实材料的。

第三十四条　违反本办法规定，有下列行为之一的，由县级以上气象主管机构按照权限责令改正，给予警告，可以处 5 万元以上 10 万元以下罚款；给他人造成损失的，依法承担赔偿责任：

（一）不具备防雷装置检测、防雷工程专业设计或者施工资质，擅自从事相关活动的；

（二）超出防雷装置检测、防雷工程专业设计或者施工资质等级从事相关活动的；

（三）防雷装置设计未经当地气象主管机构审核或者审核未通过，擅自施工的；

（四）防雷装置未经当地气象主管机构验收或者未取得验收文件，擅自投入使用的。

第三十五条　违反本办法规定，有下列行为之一的，由县级以上气象主管机构按照权限责令改正，给予警告，可以处 1 万元以上 3 万元以下罚款；给他人造成损失的，依法承担赔偿责任；构成犯罪的，依法追究刑事责任：

（一）应当安装防雷装置而拒不安装的；

（二）使用不符合使用要求的防雷装置或者产品的；

（三）已有防雷装置，拒绝进行检测或者经检测不合格又拒不整改的；

（四）对重大雷电灾害事故隐瞒不报的。

第三十六条 违反本办法规定，导致雷击造成火灾、爆炸、人员伤亡以及国家财产重大损失的，由主管部门给予直接责任人行政处分；构成犯罪的，依法追究刑事责任。

第三十七条 防雷工作人员由于玩忽职守，导致重大雷电灾害事故的，由所在单位依法给予行政处分；致使国家利益和人民生命财产遭到重大损失，构成犯罪的，依法追究刑事责任。

第八章 附 则

第三十八条 从事防雷专业技术的人员应当取得资格证书。

省级气象学会负责本行政区域内防雷专业技术人员的资格认定工作。防雷专业技术人员应当通过省级气象学会组织的考试，并取得相应的资格证书。

省级气象主管机构应当对本级气象学会开展防雷专业技术人员的资格认定工作进行监督管理。

第三十九条 本办法自 2011 年 9 月 1 日起施行。2005 年 2 月 1 日中国气象局公布的《防雷减灾管理办法》同时废止。

中国气象局关于修改《防雷工程专业资质管理办法》的决定

（中国气象局令第25号）

2013年5月31日

中国气象局决定对《防雷工程专业资质管理办法》作如下修改：

一、将第三条第二款修改为："国务院气象主管机构负责全国防雷工程专业资质的监督管理工作。省、自治区、直辖市气象主管机构负责本行政区域内防雷工程专业资质的管理和认定工作。"

二、将第十二条修改为："申请防雷工程专业资质的单位，应当向企业注册所在地的设区的市级气象主管机构提出申请。

防雷工程专业资质的受理时间为每年的3月和11月。"

三、将第十六条第一款修改为："设区的市级气象主管机构负责组织对本行政区域内申请防雷工程专业资质的单位进行初审。主要审查申请单位提供的材料是否真实、完整，是否符合相应的资质条件。"

四、将第十七条修改为："防雷工程专业资质由省、自治区、直辖市气象主管机构委托防雷工程专业资质评审委员会组织评审，评审结果报省、自治区、直辖市气象主管机构。省、自治区、直辖市气象主管机构应当在收到评审结果后二十个工作日内作出认定，认定通过后报国务院气象主管机构备案，并颁发《防雷工程专业设计资质证》或者《防雷工程专业施工资质证》。

未通过认定的，在认定决定作出后十个工作日内由认定机构出具书面凭证，退回原申请单位，并说明理由。”

五、将第十八条修改为：“防雷工程专业资质评审委员会的人员组成由省、自治区、直辖市气象主管机构确定，并报国务院气象主管机构备案。

防雷工程专业资质评审委员会在评审前，可以根据工作需要指派两名以上工作人员到申请单位进行现场核查；评审时以投票方式进行表决，并提出评审意见。”

六、本决定自2013年6月1日起施行，《防雷工程专业资质管理办法》根据本决定作相应的修订、重新公布。

第一章　总　则

第一条　为了加强防雷工程专业资质管理，规范防雷工程专业设计和施工行为，维护国家利益，保护人民生命财产和公共安全，依据《中华人民共和国气象法》、《中华人民共和国行政许可法》和《气象灾害防御条例》等有关规定，制定本办法。

第二条　在中华人民共和国境内从事防雷工程专业设计或者施工的单位，应当按照本办法的规定申请防雷工程专业设计或者施工资质。经认定合格，取得《防雷工程专业设计资质证》或者《防雷工程专业施工资质证》后，方可在资质等级许可的范围内从事防雷工程专业设计或者施工。

第三条　防雷工程专业资质分为设计资质和施工资质两类，资质等级分为甲、乙、丙三级。

国务院气象主管机构负责全国防雷工程专业资质的监督管理工作。省、自治区、直辖市气象主管机构负责本行政区域内防雷工程专业资质的管理和认定工作。

第四条 甲级资质单位可以从事《建筑物防雷设计规范》规定的第一类、第二类、第三类防雷建筑物，以及各类场所和设施的防雷工程的设计或者施工。

乙级资质单位可以从事《建筑物防雷设计规范》规定的第二类、第三类防雷建筑物，以及各类场所和设施的防雷工程的设计或者施工。

丙级资质单位可以从事《建筑物防雷设计规范》规定的第三类防雷建筑物的防雷工程的设计或者施工。

不可移动文物防雷工程的设计或者施工应当由乙级以上资质单位承担。

第五条 《防雷工程专业设计资质证》和《防雷工程专业施工资质证》分正本和副本，由国务院气象主管机构统一印制。

第六条 防雷工程专业资质的认定应当遵循公开、公平、公正以及便民、高效和信赖保护的原则。

第七条 防雷产品生产、经销、研制单位不得申请防雷工程专业设计资质。

第二章 资质申请条件

第八条 申请防雷工程专业设计或者施工资质的单位必须具备以下基本条件：

（一）企业法人资格；

（二）有固定的办公场所和防雷工程专业设计或者施工的设备和设施；

（三）从事防雷工程专业的技术人员必须取得《防雷工程资格证书》；

（四）有防雷工程专业设计或者施工规范、标准等资料并具有档案保管条件；

（五）建立质量保证体系，具备安全生产基本条件和完善的规章制度。

第九条 申请甲级资质的单位除了符合本办法第八条的基本条件外，还应当同时符合以下条件：

（一）注册资本人民币 150 万元以上；

（二）具有与承担业务相适应的防雷工程专业技术人员和辅助专业技术人员。取得《防雷工程资格证书》的专业技术人员中，三名以上具有防雷相关专业高级技术职称，六名以上具有防雷相关专业中级技术职称；

（三）近三年完成防雷工程总额不少于 800 万元，所完成的综合防雷工程不少于二十个，每个工程额不低于 30 万元，其中至少有一个工程额不低于 150 万元；

（四）所承担的防雷工程，必须经过当地气象主管机构的设计审核和竣工验收；

（五）取得乙级资质三年以上，每年年检合格。

第十条 申请乙级资质的单位除了符合本办法第八条的基本条件外，还应当同时符合以下条件：

（一）注册资本人民币 80 万元以上；

（二）具有与承担业务相适应的防雷工程专业技术人员和辅助专业技术人员。取得《防雷工程资格证书》的专业技术人员中，两名以上具有防雷相关专业高级技术职称，四名以上具有防雷相关专业中级技术职称；

（三）近三年内完成防雷工程总额不少于 400 万元，所完成的综合防雷工程不少于二十个，每个工程额不低于 15 万元，其中至少有两个工程额不低于 50 万元；

（四）所承担的防雷工程，必须经过当地气象主管机构的设计审核和竣工验收；

（五）取得丙级资质一年以上，每年年检合格。

第十一条 申请丙级资质的单位除了符合第八条的基本条件外，还应当同时符合以下条件：

（一）注册资本人民币 50 万元以上；

（二）具有与承担业务相适应的防雷工程专业技术人员和辅助专业技术人员。取得《防雷工程资格证书》的专业技术人员中，一名以上具有防雷相关专业高级技术职称，三名以上具有防雷相关专业中级技术职称。

第三章 资质申请与受理

第十二条 申请防雷工程专业资质的单位，应当向企业注册所在地的设区的市级气象主管机构提出申请。

防雷工程专业资质的受理时间为每年的 3 月和 11 月。

第十三条 满足本办法第八条和第十一条相应条件的，可以申请防雷工程专业设计或者施工的丙级资质。申请单位应当提交以下书面材料：

（一）申请书；

（二）《防雷工程专业设计资质申请表》（附表 1）或者《防雷工程专业施工资质申请表》（附表 2）；

（三）《企业法人营业执照》、《税务登记证》（国税和地税）和《法人组织代码证》正、副本的原件及复印件；

（四）《专业技术人员简表》（附表 3），取得《防雷工程资格证书》的专业技术人员的高级、中级技术职称证书、身份证明、劳动合同、社会保险关系和《防雷工程资格证书》的原件及复印件；

（五）企业质量管理手册和防雷工程质量管理手册；

（六）企业固定办公场所产权证明或租赁合同的原件及复印件；

（七）仪器、设备及相关设施清单。

第十四条 符合本办法第八条和第九条、第十条相应条件的，可以申请防雷工程专业设计或者施工的甲级或者乙级资质。申请单位除了提交本办法第十三条所规定的书面材料外，还应当提交以下书面材料：

（一）现有资质证书正、副本复印件；

（二）《已完成防雷工程项目表》（附表4）；

（三）三个以上防雷工程的用户使用证明；

（四）两个已完成的防雷工程全套技术资料；

（五）由气象主管机构发放的已完成防雷工程的设计审核、竣工验收等相关资料。

第十五条 气象主管机构应当在收到全部申请材料之日起五个工作日内，根据《中华人民共和国行政许可法》第三十二条的规定决定是否受理。

第四章 资质审查与评审

第十六条 设区的市级气象主管机构负责组织对本行政区域内申请防雷工程专业资质的单位进行初审。主要审查申请单位提供的材料是否真实、完整，是否符合相应的资质条件。

初审合格的，在《防雷工程专业设计资质申请表》或者《防雷工程专业施工资质申请表》的"初审意见"栏内签署初审单位意见和加盖印章，并于受理之日起二十个工作日内将申请表及其他申报材料一同报上一级气象主管机构。初审不合格的，由初审单位出具书面凭证，退回申请单位，并说明理由。

第十七条 防雷工程专业资质由省、自治区、直辖市气象主管机构委托防雷工程专业资质评审委员会组织评审，评审结果报省、自治区、直辖市气象主管机构。省、自治区、直辖市气象主管机构应当在收到评审结果后二十个工作日内作出认定，认定通过后报国务院气象主管机构备案，并颁发《防雷工程专业设计资质证》或者《防雷工程专业施工资质证》。

未通过认定的，在认定决定作出后十个工作日内由认定机构出具书面凭证，退回原申请单位，并说明理由。

第十八条 防雷工程专业资质评审委员会的人员组成由省、自治区、直辖市气象主管机构确定，并报国务院气象主管机构备案。

防雷工程专业资质评审委员会在评审前，可以根据工作需要指派两名以上工作人员到申请单位进行现场核查；评审时以投票方式进行表决，并提出评审意见。

第五章 监督管理

第十九条 省、自治区、直辖市气象主管机构对防雷工程专业设计和施工资质实行年检制度。年检不符合要求的，限期整改。整改后仍不符合要求的，年检为不合格。年检不合格的，降低等级或者注销资质。

在规定的年检时间内没有参加年检的，其资质证书自动失效，且一年内不得重新申请资质。

第二十条 防雷工程专业设计和施工资质的有效期为三年。在有效期满三个月前，申请单位应当向原认定机构提出延续申请。原认定机构根据年检记录及资质申请条件，在有效期满前一个月内作出准予延续、降低等级或者注销的决定。逾期未提出延续申请的，资质证书自动失效，且一年内不得重新申请资质。

第二十一条 取得资质的单位在资质证书有效期内名称、地址、注册资本、法定代表人等发生变更的，应当在工商行政管理部门批准后三十个工作日内，向原认定机构办理资质证变更手续。

取得资质的单位发生合并、重组、分立以及工商注册地跨省、自治区、直辖市变更的，应当按照本办法规定的程序及时向所在地的省、自治区、直辖市气象主管机构申请核定资质。

企业合并的，合并后存续或者新设立的企业可以承继合并前各方中较高等级的资质；企业分立、重组的，分立、重组后的企业资质等级根据实际达到的资质条件重新核定；企业跨省、自治区、直辖市变更工商注册地的，经原认定机构同意后，由新注册所在地的省、自治区、直辖市气象主管机构核定资质。

第二十二条 取得资质的单位，应当按照资质等级承担相应防雷工程专业设计或者施工。禁止无资质证或者超出资质等级承接防雷工程专业设计和施工，禁止将防雷工程转包或者违法分包。

取得《防雷工程资格证》的专业技术人员，不得同时在两个以上防雷工程专业资质单位兼职执业。

第二十三条 取得资质的单位，需要承接本省、自治区、直辖市行政区域外防雷工程的，应当到工程所在地的省、自治区、直辖市气象主管机构备案，并接受当地气象主管机构的监督管理。

第二十四条 任何单位不得以欺骗、弄虚作假等手段取得资质，不得伪造、涂改、出租、出借、挂靠、转让《防雷工程专业设计资质证》或者《防雷工程专业施工资质证》。

第二十五条 国务院气象主管机构负责对省、自治区、直辖市气象主管机构的资质认定工作进行监督检查。

省、自治区、直辖市气象主管机构负责对从事防雷工程专业设计和施工的单位进行监督检查，并定期将监督检查情况和处理结果予以记录、归档，向社会公告。

第六章 罚 则

第二十六条 申请单位隐瞒有关情况、提供虚假材料申请资质认定的，有关气象主管机构不予受理或者不予行政许可，并给予警告。申请单位在一年内不得再次申请资质认定。

第二十七条 被许可单位以欺骗、贿赂等不正当手段取得资质的，有关气象主管机构按照权限给予警告，撤销其资质证书，可以处 1 万元以上 3 万元以下罚款；被许可单位在三年内不得再次申请资质认定；构成犯罪的，依法追究刑事责任。

第二十八条 违反本办法规定，有下列行为之一的，由县级以上气象主管机构按照权限责令改正，给予警告，可以处 5 万元以上 10 万元以下罚款；有违法所得的，没收违法所得；给他人造成损失的，依法承担赔偿责任；构成犯罪的，依法追究刑事责任：

（一）伪造、涂改、出租、出借、挂靠、转让防雷工程专业设计或者施工资质证书的；

（二）向负责监督检查的机构隐瞒有关情况、提供虚假材料或者拒绝提供反映其活动情况的真实材料的；

（三）未取得资质证书或者资质证书已失效，承接防雷工程的；

（四）超出资质等级或者未经备案承接本省、自治区、直辖市行政区域外防雷工程的；

（五）防雷工程资质单位承接工程后转包或者违法分包的；

（六）其他违法行为。

第二十九条 国家工作人员在防雷工程专业设计和施工资质的认定和管理工作中玩忽职守、滥用职权、徇私舞弊的，依法给予行政处分；构成犯罪的，依法追究刑事责任。

第七章 附 则

第三十条 各省、自治区、直辖市气象主管机构可以根据本办法制定实施细则，并报国务院气象主管机构备案。

第三十一条 本办法自 2011 年 9 月 1 日起施行。2005 年 4 月 1 日中国气象局公布的《防雷工程专业资质管理办法》同时废止。

附

《中华人民共和国行政许可法》有关条文

第三十二条 行政机关对申请人提出的行政许可申请,应当根据下列情况分别作出处理:

(一)申请事项依法不需要取得行政许可的,应当即时告知申请人不受理;

(二)申请事项依法不属于本行政机关职权范围的,应当即时作出不予受理的决定,并告知申请人向有关行政机关申请;

(三)申请材料存在可以当场更正的错误的,应当允许申请人当场更正;

(四)申请材料不齐全或者不符合法定形式的,应当当场或者在五日内一次告知申请人需要补正的全部内容,逾期不告知的,自收到申请材料之日起即为受理;

(五)申请事项属于本行政机关职权范围,申请材料齐全、符合法定形式,或者申请人按照本行政机关的要求提交全部补正申请材料的,应当受理行政许可申请。

行政机关受理或者不予受理行政许可申请,应当出具加盖本行政机关专用印章和注明日期的书面凭证。

附表:1.《防雷工程专业设计资质申请表》(略)

2.《防雷工程专业施工资质申请表》(略)

3.《专业技术人员简表》(略)

4.《已完成防雷工程项目表》(略)

规范性文件

中国气象局党组管理的主要领导干部和企业领导人员经济责任审计办法

（气发〔2013〕3 号）

2013 年 1 月 5 日

第一章　总　则

第一条　为健全和完善中国气象局经济责任审计制度，加强对中国气象局党组管理的主要领导干部和企业领导人员（以下简称领导干部）的管理监督，促进党风廉政建设和领导干部依法履行经济责任，根据《党政主要领导干部和国有企业领导人员经济责任审计规定》（中办发〔2010〕32 号）及其贯彻实施意见、干部管理监督等有关法规制度，结合中国气象局实际，制定本办法。

第二条　领导干部的经济责任审计依照干部管理权限确定，中国气象局审计室（以下简称审计室）负责组织实施中国气象局党组管理的领导干部的经济责任审计，审计对象为：

（一）中国气象局直属事业单位的正职领导干部或者主持工作一年以上的副职领导干部；上级领导干部兼任单位的正职领导干部，且不实际履行经济责任时，实际负责本单位常务工作的副职领导干部；

（二）各省、自治区、直辖市气象局的正职领导干部或者主持工作一年以上的副职领导干部；上级领导干部兼任单位的正职领导干部，且不实际履行经济责任时，实际负责本单位常务工作的副职领导干部；

（三）中国气象局党组管理的企业的法定代表人或者主要领导人员；

（四）其他需要接受经济责任审计的领导干部。

第三条 本办法所称经济责任，是指领导干部在任职期间因其所任职务，依法对本部门、本单位的财政收支、财务收支以及有关经济活动应当履行的职责、义务。

第四条 领导干部履行经济责任的情况，应当依法接受审计监督。

根据干部管理监督的需要，可以在领导干部任职期间进行任中经济责任审计，也可以在领导干部不再担任所任职务时进行离任经济责任审计。

第五条 审计室依法独立实施经济责任审计，任何组织和个人不得拒绝、阻碍、干涉，不得打击报复审计人员。

第六条 审计室和审计人员对经济责任审计工作中知悉的国家秘密、商业秘密，负有保密义务。

第七条 中国气象局党组应当加强对经济责任审计工作的领导，定期听取经济责任审计工作汇报。

第八条 审计室要研究制定有关经济责任审计的制度，监督检查气象部门经济责任审计工作开展情况，协调解决工作中出现的问题，总结推广气象部门经济责任审计工作经验。

第二章　审计内容

第九条 经济责任审计应当以促进领导干部推动本部门、本单位科学发展为目标，以领导干部守法、守纪、守规、尽责情况为重点，以领导干部任职期间本部门、本单位财政收支、财务收支以及有关经济活动的真实、合法和效益为基础，严格依法界定审计内容。

第十条 省、自治区、直辖市气象局及其中国气象局直属事业单位领导干部经济责任审计的主要内容是：本部门、本单位预算执行和其他财政收支、财务收支的真实、合法和效益情况；国有资产管理和使用情况；重要投资项目的建设和管理情况；重要经济事项管理制度及内部控制制度的建立和执行情况；对下属单位财政收支、财务收支以及有关经济活动的管理和监督情况等。

第十一条 企业领导人员经济责任审计的主要内容是：企业经营发展情况；财务收支的真实、合法和效益情况；有关内部控制制度的建立和执行情况；国有资产保值增值情况；有对外投资的，履行资产出资人经济管理和监督职责情况；经营目标责任制完成情况等。

第十二条 在审计以上主要内容时，应当关注领导干部在履行经济责任过程中的下列情况：贯彻落实科学发展观，推动气象事业科学发展情况；遵守有关经济法律法规、贯彻执行党和国家有关经济工作的方针政策、贯彻执行上级决策部署情况；制定和执行重大经济决策情况；与领导干部履行经济责任有关的管理、决策等活动的经济社会效益情况；遵守有关廉洁从政（从业）规定情况等。

第十三条 有关单位的主要领导干部由上级领导干部兼任，且实际履行经济责任的，对其进行经济责任审计时，审计内容仅限于该领导干部所兼任职务应当履行的经济责任。

第三章 审计实施

第十四条 审计室组成审计组并在实施经济责任审计3日前，向被审计领导干部及其所在单位或者原任职单位（以下简称所在单位）送达审计通知书。遇有特殊情况，经中国气象局局长批准,审计室可以直接持审计通知书实施经济责任审计。

审计室实施经济责任审计,应当进行审计公示。

第十五条 审计室实施经济责任审计时,应当召开有审计组成员、被审计领导干部及其所在单位有关人员参加的审计进点会,安排审计工作有关事项并进行民主测评。

第十六条 审计组在进行经济责任审计时,被审计领导干部及其所在单位,以及其他有关单位应当及时提供与被审计领导干部履行经济责任有关的资料:

(一)财政收支、财务收支相关资料;

(二)工作计划、工作总结、会议记录、会议纪要、经济合同、考核检查结果、业务档案等资料;

(三)被审计领导干部履行经济责任情况的述职报告;

(四)其他有关资料。

第十七条 被审计领导干部及其所在单位应当对所提供资料的真实性、完整性负责,并做出书面承诺。

第十八条 审计组在经济责任审计过程中,应当向有关单位和人员调查了解与被审计领导干部履行经济职责的有关情况,请有关单位提供情况或就特定事项做出说明,有关单位和人员应当予以协助配合。

审计组发现重大违法、违纪、违规线索,应当及时向审计室报告。审计室应当及时向其上级有关领导人报告。

第十九条 审计组实施审计后,应当将审计组的审计报告书面征求被审计领导干部及其所在单位的意见。根据工作需要可以征求有关领导同志的意见。

被审计领导干部及其所在单位应当自接到审计组的审计报告之日起10日内提出书面意见;10日内未提出书面意见的,视同无异议。

第二十条 审计组应当对被审计领导干部及其所在单位提出的书面意见,进一步核实情况,根据所核实的情况对审计报告作必要修改，并将审计报告和被审计领导干部及其所在单位的书面意见一并报送审计室。

第二十一条 审计组提交的审计报告，经审计室和中国气象局局长审定后，由审计室出具经济责任审计报告和审计结果报告。

第二十二条 审计室将经济责任审计报告送达被审计领导干部及其所在单位；将经济责任审计结果报告等结论性文书提交人事司并报送中国气象局局长。

第二十三条 审计室在经济责任审计中发现的应当由其他机构处理的问题，按照有关规定移送其他机构处理。

第四章 审计评价与结果运用

第二十四条 审计室应当在职权范围内对被审计领导干部的相关经济责任进行审计评价。

第二十五条 审计室在进行审计评价时，应当充分运用政府审计机关的审计结果。

第二十六条 经济责任审计评价的原则：依法依规，客观公正，实事求是，审计评价与审计内容相统一，审计证据充分支持。

第二十七条 经济责任审计评价的依据：

（一）审计查证或者认定的事实；

（二）法律法规；

（三）国家有关规定和政策；

（四）部门有关规章和其他规范性文件；

（五）责任制考核目标和行业标准；

（六）被审计单位的管理制度和经济目标；

（七）其他有效评价依据。

第二十八条 审计组在审计中，如发现被审计单位的管理制度和国家的相关法律、法规、规章及其他规范性文件不符的，应将该管理制度提交政策法规司进行审查。审计组根据审查意见，决定是否作为经济责任审计评价的依据。

第二十九条 审计室应针对经济责任审计发现的问题，根据被审计领导干部履行职责情况，依据有关规定，将领导干部履行经济责任的行为或事项置于相关经济社会环境中加以分析，区分现任责任与前任责任，界定被审计领导干部承担的直接责任、主管责任和领导责任。

第三十条 本办法所称直接责任，是指领导干部对履行经济责任过程中的下列行为应当承担的责任：

（一）直接违反法律法规、国家有关规定和单位内部管理规定的行为；

（二）授意、指使、强令、纵容、包庇下属人员违反法律法规、国家有关规定和单位内部管理规定的行为；

（三）未经民主决策、相关会议讨论而直接决定、批准、组织实施重大经济事项，并造成重大经济损失浪费、国有资产（资金、资源）流失等严重后果的行为；

（四）主持相关会议讨论或者以其他方式研究，但是在多数人不同意的情况下直接决定、批准、组织实施重大经济事项，由于决策不当或者决策失误造成重大经济损失浪费、国有资产（资金、资源）流失等严重后果的行为；

（五）其他应当承担直接责任的行为。

第三十一条 本办法所称主管责任，是指领导干部对履行经济责任过程中的下列行为应当承担的责任：

（一）除直接责任外，领导干部对其直接分管的工作不履行或者不正确履行经济责任的行为；

（二）主持相关会议讨论或者以其他方式研究，并且在多数人同意的情况下决定、批准、组织实施重大经济事项，由于决策不当或者决策失误造成重大经济损失浪费、国有资产（资金、资源）流失等严重后果的行为。

第三十二条 本办法所称领导责任，是指除直接责任和主管责任外，领导干部对其不履行或者不正确履行经济责任的其他行为应当承担的责任。

第三十三条 被审计单位应当依据审计报告认真开展有关问题的整改工作，并将整改结果于30日内向审计室报告。

第三十四条 审计室应当建立健全经济责任审计情况通报、审计整改情况跟踪检查、审计结果公告等审计结果运用制度。

第三十五条 中国气象局相关内设机构应根据干部管理监督的相关要求运用经济责任审计结果，将其作为考核、任免、奖惩被审计领导干部的重要依据，并以适当方式将经济责任审计结果运用情况反馈审计室。

经济责任审计结果报告应当归入被审计领导干部本人档案。

第五章 附 则

第三十六条 审计室和审计人员、被审计领导干部及其所在单位，以及其他有关单位和个人在经济责任审计中的职责、权限、法律责任等，本办法未作规定的，依照《中华人民共和国审计法》、《中华人民共和国审计法实施条例》、《审计署关于内部审计工作的规定》和其他法律法规的有关规定执行。

第三十七条 审计室开展领导干部经济责任审计适用本办法。省级、地级市气象局可参照本办法，结合本部门实际情况，制定本部门经济责任审计办法。

第三十八条 本办法由审计室负责解释。

第三十九条 本办法自发布之日起施行。中国气象局《气象部门领导干部任期经济责任审计暂行规定》(气发〔2002〕4号)同时废止。

中国气象局关于加强气象发展战略研究工作的意见

（气发〔2013〕12 号）

2013 年 2 月 7 日

为深入贯彻落实党的十八大精神，增强决策的科学性和前瞻性，促进气象事业科学发展，现就加强气象发展战略研究工作提出以下意见。

一、充分认识气象发展战略研究的重要性

气象事业发展的历史证明，开展系统、全面的战略研究，对于认识事业发展规律、预测事业发展趋势、为重大决策提供科学依据具有重要意义。新形势下推进科学决策、把握改革方向、保障气象事业科学发展，要求更加重视气象发展战略研究工作。

气象发展战略研究事关全局、影响长远。气象发展战略研究是把握气象事业发展方向、明确发展任务的有效途径，是制定战略规划、完善政策法规的重要支撑，是推动改革开放和科学决策的重要基础。气象发展战略研究的视野和水平影响着气象事业发展的步伐和成效，加强发展战略研究，对提高决策的科学性、减少随意性、避免盲目性具有重要意义。

气象发展战略研究是气象事业科学发展的客观需要。气象事业关系国计民生，社会影响面广、科技属性强、专业化程度高。气象事业发展的重大决策需要更加科学的决策机制，充分利用部门内外的研究力量，为各项决策提供科学依据和坚实支撑。

气象发展战略研究是坚持和拓展中国特色气象发展道路的重要支撑。新的历史起点，气象现代化内涵和条件正经历着深刻的变化，气象事业发展面临着新的机遇和挑战，气象工作肩负着更加艰巨、更加繁重的任务和使命。需要重视分析事业发展内外环境的变化，认识战略机遇期的内涵以及各种挑战和压力的本质，为准确判断形势、正确把握方向、明确工作重点提供决策咨询，不断拓展中国特色气象发展道路的新境界。

二、气象发展战略研究的指导思想和基本要求

气象发展战略研究要以邓小平理论、“三个代表”重要思想和科学发展观为指导，按照党中央、国务院关于发展气象事业的方针政策，紧紧围绕经济社会发展的新需求，紧紧围绕主题主线，树立世界眼光和战略思维，开展具有全局性、前瞻性和适用性的研究工作。

气象发展战略研究必须关注国际科技发展前沿。实现从气象大国到气象强国的跨越，要把气象事业放到国际视野中去观察、去谋划、去推动。气象发展战略研究必须关注世界科技前沿，注重把握世界科技和气象科技发展的进展、特征和趋势；注重对世界气象组织和发达国家气象发展的研究，借鉴国际先进经验。

气象发展战略研究必须把握国家经济社会发展大局。坚持和拓展中国特色气象发展道路，要立足国情。气象发展战略研究必须紧紧围绕“五位一体”的总布局，研究分析经济社会发展对气象服务的新需求，研究深化改革开放大环境对气象事业的影响，分析科技发展和科技政策为气象发展创造的环境条件以及各项政策给气象事业发展带来的机遇和挑战。

气象发展战略研究必须抓住事业发展重点和难点。气象发展战略研究要紧紧围绕气象事业改革发展和社会关注的重大问题，着眼于气象事业发展中不协调、不平衡、不可持续的难点问题，针

对制约影响气象事业发展的瓶颈和薄弱环节，开展有深度、有力度的研究，增强气象事业改革发展的系统性、整体性、协同性，提高对气象事业发展环境的敏感性、发展趋势的预见性、发展过程分析的系统性，切实提高研究成果的应用价值。

三、气象发展战略研究的主要目标和研究重点

（一）主要目标

通过3～5年，形成多层次、有重点、持续发展的战略研究体系，基础好、视野宽、专业扎实的战略研究队伍，有影响、辐射广、多学科结合的战略思想库；形成有利于提高气象发展研究水平的良好机制和氛围，对气象事业发展的决策支撑作用明显增强。

（二）研究重点

加强战略规划研究和顶层设计。开展气象发展规律研究，总结气象事业发展历程，研究中国特色气象发展道路的内涵要求；开展气象事业发展战略、发展纲要、发展规划前瞻性研究，对气象事业发展规划实施情况进行评估；围绕全面推进气象现代化的重点、难点问题，开展动态研究。

加强改革发展重大政策研究。加强贯彻落实党中央国务院方针政策、转变气象事业发展方式、气象事业结构调整和完善、气象科技创新和人才体系建设、气象业务技术体制改革、基层气象事业发展等研究；研究借鉴相关部门发展经验；加强气象事业发展重要决策执行情况评估；加强气象社会管理和气象法规建设研究。

加强气象与经济社会关系研究。研究全面建成小康社会对气象工作的需求、气象与经济社会发展关系、气象服务效益；加强气象防灾减灾体系、公共气象服务体系、气象服务社会化研究；开展气象服务生态文明建设、应对气候变化战略研究。

四、提高发展战略研究能力的主要任务

加强国家级发展战略研究实体能力建设。围绕建成一流气象思想库的目标，按照增强实力、提升水平、发挥影响力的要求，强化

中国气象局发展研究中心能力建设。制定并实施好发展研究中心规划，加强发展研究信息平台等基础条件建设。完善组织机构和岗位设置，形成合理的发展研究业务格局。充实专职研究队伍，在重点领域组建研究团队，发挥气象发展研究骨干和辐射带动作用，真正成为党组科学决策的思想库。

构建开放合作的发展战略研究格局。按照“小实体、大网络”的要求，坚持走开放研究之路。积极探索与部门外相关单位的交流与合作，加强与各级政策研究咨询机构的合作。设立气象发展研究专家咨询委员会，建立完善特约研究员制度，充分发挥行业内外专家的智慧和作用。

提高领导干部战略思维和研究能力。领导干部的战略思维能力对气象事业发展具有重要影响。各级领导干部特别是主要领导干部要紧密结合工作实际，想大事、谋全局，重视、组织并积极参与气象发展战略研究工作，不断提高自身战略思维能力和统揽全局能力。

加强气象软科学研究。注重统筹，科学设立气象软科学研究项目，有效组织气象软科学的研究工作，注重提高气象软科学研究成果的质量。开展常态化调查研究，摸清影响气象事业发展的主要矛盾和突出问题，分析研究解决问题的思路和方法。提高《气象软科学》办刊质量，加强软科学研究成果管理，充分发挥中国气象学会软科学专业委员会作用，促进软科学研究成果与科学管理密切结合。

五、加强气象发展战略研究工作的保障措施

加强发展战略研究工作的组织领导。中国气象局和各省（区、市）气象局要明确一名领导分管发展战略研究工作。各单位根据实际情况，逐步建立专兼职研究队伍。建立气象发展研究和软科学研究经费稳定增长的保障机制。

建立发展战略研究工作的激励机制。建立完善有效的评价激励机制，组织开展优秀研究成果评选，把研究成果和论文作为专业技术职称评定的参考，充分调动研究人员的积极性和创造性。

中央财政“三农”服务专项资金管理办法

（气发〔2013〕24号）

2013年3月29日

第一条 为了规范和加强“三农”服务专项资金管理，提高资金使用效益，根据财政部《中央本级项目支出预算管理办法》等有关规定，制定本办法。

第二条 本办法所称“三农”服务专项资金（以下简称“三农”资金）是指中央财政在中国气象局部门预算中安排，用于支持基层气象部门开展农业生产气象服务和农村气象灾害防御的专项资金。

第三条 “三农”资金支持目标：

（一）推动气象服务与农业生产紧密结合，提升农业农村气象服务能力和气象灾害防御水平，提高气象服务对农业增效、农民增收的贡献率；

（二）发挥中央财政资金的示范作用，引导气象服务在新型农业社会化服务体系中发挥作用。

第四条 “三农”资金的管理应坚持直达基层、突出重点，分级管理、自主选项，注重绩效、奖补结合的原则。

第五条 “三农”资金使用范围：

（一）现代农业气象服务和农村灾害防御示范区建设；

（二）基层农业气象服务技术平台建设，农业气象适用技术推广；面向农民合作组织、专业大户等的气象信息服务；

（三）农村气象灾害预警信息发布系统和气象信息服务站建设，气象协理员、气象信息员队伍培训；

（四）主要粮食作物、设施农业、特色农业等农业气候区划及气象灾害风险防御规划编制；

（五）农村防灾减灾科普以及农民气象灾害防御指导。

第六条 “三农”资金开支内容包括：农业气象观测、气象服务和气象灾害预警信息发布设备及相应软件的购置、安装、维护，软件开发，租赁费用；编制和发布“三农”气象服务资料及相关区划和规划的资料费、制作费、印刷费、信息传输费；气象协理员、气象信息员培训费用；开展“三农”气象服务的交通费、会议费、差旅费。

第七条 “三农”资金采取因素法分配，重点支持粮食主产区、气象灾害多发重发区。分配因素及权重如下：

（一）粮食和重要农产品产量、近年气象灾害发生情况及直接经济损失，以最新的中国统计年鉴为准，权重为50％。

（二）地方各级政府重视支持情况、县级“三农”气象服务保障机制建立情况，以及县气象局服务能力，权重为25％。

（三）上年度“三农”资金绩效评价结果等，权重为25％。

第八条 根据国家有关“三农”工作的方针政策，中国气象局会同财政部研究确定下年度“三农”资金安排思路和资金需求后，编入部门预算“一上”。根据“一下”预算指标控制数和上一预算年度“三农”资金绩效评价情况，中国气象局会同财政部确定“三农”资金省级分配方案，同时确定立项指南和绩效评价指标，一并下达到各省（区、市）气象局。

第九条 各省（区、市）气象局按立项指南要求，结合上一预算年度“三农”资金绩效评价情况，在中国气象局下达的资金规模内确定项目县及各县资金数额，由项目县编制“三农”资金项目实施方案（方案文本格式附后）。各省（区、市）气象局审核后将安排情况及项目县实施方案上报中国气象局，中国气象局审核后将“三农”资金县级分配情况报送财政部，财政部审核同意后随部门预算“二下”批复。

第十条 各省（区、市）气象局要强化省级层面的项目指导和技术支持，制定统一的“三农”服务规范和业务流程；组织各项目县编制格式统一的区划和规划；推动“三农”气象服务与新型社会化服务体系相结合，确保本省项目资金使用安全高效。

第十一条 项目县要落实项目专人责任制，加强宣传工作，加大农业气象适用技术推广力度。气象服务要深入基层，与基层需求相结合，直接服务农民、农村和农业生产。

第十二条 建立“三农”资金绩效评价制度。各省（区、市）气象局每年12月底前将本省年度项目县绩效自评情况上报中国气象局，中国气象局于次年1月底前对各省报送情况进行抽查和评价，并将评价结果报送财政部。

第十三条 中国气象局商财政部在“三农”资金中安排绩效评价奖励资金，用于奖励绩效评价结果优良的省、地（市）、县级气象局，奖励资金不超过资金总额的2%。奖励资金除按本办法规定的使用范围使用外，也可用于省级和地市级气象局进行技术支持、项目评估和监督检查等工作。

第十四条 “三农”资金必须专款专用，单独核算，任何单位和个人不得截留、挤占和挪用。

第十五条 各级气象部门要加强对“三农”资金的管理、检查和监督，并积极配合财政、审计等有关部门做好审计、监察工作。对“三农”资金申请、分配、使用过程中的财政违法违规行为，依照《财政违法行为处罚处分条例》等有关规定处理。

第十六条 各单位可参照本办法管理用于“三农”气象服务工作的非中央财政资金，并做好与其他中央财政资金的统筹使用工作。

第十七条 本办法由中国气象局负责解释。

第十八条 本办法自发布之日起施行。

环境气象业务发展指导意见

（气发〔2013〕36 号）

2013 年 4 月 26 日

依据《中华人民共和国气象法释义》环境气象预报的定义，城市环境气象预报主要包括：空气污染气象条件预报、空气清洁度预报、紫外线强度预报、人体舒适度预报、医疗健康气象预报、花粉浓度预报等。综合考虑气象部门已形成的现代气象业务体系，现阶段环境气象业务定位是关注与人民健康直接相关、与人类活动密切联系的大气环境质量问题。本指导意见中环境气象业务主要包括：①大气环境和大气成分监测预报预警：与大气环境和大气成分关系密切的气溶胶质量浓度、气溶胶特性和化学成分、反应性气体、酸雨、温室气体观测以及霾、沙尘、空气污染气象条件、空气质量、光化学烟雾等预报预警。②健康环境气象预报服务：与人体健康和医疗关系密切的紫外线强度、花粉浓度、空气负氧离子、人体舒适度、疾病的发生和流行等的监测和气象指数预报服务。③突发环境气象应急预警：核泄漏及有毒有害气体扩散等应急预警。

为指导我国现代环境气象业务的科学发展，根据《国务院关于加快气象事业发展的若干意见》（国发〔2006〕3 号）、《关于进一步加强气象灾害防御工作的意见》（国办发〔2007〕49 号）和《中国气象局关于发展现代气象业务的意见》（气发〔2007〕477 号）的要求，借鉴国外环境气象业务和服务发展思路，结合我国环境气象业务现状和发展趋势，并与已经下发的《综合气象观测系统发展指导意见》(气发〔2009〕175 号)和《现代天气业务发展指导意见》(气发〔2010〕1 号)相衔接,特制定本指导意见。

一、需求与现状分析

(一)需求分析

生态文明建设和公众健康对环境气象提出了更高要求。随着人们生活水平不断提高,群众对健康环境的需求越来越迫切。而伴随我国工业化、城镇化的快速发展,雾霾天气频发、大气环境污染、突发有毒有害气体泄漏、极端高温风寒等环境气象问题凸显,公众对保护环境、保障健康的愿望越来越强烈。党的十八大提出建设美丽中国,把生态文明建设纳入中国特色社会主义事业"五位一体"的总体布局,对不断优化和改善人类生活环境提出了更高要求。

国际环境外交谈判对环境气象的科技支撑提出了迫切需求。人类活动排放的各类大气成分导致的气候变化,是国际环境外交的重要议题,也是目前全球最重大的环境问题之一。作为气溶胶、温室气体等大气成分的排放大国,我国正面临着巨大的环境外交压力,面临着为维护国家权益而提供科学成果和权威数据的严峻挑战。

面对新的需求和新的课题,统筹国际国内两个大局,为转变经济发展方式和环境外交服务,要求气象部门抓住机遇、迎接挑战,积极开拓环境气象服务领域,要求加强环境气象工作,特别是霾(气溶胶)和空气质量监测预报预警服务,分析形成的气象条件,以及大气污染物浓度、组成特点、来源和输送路径,评估霾和光化学烟雾对人体健康的危害,研究预防霾和光化学烟雾的有效手段,为政府区域联动提供决策依据。开展突发核辐射、有毒有害气体泄漏的大气扩散气象应急和人类健康气象等环境气象业务,更好地发挥气象部门为生态文明建设和应对气候变化提供保障支撑的作用。

（二）发展现状

近年来，借鉴国外先进经验，我国一些大中城市积极开展了多种形式的环境气象服务，环境气象业务不断发展，已经形成了一定的业务规模，社会经济效益明显。为气象部门在国家生态文明建设中进一步发挥作用奠定了良好的基础。

环境气象观测初具基础。根据国家和地方的服务与科技创新对观测的不同需求，气象部门已建有 92 个 $PM_{2.5}$，74 个 PM_1，120 个 PM_{10} 质量浓度观测站，覆盖所有直辖市、省会城市在内的 63 个城市；建有 357 个酸雨观测站、29 个沙尘暴观测站以及 1 个全球大气本底基准站、6 个区域大气本底站和 60 多个大气成分观测站，可进行二氧化碳、臭氧总量、大气气溶胶、反应性气体等大气成分观测。风云系列气象卫星可遥感监测雾、霾天气空间分布和发生发展。必要时还利用环境气象移动监测车进行了雾、霾天气应急加密观测。各级气象部门利用这些设备和技术方法对雾、霾和大气成分进行了实时的监测分析。不少地方还根据当地服务需要建立了大气负离子、花粉、紫外线强度等观测点。

环境气象预报服务逐步开展。目前，全国 31 个省（区、市）气象部门均不同程度地开展了环境气象业务，其中以霾预报、沙尘暴预报、空气污染气象条件和空气质量预报、酸雨监测、生活指数、高温中暑预警、紫外线预报最为普遍，也有部分省（市）开展了医疗气象和健康气象预报等。国家级业务单位在霾、沙尘暴预报预警，空气质量预报，生活指数，大气成分监测评估、突发环境事件应急响应以及环境气象影响评估等方面均开展了相应的预报服务工作。

环境气象科技支撑不断增强。近年来，中国气象局开发了化学天气预报平台（CUACE），并在此基础上建立了沙尘暴和霾数值预报系统；建立了城市大气污染数值预报系统（CAPPS），将大气平流扩散箱模式由原来的单城市模式升级为区域空气质量预报模式，实现了区域大气污染浓度分布的预报，预报系统在各省市得到普遍应用；部分省（市）通过引进 CMAQ、WRF-Chem 等区域大气化学模式，本地化改进后建立了化学天气数值预报系统，为区域和城市空气质量、能见度、霾的预报预警提供了重要技术手段和科技支撑；部分省（市）开展了区域光化学污染特征、大气气溶胶光学厚度以及区域性霾发生频率变化趋势分析、紫外线预报、人体舒适度指数、健康气象等研究。

环境气象业务管理和标准规范持续加强。近年来，气象部门相继发布了一系列环境气象政策文件及相关标准、规范，形成了基本的业务管理基础。目前，已印发相关规章和文件近 40 余项；组织编制大气成分方面相关标准 18 项；发布实施雾和霾的相关标准 6 项。

（三）存在问题

在环境气象业务服务发展的同时还存在许多不足，主要表现在观测基础不强、业务集约不够、服务水平不高、地区发展不平衡、科技支撑不足、规划管理不系统等方面。

环境气象观测站网建设明显不能满足业务服务需求。与霾有关的大气环境气象观测站数量明显不足，而与光化学烟雾污染有关的环境气象（O_3 等反应性气体）观测站更加匮乏。还未形成有效的部门之间空气质量观测资料共享机制，制约预报效果检验与预报水平的提高，与预报服务需求差距较大；没有建立常规的霾、反应性气体监测业务；观测技术研发的基础支撑能力薄弱；观测仪器设备多从发达国家进口，国产化程度低；环境气象仪器设备保障人员匮乏，维护保障业务化运行难度大；观测布局和观测项目、业务技术流程、仪器设备等的标准化和规范化有待加强。

环境气象业务服务能力建设滞后。国家和省级均缺乏专门机构和专职人员，环境气象业务总体较“散”，承担单位职责不清，发展不够集约；环境气象预报尚未纳入气象基本业务，服务还未形成常态机制，社会效益和认可度还不高；国家级对下指导不足，仅有少量的霾（能见度）、紫外线指数指导预报产品和部分卫星遥感监测图像产品(如气溶胶光学厚度 AOD),缺乏对国家级指导产品的检验和应用效果评估。

环境气象科技支撑不足。环境气象观测新技术开发、系统集成优化、观测质量控制、数据质量评估方法、技术保障方法等研究仍显薄弱;对静稳天气、重污染、霾的形成机理认识仍比较欠缺,不够系统和深入;大气化学模式与数值天气模式的融合发展还需加强,对相关物理化学过程以及机制机理认识还有待深入,大气成分监测资料的同化技术业务模式中的应用明显滞后,污染源排放信息基础数据和动态更新技术比较薄弱;霾、大气污染等关键预报技术研究成果较少,区域污染输送和污染调控气象条件研究尚缺乏系统性研究;环境气象科技成果转化机制不完善、不健全,科研与业务互动结合、相辅相成的局面尚未形成。

业务管理能力与环境气象的快速发展不相适应。环境气象业务发展整体设计和分步实施计划不完整、不明确,国家、省、市各层级业务职能分工不清晰,环境气象业务未全面纳入常态化业务考核管理;环境气象业务各环节业务流程、产品统一规范和标准都亟待完善;环境气象业务专职人员设置不够,岗位培训机制缺乏。

二、指导思想与发展目标

(一)指导思想

以科学发展观为指导,认真贯彻落实党的十八大报告关于大力推进生态文明建设的要求,深刻认识和把握气象保障全面建成小康社会内涵和要求,探索建立集约化、专业化、规范化的环境气象业务体系。坚持以服务需求为牵引,统筹集约资源,依靠科技重点突破,加快预报预警能力建设,完善业务体制;加强人才培养,建设环境气象业务队伍,促进环境气象业务科学发展。

(二)发展目标

1. 总体目标

到 2015 年,初步建成功能比较完备、布局比较合理、技术比较先进，具有国家、省(区域)、地(市)、县(市)布局并融入现代气象业务体系的环境气象业务体系；建立观测、预报、预警、评估服务于一体的集约化、规范化环境气象业务流程；基本实现全国县(市)级以上城市开展符合当地特点的环境气象业务。

2．分项目标

(1)建成覆盖全国、重点地区加密的环境气象观测站网。在全国地(市)级以上城市及长三角、珠三角和京津冀等重点地区县城所在地布设气溶胶质量浓度观测站，在全国地级以上城市布设反应性气体观测站，大城市和重点地区加密观测站点，补充建设酸雨和温室气体观测站点。国家级气象台站全部实现能见度自动观测。

(2)进一步提高环境气象预报预警精细化水平和准确率，建立规范化的预报预警流程。全国县(市)级以上城市开展霾、沙尘和重污染气象条件的预报预警，预警时效提前3～6小时以上，预报准确率在2012年基础上提高5%。全国地(市)级以上城市开展空气质量分指数(IAQI)和空气质量指数(AQI)预报，全国县(市)级城市视条件逐步开展空气质量分指数(IAQI)和空气质量指数(AQI)预报。全国副省级以上城市开展光化学烟雾预报，并具备开展健康环境气象指数预报能力。

(3)建成专业化的环境气象服务体系。强化环境气象决策、公众、专业服务能力建设，落实国家和省两级有关单位的环境气象业务服务职责，完善和改进气象服务产品种类、制作方法、发布对象和发布渠道，环境气象服务的针对性、及时率、有效性及现代化水平显著提高。

三、主要任务

(一)环境气象观测系统建设

1．观测站网

根据环境气象预报服务需要，依托现有地面气象观测站，补充环境气象观测能力建设，重点观测国家《环境空气质量标准》明确的6个环境污染物基本项目。

气溶胶质量浓度（PM_1、$PM_{2.5}$、PM_{10}）观测。依托现有地面气象观测站，在地级以上城市和重点地区县城所在地，布设气溶胶质量浓度观测系统。其中，大城市主城区可加密布设观测点。

气溶胶特性和化学成分观测。依托现有地面气象观测站，在省会和副省级城市布设气溶胶光学特性、吸收特性和散射特性观测系统。在京津冀、长三角和珠三角等重点地区省会城市布设气溶胶化学成分观测系统和气溶胶激光雷达。

反应性气体观测。依托现有地面气象观测站，在地级以上城市布设地面臭氧（O_3）、二氧化硫（SO_2）、一氧化碳（CO）和氮氧化物（NO_X）观测系统。省会和副省级城市增加氨（NH_3）和挥发性有机物（VOCs）观测系统。

酸雨观测。在站点密度不足的内蒙古、四川、湖南、广东、福建、广西和云南等省区，增设40～50个酸雨观测点。各省选择1个代表性的酸雨观测站增加降水化学成分的观测功能。

温室气体观测。在完善现有7个大气本底观测站功能的基础上，在尚未覆盖的代表性区域新建7个温室气体本底观测站，观测大气中主要温室气体二氧化碳（CO_2）、甲烷（CH_4）、氧化亚氮（N_2O）等时空分布及其变化。

健康环境气象观测。地（市）级以上城市开展紫外线强度、花粉浓度和空气负离子浓度的观测。视条件在旅游风景区、区域背景生态区、敏感社区开展紫外线强度、花粉浓度和空气负离子浓度的观测。

能见度和大气层结稳定度观测。在所有国家级地面气象观测站布设能见度仪，在省会城市布设微波辐射计和边界层气象铁塔，开展近地层基本气象风温垂直廓线和边界层特性观测。环境气象移动应急观测系统。在京津冀、长三角和珠三角等重点地区省会城市布设环境气象移动应急观测系统，开展核泄漏、有毒(害)有害气体扩散等应急观测。

2. 环境气象观测资料传输、质量控制和技术保障

(1)环境气象观测资料的传输

全国环境气象观测资料及观测台站元数据信息从观测站点经省级国内气象通信系统，统一汇集到国家级通信系统，进入国家气象信息中心环境数据存储管理系统，再经质量控制后，提供给国家级和省级业务科研单位使用。根据地市、县的需求，省(区、市)气象信息中心将有关环境气象观测资料推送至地市、县。地市、县两级用于环境气象服务所需要的环境气象观测资料和产品由省(区、市)气象局确定。

(2)环境气象观测资料的质量控制

制定环境气象观测资料分级质量控制的要求和规范，研发环境气象观测资料自动质量控制和分级质量控制技术。建立以国家级、省级为主的环境气象数据质量控制业务。现阶段中国气象局气象探测中心统一负责气溶胶、反应性气体、温室气体、酸雨等观测资料的质量控制，省级负责能见度、气象要素、紫外辐射、大气负离子等观测资料的质量控制。条件成熟后，省级负责相关环境气象观测资料的质量控制。

(3)环境气象观测系统的技术保障

建立以国家级为主、部门保障和社会化保障相结合的环境气象观测技术保障体制，统一组织开展全国环境气象仪器设备维修保障，省以下负责仪器设备维护和巡检。建立国家级维修测试平台、国家和省两级环境气象观测设备的备件库及其运转机制，保障环境气象观测系统正常运行。

(4)环境气象观测运行监控和标校

国家级和省级全网运行监控系统增加环境气象观测站网的运行监控功能。建立以国家级为主的环境气象观测仪器设备标校系

统、标准气体比对标校和传递系统。在北京、上海、广州、沈阳等部分区域中心建立气溶胶质量浓度等标校比对系统和反应性气体标准传递系统。

（二）环境气象监测预报预警

1. 大气环境气象监测分析

利用现代化大气科学和信息处理技术，针对霾、沙尘、空气质量、温室气体等不同特征，通过地面气象观测、大气成分观测、卫星遥感观测等多元观测融合技术建立大气环境气象监测分析业务。

(1)霾、沙尘监测和传输路径分析

利用常规及加密气象观测资料（要素包括湿度、风向、风速、降水、云、能见度、天气现象等）和空气质量观测资料[气溶胶（PM_{10}、$PM_{2.5}$、PM_1 等）、反应性气体（O_3、SO_2、CO、NO/NO_2/NO_X 等）]、卫星遥感产品等对霾、反应性气体、沙尘等进行综合分析，包括影响范围、主要成分含量和质量浓度、持续时间、变化及传输路径等。

针对我国几大城市群，采用气象条件分析方法、污染源对象扩散模型、污染区域受体模型相结合的方法解析空气污染物来源；在各地区污染排放清单的基础上利用大气扩散轨迹统计分析、敏感性数值试验等方法来考察污染物的传输途径。利用污染区域受体模型对不同地区污染物的化学组分进行解析，分析不同地区的污染源对本地区的贡献。

(2)卫星遥感监测分析

利用全球卫星遥感监测分析霾、沙尘暴等。监测与大气环境污染关系密切的主要大气成分，包括：气溶胶（可见光气溶胶光学厚度与紫外吸收性气溶胶指数）、反应性气体（O_3、NO_x、SO_2、CO）、温室气体（CO_2、CH_4）等，开展相关大气成分时空分布特征以及变化和传输路径等研究。

国家级对霾、沙尘暴监测，分析霾、沙尘暴传输路径、过程及重点区域的沙尘暴降尘量和霾的成分含量，并编制《霾天气过程纪要表》和《沙尘天气过程纪要表》。

省（区、市）级根据本地的观测资料细化霾、沙尘暴监测，发布实时监测产品。

2. 大气环境气象预报预警

（1）霾预报预警

建立霾、能见度数值预报技术和解释应用方法，综合应用多种观测资料、卫星遥感产品和客观预报产品，结合天气形势、静稳条件、能见度、相对湿度、大气成分以及空气质量等监测和预报信息，制作霾预报预警产品。给出霾的发生时间、持续时间、强度等级和分布区域，建立霾预报预警业务，实现霾分等级预报，提高霾预报精细化程度和准确率，预报时效达到 72 小时。

国家级负责制作发布全国霾潜势预报和客观预报指导产品，给出未来三天能见度预报和霾等级落区预报指导产品，适时发布预报和预警信息。

区域级负责开展区域污染物输送和污染调控气象条件分析预报；提供区域霾、能见度数值预报客观预报指导产品，预报时效达到 72 小时，为区域霾事件的联动和预报预警提供技术支持和依据。

省级业务单位负责根据国家级和区域提供的霾客观预报指导产品，综合分析气象和污染条件，发布能见度、霾等级预报和预警产品，预报时效达到 72 小时；并负责制作全省地、县（市）霾、能见度等级预报指导产品。

地、县（市）气象部门根据省级指导产品，结合本地观测资料，制作本地霾、能见度等级预报产品，预报时效为 48 小时；根据需要，发布预警产品。

（2）沙尘预报预警

改进和完善沙尘数值预报业务系统，综合分析天气形势和沙尘暴形成条件，结合沙尘数值模式预报产品、卫星遥感监测产品，能见度、气溶胶浓度 PM_{10} 监测实况和预报，给出沙尘天气发生时间、持续时间、强度等级、分布区域和站点预报，制作沙尘天气预报产品，预报时效为 72 小时。必要时根据范围和强度制作发布沙尘暴预警。

国家级负责运行沙尘暴数值预报模式，制作全国沙尘暴预报指导产品，提供沙尘暴、扬沙、浮尘潜势预报产品和沙尘浓度、降尘量等数值预报指导产品，给出未来三天可能出现沙尘天气落区预报产品。

省级业务单位负责制作全省地(市)沙尘天气预报和预警指导产品；预报时效为 72 小时，预警时效提前 24 小时。

地、县(市)气象部门负责根据省级指导产品，结合本地观测资料和地理环境，制作本地沙尘天气预报产品；根据预警指导产品，制作预报时效为 3～6 小时的预警产品。

(3)空气污染气象条件预报预警

基于 MICAPS 平台，分析高低空天气形势配置、天气过程变化、边界层结构等大气扩散条件对空气污染的影响。分析容易触发高污染天气的典型形势场和特征物理量，分析静稳天气(逆温、小风或静风、高湿等)出现时间和持续时间，制作 72 小时内的空气污染气象条件预报。

国家级负责制作全国静稳天气(逆温、小风或静风等)等不利气象条件分析预报产品，制作未来三天可能出现静稳天气的落区预报产品。

省级业务单位负责制作全省空气污染气象条件预报指导产品，预报时效为 72 小时。

地、县(市)气象部门负责根据上级指导产品，制作本地区空气污染气象条件预报预警产品，预报时效为 48 小时。

(4)空气质量预报预警

建立能够满足预报时效的国家级和区域空气质量(大气化学)

数值预报业务系统，根据空气质量数值预报产品、统计释用预报结果，综合天气形势分析和污染气象条件分析预报，做出 $PM_{2.5}$、PM_{10}、O_3、NO_2、SO_2、CO 等浓度预报产品，依据《环境空气质量指数(AQI)技术规定》(HJ633—2012)生成各环境要素空气质量分指数(IAQI 值)以及空气质量指数(AQI)预报，预报时效为 72 小时，时间分辨率 24 小时内为 6 小时，24～72 小时内为 12 小时。

国家级负责运行驱动污染源模式与化学模式的全国空气质量数值预报模式，制作空气质量分指数和空气质量指数预报指导产品，实现与环保部门联合对全国 $PM_{2.5}$、PM_{10}、O_3、NO_X、SO_2、CO 等 6 类基本环境观测要素浓度预报服务产品的制作和发布。

区域级负责运行驱动污染源模式与化学模式的区域空气质量数值预报模式，制作区域内空气质量浓度和 AQI 预报指导产品，包括 $PM_{2.5}$、PM_{10}、O_3、NO_X、SO_2、CO 等 6 个要素的浓度和指数，预报时效为 72 小时，时间分辨率 24 小时内为 3 小时，24～72 小时内为 6 小时。

省级业务单位负责根据国家和区域指导产品，结合本地气象条件和空气质量监测综合分析结果，制作全省地(市)城市空气质量指数(AQ)指导预报产品，预报时效为 72 小时；制作全省空气污染预警指导产品，预警时效提前 24 小时。视条件和需求对旅游区、生态区和敏感社区等特定环境以及重大活动保障提供空气质量预报产品。

地(市)气象部门根据省级指导产品，结合本地观测资料，制作本地空气质量预报产品，预报时效为 48 小时；根据空气质量预警指导产品，制作本地预警产品。

(5)光化学烟雾预报预警

综合分析天气形势和光化学污染形成的气象、环境条件，结合大气化学数值模式预报和统计释用预报结果，订正制作光化学污染气象条件预报和光化学烟雾(O_3、$PM_{2.5}$、NO_2、SO_2 等浓度)潜势预报指导产品，给出未来三天可能出现光化学烟雾的落区预报和相应产品。根据光化学污染气象条件预报和污染等级预报，制作光化学烟雾预报预警产品。

国家级根据大气化学数值模式客观预报结果，负责制作有关光化学烟雾预报产品。

区域级负责制作区域内光化学烟雾污染数值预报指导产品，包括 O_3、$PM_{2.5}$、NO_2、SO_2 等要素浓度预报，预报时效为 72 小时。开展区域光化学烟雾形成和输送及污染调控气象条件分析预报，为区域光化学烟雾污染事件的联动和预报预警提供技术支持和依据。

省级（副省级）业务单位根据国家（区域）级指导产品，结合本地环境气象综合观测资料，负责制作省内重点城市光化学烟雾预报和预警产品，预报时效为 24～48 小时。

3. 生活指数预报

结合气象和大气环境变化对人们生活的影响，开展具有指导市民日常生活和衣食住行的各类指数预报服务，体现气象部门以人为本的民生气象服务能力。

各地气象部门根据本地实际，选择性开展洗晒、洗车、早晚锻炼、润肤、穿衣、钓鱼、空调、日照等生活指数。加强各省对县级以上各地的生活指数预报指导，县级以上业务单位负责生活指数产品的制作和发布工作。

各级气象部门根据各地产品利用手机、网络、电视等形式，开展公众服务。

4. 健康气象预报

加强健康气象预报服务工作，开发健康气象预报方法，建立和完善健康气象预报标准和评价指标，逐步建立国家级和省（市）级健康气象预报业务和预报业务技术流程。

（1）紫外线、花粉浓度指数预报

国家级业务单位负责紫外线数值预报系统的研发和运行，制作全国紫外线预报指导产品；省级气象部门在国家级指导预报产品基础上，建立区域紫外线客观预报方法，制作省级紫外线预报产品，预报时效为72小时；地（市）、县气象部门根据省级指导产品制作本地区紫外线指数预报产品，预报时效为48小时。

各省根据本地气候状况和实际需求，开发花粉浓度指数预报产品，并做好产品检验和评估工作。预报时效为48小时。

（2）中暑、体感、舒适度指数预报

各省根据当地气象条件，综合考虑大气污染对人体感觉和健康的影响，建立中暑、体感、舒适度指数预报方法，开展中暑、体感、舒适度指数的预报服务工作。预报时效为48小时。

（3）敏感疾病发作风险等级预报

针对呼吸系统疾病（包括儿童哮喘和慢阻肺（COPD））、感冒、心血管疾病等长发易发且与环境气象密切相关的疾病，国家和省级开展疾病发病、死亡与环境气象条件（气象要素、大气成分、空气质量等）的关系研究，逐步建立环境气象与疾病发病数据库，建立敏感疾病的环境气象条件风险预估模型和疾病发作风险等级预报，形成疾病发作风险预报的业务规范和标准，结合气象条件和空气质量预报制作敏感疾病风险预报预警服务产品。预报时效为48小时。

（4）霉变、细菌性食物中毒风险预报

根据温度、湿度变化对食物霉变的影响，建立霉变指数和细菌性食物中毒风险等级预报方法。各省根据实际情况，开展霉变、细菌性食物中毒风险预报。预报时效为48小时。

5. 突发环境气象应急预报预警

（1）核泄漏应急气象预报预警

发展国家级核应急气象保障信息处理系统，实现对核放射性污染源排放评估数据、核事故现场固定和移动气象监测数据、现场地理和人文环境等信息的快速收集、质量控制、分析处理以及检索显示功能，为模式运行和评估分析提供资料。完善核应急固定源和移动源专用气象数据库。完善核应急气象预警预报业务，完善精细化气象分析预报系统，建立核应急气象要素（如风场、温度场、降水等）多时空尺度分析处理与精细化预报评估技术；升级核应急气象预警预报业务平台系统。

（2）有毒（害）气体扩散应急预报预警

建立国家和省级基于快速更新模式气象场数据的环境应急响应系统，完善城市多尺度数值模式系统，包括大气边界层模式和城市小区模式，模拟不同性态有毒（害）气体泄漏扩散后的毒害剂量，根据毒害效应为决策部门提供危害范围、等级、时间和可能的伤亡的决策依据。发展基于地理信息系统（GIS）的污染物扩散三维可视化技术，开发 GIS 辅助决策系统。

（三）环境气象影响评估

1.建立环境气象与健康效应数据库

收集整理重点城市的霾、沙尘暴、空气质量（包括 $PM_{2.5}$、PM_{10}、O_3、NO_X、SO_2、CO 等 6 个要素的浓度和指数）、酸雨、高温、风寒等环境气象要素监测数据和健康效应数据（死因监测数据，相关疾病的发病或患病数据）以及人口特征（人口总数、性别、受教育程度等）数据、地理信息数据，并建立相应数据库。

2.开展环境气象要素定量评估

对多年环境气象要素（霾、沙尘、空气质量、酸雨、热浪、低温、静稳天气条件等）的时空分布特征和大气成分（主要包括 $PM_{2.5}$、PM_{10}、O_3、NO_X、SO_2、CO 以及温室气体）浓度变化进行分析，建立环境气象因子综合评估模型，确定环境气象要素的强度、影响范围和持续时间等以及综合评估指数等级。建立环境气象要素定量评估指标体系，对环境气象要素进行监测，并基于评估指标针对环境气象事件发生过程进行定量评价。调查和更新大气排放源清单，建立大气环境容量分析评估方法，建立大气环境容量承载力（或阈值）指标和污染调控预警气象条件指标，开展大气环境容量评价，给出不同气象条件下环境各主要污染物的减排方案建议。

3. 建立环境气象因子对健康影响定量评估模型

从环境气象条件对人体的致病机理分析入手，统计分析环境气象因子（霾、沙尘、空气质量、酸雨、热浪、低温等），以及大气主要成分（$PM_{2.5}$、PM_{10}、O_3、NO_X、SO_2、CO 等）与健康效应之间的关系，确定对环境气象因子敏感的人群及可能产生的疾病；建立环境气象因子对人体健康（敏感疾病或人群）影响评估模型，确定环境气象因子对人体健康影响评估的等级和指标。

4. 开展环境气象对人体健康影响评估业务

基于基本数据库、评价指标体系及等级指标、评估模型等，研制环境气象条件对人体健康影响评估业务系统，实现环境气象对健康效应发生的范围、强度、持续时间、综合影响等做出客观定量评价，提供及时客观的健康影响评价产品及环境气象健康风险预警产品。开展环境气象因子及各大气成分（$PM_{2.5}$、PM_{10}、O_3、NO_X、SO_2、CO 等）浓度对区域人体健康影响定量评估业务，针对特殊环境气象事件，为决策部门提供及时客观的健康影响评价服务产品。

国家级负责环境气象要素及影响评估，开展大气成分浓度变化分析及对人体健康影响的评估。开展大气环境容量评价，为政府大区域联防联动提供决策减排方案建议。

省级负责本省环境气象要素及影响评估，开展大气成分浓度变化分析及对人体健康影响的评估。为本区域联防联动提供决策减排方案建议。

（四）环境气象服务

1. 决策服务

（1）强化面向政府部门的决策服务

服务内容：基于各类大气环境监测、预报预警以及环境气象影响评估技术和模型，面向各级党委、政府以及相关部门决策层，建立和完善环境气象（PM_{10}、$PM_{2.5}$、O_3、SO_2、CO、NO/NO_2/NO_X等质量浓度）、酸雨监测、预报预警和决策服务产品，提高决策服务产品的科技内涵；研发和改进霾、光化学烟雾污染等及传输路径和来源分析决策服务产品，提高霾、沙尘、光化学烟雾的监测、预报预警以及对人体健康的影响评估决策服务产品质量；建立主要疾病发生和流行的监测预报、健康风险预警、影响评估决策服务业务。

服务手段：在决策气象服务平台中增加环境气象决策服务产品；建立环境气象决策服务产品至决策部门和决策层的电话传真、手机短信、网络等专门发送渠道，提高环境气象决策服务水平和能力。

(2)加强核及其他有毒有害气体泄漏应急保障服务

服务内容：加强国家、省、市、县四级大气环境突发事件的应急保障服务能力，发展有毒有害气体扩散应急服务业务，完善和改进核泄漏气象条件监测预警、影响评估服务产品。开发包含污染物扩散范围、等级、要素分布和可能影响以及对策建议等内容的应急保障服务产品。

服务手段：依托国家突发公共事件预警信息发布系统建设，建立环境气象应急响应平台，将应急服务产品迅速传送给政府相关部门。制定核应急气象服务规范和标准，联合相关政府部门制定核泄漏事件应急预案。

2. 公众服务

服务内容：环境气象监测服务。以环境气象监测实况为基础，定时发布相应的实时环境气象监测信息产品，其中包括全国重点城市及城镇霾、$PM_{2.5}$和PM_{10}浓度、酸雨、花粉浓度、大气负离子和紫外辐射等主要环境监测信息加工服务产品。

环境气象预报预警服务。建立国家级、省级环境空气质量预报预警服务产品发布系统和平台。与环保部门合作，联合发布空气质量、空气污染短临（0～6 小时）、短期（3 天）预报和预警产品。开展霾、沙尘暴、光化学烟雾等相关环境气象预报预警发布业务。

健康气象指数服务。制作全国重点城市及城镇空气污染物扩散气象条件指数；制作呼吸系统疾病、心血管疾病等发病环境气象指数，霾持续气象指数；制作一氧化碳（CO）中毒气象指数、人体过敏气象指数、中暑气象指数、舒适度气象指数等服务产品。

加强科普宣传和新闻发布。将环境气象相关政策法规、标准规范、服务产品等的宣传作为气象科普的重要内容统一规划实施。加强对社会公众进行霾、沙尘、空气质量、光化学烟雾、酸雨等相关知识科普，主要包括环境气象基本原理、科研业务最新进展、监测方法及预报预警发布形式，气象条件对人体健康影响的原因、表现以及防御措施，空气质量指数等各类环境气象指数介绍等。充分利用“3・23”世界气象日开放活动、气象科普进校园、国家气象体验之旅、气象夏令营等气象科普活动，加强对社会公众环境气象知识的科普宣传，提升公众防御意识和应对能力。完善气象事件新闻发布制度，建立重大环境气象事件的专家新闻发布和公众媒体应对制度。

服务手段：利用手机、网站、广播、电视、报纸等渠道及时发布公众环境气象服务信息。

3. 专业服务

服务内容：面向环境、卫生等相关行业以及大气环境敏感的专业用户需求，加强有针对性的环境气象专业专项服务产品研发，为用户提供多元化、精细化、适用的环境气象服务产品。建立面向专业用户的主要疾病发生流行气象指数、中暑气象指数、人体过敏气象指数、紫外线强度指数等专项服务产品。

服务手段：完善和改进环境专业专项气象服务产品制作系统，提高综合集成和加工处理水平；发展环境专项气象服务产品向专业用户的网络、手机等新型高效的发布手段和渠道。

（五）环境气象业务平台

1. 数据处理平台

在数据综合处理平台中实现环境气象观测数据、遥感资料、数值预报产品的综合处理，具备数据上传、显示查询、质量控制、存储分发等功能，满足环境气象预报预警和服务的业务需求。国家级平台应具备数据的收集和下发功能，对省级上传数据进行监控、分析、质量控制、格式转换和存储管理，通过 CMACast 系统和新一代国内气象通信系统分发至各级气象部门，供 MICAPS 显示和查询。省级系统具备本省数据的收集、质量控制、处理和上传功能，以及接收国家级下发数据功能。两级系统采用相同的数据格式和通信标准。

2. 环境气象分析预报平台

基于 MICAPS 系统（和插件）构建环境气象预报分析平台，具备观测和数值模式预报结果的显示、特征物理量的诊断、影响天气系统的分析等功能。预报员基于该平台开展化学天气图的绘制和动态分析，如静稳天气（逆温、小风或静风等）、霾天气的空间结构和要素配置等，自动生成区域一城市尺度的大气污染潜势（霾、沙尘暴、空气质量、光化学烟雾等）预报图。平台能够实现气象数据、环境气象观测数据和数值预报产品的综合显示，包括平面图、时间序列、垂直廓线等，为分析本地的大气扩散能力、光化学潜势和上游输送影响提供依据。

3. 环境气象产品制作和服务平台

自动获取环境气象预报结果完成环境气象服务产品的制作，包括沙尘暴、霾、空气质量指数、生活指数和健康指数等预报产品，经过修订和审核后实现产品的自动存储入库、发布和监控。发送渠道包括网站、微博、电视、报纸、传真、声讯电话等。平台还具备预报产品模板定义、发布对象和渠道定义等功能，以及预报产品的检验和评估功能。提供环境气象预报日志电子档案，包括预报结果登记、预报评分、预报经验总结等。

四、技术支撑

（一）环境气象观测资料分析与应用技术

1．环境气象观测质量控制技术

（1）环境气象观测技术标准和规范研究

研发建立各类设备的行业许可和同类设备的比对考核技术方法；建立、完善各类设备的台站标校技术方法和标准量值传递体系及相应的技术方法；建立、完善各类设备的多级运行保障、考核的技术规范体系和业务流程；完善观测数据采集、处理、加工技术方法，建立观测质量控制和质量保障等方面的技术标准和规范；建立环境气象观测数据和预报产品的传输和存档格式规范。

（2）数据质量控制技术方法研究

完善多级数据质量控制技术方法，构建以国家级和省级为主的多级数据质量控制业务体系，发展以运行监控平台为主要操作界面的准实时数据质量控制技术和可融合多种质量信息的多级数据质量控制专家系统软件。

2．卫星大气成分遥感监测与数据融合技术

开展我国自主研发的主要污染气体（NO_2 和 SO_2）和主要温室气体（CO_2 和 CH_4）等卫星载荷指标优化论证，开展主要污染气体、温室气体以及气溶胶（气溶胶光学厚度等）等卫星资料处理关键技术预研，开展多源资料（不同卫星平台观测资料、地面观测资料）融合技术攻关，建立高时空分辨率中国区域卫星大气成分观测资料库。改进和提高霾卫星遥感监测识别技术方法和定量监测评估技术。

3．环境气象资料在监测预报中的应用技术

开发大气成分资料、风廓线雷达资料、微波辐射计资料、加密区域自动站资料在霾、沙尘暴、光化学污染等监测中的应用技术和产品；诊断分析边界层结构特征，提取相关物理量特征值和客观预报指标，提高霾、沙尘暴、光化学烟雾等发生发展机制的认识，改进霾及沙尘暴客观预报技术，并集成到监测预报业务系统中。

（二）环境气象数值模式研究

实现环境气象模式系统的 3 个子模式（气象模式—污染源模式—化学模式）的协同发展，建立一体化可预报多要素大气成分的环境气象数值模式综合系统，改进资料同化技术，改善模式初值，加强模式系统针对特定污染事件（霾、光化学烟雾、酸雨等）的解释应用，建立国家和区域环境气象数值模式协同发展机制，提高数值模式的精细化预报能力。加强国内外科研合作交流，建立具有自主产权的环境气象数值模式系统。

1. 空气质量与霾预报模式研发

开展多模式（CUACE、CMAQ、WRF-Chem）的检验、比较、评估与本地化研发工作，建立以 CMA-GRAPES 为主、WRF 为辅的区域天气模式来驱动污染源模式与化学模式，与环保等部门合作更新优化污染源清单。充分利用现有的网络化观测与卫星遥感数据进行排放源的反演研究，对现有的排放源清单进行改进，形成全国和分区域的动态排放源处理模式系统。加强空气质量模式的数值同化技术和方法研究。结合最新的科研结果改进化学模式，不断改进气溶胶及气态化学机理，优化模式并行计算，研发高分辨率的精细化空气质量预报模式系统，为空气质量预报、霾预报、光化学污染预报提供核心技术支撑；发展空气质量预报模式检验和评估技术，以及多模式集合预报技术。建立满足业务预报需求的国家级和区域空气质量数值模式实时预报业务系统，开发具有 6 种空气质量基本要素的浓度预报和 AQI 指数预报产品。在气溶胶浓度、气象要素预报的基础上，开发建立能见度、霾的数值预报系统，提供霾数值预报产品。利用地面和卫星遥感监测资料，检验、评估空气质量、霾数值模式预报效果，进一步改进空气质量与霾数值预报模式，不断提高预报的准确性和精细化程度。

2. 沙尘暴预报模式改进与发展

完善起沙机制中所需的土地利用、土地覆盖、土壤质地、含水量、积雪等数据信息。加强沙尘暴模式气象场和气溶胶观测的同化技术研究，深入研究沙尘形成、输送、沉降机制以及沙尘暴影响评估。提高全国和区域沙尘数值预报模式的时空分辨率，改进和增加沙尘数值预报产品，提供分档沙尘浓度和降尘量空间分布以及不同等级沙尘落区的预报产品。利用地面和卫星遥感监测资料，进一步验证、评估及改进沙尘暴数值预报模式，提高沙尘暴预报的准确性。

3. 核泄漏(污染)、有毒(害)气体扩散应急预报模式

发展对于大尺度扩散应急预报模式，完善持续性排放核物质的全球大尺度传输和扩散的预报及模拟技术；发展预报未来7～10天核污染大气扩散的预报技术。基于集合预报系统，开展基于数值集合预报产品的大气扩散集合预报模拟技术预研究。发展用于有毒(害)气体扩散应急预报的中小尺度模式，采用中尺度模式向城市多尺度数值模式嵌套的技术方案，开展城市多尺度数值气象模式与扩散模式的耦合研究，实现扩散应急预报系统从大尺度到小区尺度的无缝衔接。

(三)环境气象预报方法技术研究

1. 空气质量与霾预报技术研究

研究空气污染、霾形成机理，建立以数值预报为基础、结合天气物理模型和动力统计释用技术的空气质量、霾预报预警技术方法。

污染气象条件预报方法研究：开展空气质量、霾、光化学污染以及重污染气象条件预报方法研究，建立不同等级空气污染、霾、光化学污染发生的天气概念模型和定量预报指标，为空气污染、霾、光化学污染潜势预报和污染气象条件预报提供基础。

数值预报技术方法与产品检验评估：加强空气质量、霾、光化学污染数值预报产品的分析和应用；开展 PM_{10}、$PM_{2.5}$ 等 6 种污染物浓度和空气质量 AQI 指数、霾数值预报产品的误差与精度评估技术研究。

动力—统计释用技术和预报方法研究：加强模式产品的解释应用，开展污染物浓度、AQI 指数、霾、能见度的动力统计释用方法研究；研究基于数值预报和气象条件预报结果的空气质量浓度预报、指数预报和霾预报等动力统计释用技术和预报方法，提高城市和区域空气质量、霾天气精细化预报技术和水平；检验和评估动力统计预报效果，不断订正和改进数值预报产品的准确性；开展空气质量、霾多模式集合预报释用技术研究。

2. 沙尘预报技术研究

开展沙尘形成的物理机制及气象条件分析研究，建立沙尘形成的气象条件定量化指标及预报物理模型；改进沙尘预报模型和客观预报方法，升级沙尘预报预警系统；发展基于集合预报产品和客观预报方法的沙尘概率预报技术和定量化分级预报技术研究。

3. 主要疾病的发生和流行等健康环境气象指数预报技术

结合开放环境下的人体对气象条件反应的试验调查，开展气象环境对人体体能影响研究、气象环境对人体性格形成影响研究、深入裸露皮肤的风寒效应和中暑效应等分析，加强实际天气条件下的风寒和热浪健康气象指数预报技术研究。

开展 PM_{10}、$PM_{2.5}$、O_3、CO、NO_2、SO_2、花粉浓度、酸雨、紫外辐射、大气负离子等各种大气成分对人体健康影响的研究；加强流行性疾病、紫外线强度、花粉浓度等与气象要素之间的内在机理和季节特征研究；研发健康气象预报预警技术预报产品。

(四)环境气象评估方法研究

在调查收集资料的基础上，依据人类生活对环境气象条件的敏感性和依从性原理，采用时间序列分析、相关分析、逐步回归、神经网络、主成分分析、判别分析等多种数理统计方法和典型案例法，开展大气环境气象因子（或空气质量）与健康效应之间的关系分析、大气环境气象因子和大气成分浓度对健康效应影响的定量评估模型和风险预估模型建立等工作。开展大气环境容量分析评估方法研究。

（五）霾、沙尘、重污染、光化学烟雾等高影响环境气象事件形成机理及联动机制研究

利用综合环境气象要素监测、数值模式等技术方法和手段，加强区域和重点城市霾、沙尘、重污染、光化学烟雾等高影响天气形成机理、输送路径和影响因素以及影响评估等研究；研究大气环境容量承载力（阈值）指标和污染调控预警气象条件指标，研究建立不同气象条件下环境各主要污染物的减排指标；研究各部门间的信息共享和区域联防联动气象决策服务机制。

五、业务布局与业务流程

（一）环境气象业务布局

1. 国家级

负责建立全国环境气象监测数据库和分级数据质量控制系统，实现与省级气象部门的信息共享；建立国家级环境气象业务和服务平台，开展国家级环境气象监测、预报、预警、评价和影响评估服务业务，制作发布全国环境气象业务指导产品，并提供对下的技术指导；开展环境气象预报质量检验业务；将全国环境气象预报会商纳入现有业务会商，组织开展重大或突发环境气象事件的决策应急服务和会商，以及区域联动气象预警会商。开展大气污染物区域或跨国传输的监测分析和影响评估。承担环境气象关键技术、大气化学模式、沙尘暴数值预报模式、污染源排放清单动态更新、全国空气质量数值模式的研发以及数值预报产品检验和订正业务；牵头组织环境气象业务相关技术标准、业务规范的编写。

中国气象局公共气象服务中心为环境气象业务服务的牵头单

位，其他各直属单位按照各自的职责分工密切配合做好环境气象监测、预报、预警和评估等各项工作，及时提供各类环境气象产品。

具体分工：

中国气象局公共气象服务中心：负责环境气象的公众服务和专业服务。根据空气质量预报模式客观预报结果，并进行检验评估，统计订正制作空气质量分指数和空气质量指数预报指导产品，实现与环保部门联合对全国6类环境要素浓度预报服务产品的制作和发布。根据反应性气体观测资料和天气条件预报对大气化学数值模式客观预报结果进行检验评估和订正，制作有关光化学烟雾预报产品。开展生活指数、健康气象指数监测预报，并制作和发布相关产品。

中国气象局决策气象服务中心：负责组织环境气象的决策服务材料的编制和上报工作。

国家气象中心：负责霾、沙尘等的监测、预报预警，空气污染气象条件预报预警等，并对相关数值模式产品检验评估；负责突发环境气象应急预报预警；组织全国和区域联动会商，负责环境气象决策服务。

中国气象局数值预报中心：负责核泄漏（污染）扩散应急预报模式研发和改进，制作核（污染）泄漏扩散应急数值预报客观指导产品；负责空气质量预报、大气化学数值和沙尘暴预报等模式的业务运行保障。

国家气候中心：负责环境气象要素（霾、沙尘、空气质量、酸雨、热浪、低温、静稳气象条件等）长期变化趋势等分析、评估及对人类健康长期效应的影响评估等，负责环境气象要素对气候变化影响的评估等；负责环境气象要素气候影响模式系统的研发等。

国家卫星气象中心：负责应用卫星资料监测和分析霾、沙尘暴和相关大气污染成分浓度等环境气象要素的输送和变化，并提供相应的遥感监测产品。

中国气象局气象探测中心：负责建立和完善大气成分、环境气象以及突发和应急环境气象观测体系，负责全国环境气象观测系统的设计建设和全网运行监控；统一组织仪器设备标校、维修保障和标准传递，制定技术标准和观测规范；负责技术指导、技术支撑和业务培训；负责观测数据质量监控、大气成分监测分析等。

国家气象信息中心：负责国家与省级气象部门环境气象信息的传输、存储、分发、服务和归档；负责环境气象观测台站元数据信息收集、存储管理；负责建立全国环境气象监测数据库。

中国气象科学研究院：负责空气质量、霾数值预报模式和沙尘暴预报模式研发改进；负责排放源清单的编制和更新；负责大气环境容量评价，污染大气成分（PM_{10}、$PM_{2.5}$、O_3、SO_2、CO、NO/NO_2/NO_X 等）对环境及人体健康影响的评估；负责大气污染物跨国输送的分析评估。

中国气象局气象宣传与科普中心：负责利用多种形式、多种渠道组织开展有关环境气象的解读和科普知识宣传。

2. 区域、省级

区域级：参与区域空气质量、霾数值预报业务系统的研发改进和检验评估，建立和完善区域空气质量、霾数值预报业务，为区域内各省开展环境气象预报提供技术支撑；牵头区域内环境气象业务相关的科研组织、技术交流、产品共享；建立完善区域内环境气象联防联动机制，开展大气污染物区域传输的监测分析和影响评估。部分区域中心参与设备标校、样品分析方面的观测技术支持保障工作。

省级：建立环境气象观测设备运行监控和维护保障业务，负责本省环境气象观测设备的运行保障、数据质量控制、数据汇总和分发；结合本地观测资料开展空气质量数值预报模式的释用订正和检验评估业务；开展本省环境气象监测、预报预警业务，为市（县）级开展环境气象业务服务提供指导产品；开展环境气象预报质量检验业务;建立有毒气体扩散应急模式,组织开展本省突发环境气象事件的应急服务和会商联防联动;开展本省环境气象影响评估业务。

3. 市县级

地市级:开展大气环境气象的实时监测业务;基于上级指导产品,结合本地观测资料和地理环境,制作本地霾、能见度、沙尘暴、浮尘预报产品,制作本地区空气污染气象条件、空气质量(AQI)预报,根据需要,发布预警产品;开展健康环境气象预报;开展环境气象预报质量检验业务,重点检验霾、沙尘暴等灾害性天气的预警准确率和提前量;开展环境气象影响评估和应急服务;制作具有本地特色的环境气象服务产品,开展服务。

县级:负责环境气象要素的观测及数据上传,负责所辖环境气象观测站的运行维护和保障;根据本地观测资料和上级指导产品开展环境气象预报预警服务,发布相关预报预警产品。开展本辖区的环境气象相关灾情收集、上报及环境气象应急监测。

(二)环境气象业务组织

重点强化国家级气象业务机构的技术指导能力和区域中心的技术支持能力,进一步强化省级气象机构的综合业务服务能力、市(县)级气象机构的观测保障及产品订正特色服务能力。建立国家、省、地市(县)一体环境气象业务平台。建立和完善上级指导、下级补充订正的集约化工作流程。

1. 区域性大气污染联动

建立跨省的区域性大气污染的联防联动机制,国家级单位根据重大或突发环境气象事件的需求组织有关区域联防气象预警会商,制作发布相关监测分析、影响评估、区域性污染预报、联防预警等信息产品,与环保部建立信息共享、应急联动机制。区域中心根据周边环境气象事件的发生情况组织本区域的联防气象预警会商,提供技术支持,制作发布相应的联防气象预警信息,与相应的环保部门开展信息共享，应急联动；相邻省份应加强信息共享、预报会商和服务联动，国家级对省级业务指导和技术支持。

2. 环境气象预报业务流程

加强环境预报业务流程建设，将全国环境气象预报会商纳入现有业务会商安排。制定环境气象业务产品的发布和上报流程，上级环境气象业务单位按时下发针对大气环境监测、预报预警以及大气环境污染对人群健康影响评估等的业务指导产品；下级环境气象业务单位结合本地特点和实际需求，制作本地环境气象业务产品，对上级产品的订正意见进行反馈，并按时上传本地环境气象业务产品。建立国家、省、市(县)统一的环境气象业务产品、技术流程和业务传输规范，改变现有部分业务自成一体、上下衔接不够的局面。

3. 气象服务流程

环境气象服务由各级气象部门实施，通过环境气象服务平台和国家突发公共事件预警信息发布系统，面向公众、政府和相关行业提供环境气象服务。开展国家级层面为国家环境外交和应对气候变化方面的决策服务。建立国家、省、地市、县四级互通互联的环境气象服务产品库，实施环境气象服务产品共享。建立用户、政府以及气象部门内部意见反馈信息系统，不断改进并在服务的过程中规范各类预报产品质量的检验业务。

六、保障措施

(一)加强环境气象业务人才队伍建设

1. 提高环境气象业务人才队伍总量和质量

根据环境气象业务发展的不同要求，尽快建立、发展壮大各级环境气象业务人才队伍。通过对高校学生培养的引导和联合培养研究生等多种途径，提高高校毕业生的环境气象科研业务基本素质。

按照业务发展的一般规律和环境气象业务发展的现实需要，

科学设置环境气象研究、业务、服务专职岗位，落实环境气象业务专职队伍，落实相关责任。

在中国气象局"创新团队计划"中设立环境气象国家级创新团队，培养造就环境气象带头人；建立环境气象专业人员定期培训制度，通过举办专题研修班等形式加强相关培训，不断提高环境气象人员的素质和能力。

2. 完善环境气象业务岗位设置

各层级的气象业务岗位设置要与环境气象的观测、预报、服务、技术保障等岗位进行综合考虑，把环境气象业务纳入基本气象业务管理，建立完善的值班制度，完善领班、首席把关等制度。

(二)加强环境气象业务科技创新和成果转化

1. 加强关键技术的科研开发

制定目标明确的环境气象业务科研计划，采取集约化和开放式的研发模式，吸纳国内外成熟的先进技术，联合环保部门、高等院校和科研院所，加快环境气象关键技术研发和业务系统建设。制定实施未来3年环境气象业务建设、精细化预报、业务平台建设等专项业务研发计划并逐年滚动更新；推动当前环境气象业务关键性技术的科研立项和实施。

2. 加强科研与业务服务的合作

在思想上树立开放意识，在运行方式上建立更加开放的机制。建立健全多形式、多渠道、多层次、全方位的国内外交流与合作。加强与国际相关机构的交流，学习借鉴国外先进经验。加快推进突发公共事件预警信息发布平台建设，完善应急联动机制，协力提高服务水平。

3. 完善科研开发和业务的考核评价机制

建立环境气象研发、业务、服务的分类考核评价机制，制定业务技术人员晋级、职称评定办法和细则，鼓励科技人员持续、深入地解决环境气象业务中的技术难点和实际问题；保持环境气象研发队伍的相对稳定，建立气象环境业务专项，让环境气象业务人员在解决各类环境气象产品研发的难题中提高自身的水平。

(三)完善环境气象业务管理与运行机制

按照环境气象业务服务运行有机衔接、相互支撑、集约高效的要求，加快优化完善国家和省级环境气象业务运行机制，将环境气象研究、观测与资料质量控制、预报、服务等业务职能落实到现有国家级和省级业务机构中，以使环境气象业务融入国家级和省级基本气象业务机构布局，并强化相互之间的配合协作。

1. 制定和完善环境气象业务发展实施计划

各省要根据环境气象业务发展指导意见的要求，因地制宜地制定本地区环境气象业务发展的实施方案，提出适合于本地区的环境气象业务发展目标、发展重点、实施步骤和保障措施，制定年度任务并纳入目标考核。

2. 推进规章制度建设，提高科学管理水平

加强环境气象业务规定、技术规范的制定和完善工作。逐步建立科研成果、模式预报系统和环境气象资料业务化评价方案，制定环境气象业务标准和技术规范，建立环境气象要素监测、模式产品和环境气象预报服务产品质量检验评价方案，以及各级环境气象业务任务和职责，促进环境气象相关业务的规范有序发展，提高业务管理水平。

3. 建立专家咨询委员会，指导业务技术发展

成立环境气象领域的专家组或专家咨询委员会，对相关业务的发展、管理以及科研开发提供咨询与指导。

(四)加强环境气象业务相关的技术标准、业务规章和业务考核制度建设

加强环境气象观测、技术保障、数据传输和存储、监测预报、服务等技术标准、业务规章和业务考核制度建设，将环境气象业务质量纳入常态化的业务管理。鼓励各地结合实际和地方需求特点，

因地制宜建立业务规章和业务考核制度。

(五)加大对环境气象业务的投入

1. 建立稳定的业务投入机制

积极争取国家和地方的公共财政投入,建立和完善环境气象业务稳定的投入机制。将环境气象观测、技术保障、数据传输和存储、监测预报、服务等所需经费纳入常规财政预算,科学合理的规划和管理环境气象经费,做到统筹设计、合理分配、集约高效。

2. 加大科研投入力度

针对环境气象业务中存在的关键科学技术问题,多渠道争取项目支持。积极通过行业专项、科技计划项目、中国气象局项目以及地方各类项目的立项支持,加大对环境气象监测、环境气象条件预报预警、卫生健康环境气象指数等业务建设、系统建设、平台建设等关键技术的投入力度。

(六)加强与相关部门和国内外业务科研机构的交流合作

加强与环保、卫生等部门之间的合作,实现环境监测数据的实时共享,联合开展环境预报业务的技术研发,建立健全多形式、多渠道、多层次、全方位的交流和合作。建立极端气象条件下大气污染预警体系和以环境保护、气象两部门为主导的多部门应急联动机制,加快推进突发公共事件预警信息发布平台建设,协力提高环境气象监测预警服务水平。

附表:1.各类环境气象服务的观测需求及观测要素列表(略)
2.环境空气污染物基本项目浓度限值(略)
3.环境空气污染物其他项目浓度限值(略)
4.空气质量分指数及对应的污染物项目浓度限值(略)
5.空气污染指数的范围及相应的空气质量级别(略)
6.空气污染气象条件五个级别说明(略)
7.环境气象业务布局一览表(略)

中国气象局关于进一步加强气象宣传工作的意见

（气发〔2013〕46号）

2013年5月24日

气象宣传工作作为凝聚气象干部职工力量、弘扬气象精神、传播气象文化、普及气象知识的重要平台，为提高公共气象服务能力进行了有效探索，为提升气象工作社会认知度和影响力做出了重要贡献。为深入贯彻落实党的十八大精神和中国气象局党组战略部署，进一步加强和改进气象宣传工作，为气象事业发展营造良好舆论氛围，制定本意见。

一、准确把握气象宣传工作的指导思想和基本要求

1.指导思想

深入贯彻落实党的十八大精神，高举旗帜、围绕大局、服务人民、改革创新，逐步构建党组（委）领导、上下联动、开放合作的宣传工作格局，不断强化公共服务功能，增强信息传播效果，提升舆论引导能力，为气象事业服务于全面建成小康社会提供传播平台、思想保证、精神动力和舆论支持。

2.基本要求

——高举旗帜、围绕大局。紧紧围绕党和国家方针政策，围绕中国气象局党组决策部署，服务于经济社会发展大局，强化气象宣传的政治意识、科学意识、大局意识和责任意识，为实现“中国梦”

凝心聚力。

——遵循规律，有效引导。遵循气象工作和新闻传播规律，把握对象化、分众化、互动化传播趋势，坚持一般规律与行业特点、社会关切与报道重点、气象服务与宣传工作、常规宣传与集中宣传、自发开展与策划组织相结合，充分发挥气象宣传工作的导向功能、信息功能和解疑释惑功能，增强舆论引导的及时性、针对性和实效性。

——以人为本，贴近民生。坚持贴近实际、贴近生活、贴近群众，坚决贯彻中央“八项规定”，积极开展“走基层、转作风、改文风”活动，真正以群众喜闻乐见、易于实践的方式开展气象宣传工作。

——与时俱进，开拓创新。加强气象宣传与业务、服务、科研、管理等工作联动，深化与社会媒体合作，扩大气象宣传的覆盖面和影响力。推进气象宣传工作改进创新，不断健全体制机制、丰富传播内容、创新宣传形式、拓展传播渠道，促进气象宣传事业新发展。

二、扎实做好气象宣传工作

3.宣传党和国家政策法规

深入学习宣传贯彻党和国家方针政策及中国气象局党组决策部署，使之成为气象事业改革发展和气象现代化建设的行动指南。进一步加强气象法律法规宣传，切实提高气象部门履行政府职能和依法行政的能力与水平。

4.宣传气象事业发展成效

深入宣传中国特色气象事业发展道路及探索实践，全面展示气象科技、重大气象工程、气象现代化建设进展和成就，着力宣传气象在防灾减灾、保障生态文明建设等方面的重要作用和在服务经济社会发展、改善民生过程中的突出成效。

5.传播公共气象服务信息

统筹资源，加强与政府信息化平台及公众传媒、通信运营等行业的合作，及时有效传播灾害性天气监测预报预警信息，权威科学解析防灾避险知识，广泛宣传气象服务产品、手段和效益，提高全社会对气象服务和气象信息的关注与应用能力。

6.普及气象科学技术知识

提高公众对气象科学的认知程度，提高全民气象科学素质，增强公众应对气候变化和防范气象灾害的意识。以“三农”气象服务、城市防灾减灾示范社区建设专项为抓手，积极推进气象科普业务化、常态化、社会化、品牌化。充分依托社会资源和媒体平台，扩大气象科普覆盖面和影响力，促进公共气象服务效益提升。

7.弘扬中国特色气象文化

切实加强气象部门党的建设、精神文明建设、气象文化建设和廉政文化建设宣传，打造社会化气象文化品牌，促进气象文化的传承与繁荣。坚持深入基层、深入群众、深入实践，大力宣传“准确、及时、创新、奉献”的气象精神，使之成为激励气象工作者实现“气象梦”的精神动力。

8.加强气象宣传工作管理

加强上下级气象宣传管理部门的沟通、协作，严肃宣传纪律，统一宣传口径，提高舆论引导能力。坚持谁主管谁负责和属地管理原则，健全管理制度、落实管理职责，细化流程、完善措施，有效运用和管理气象报刊、影视、网络和新媒体。加强与当地新闻媒体沟通，建立对重要气象信息传播的审核机制，确保准确无误。实施“精品工程”，完善气象宣传作品评价激励机制，把改进文风作为一项长期任务抓紧抓好。

9.加强气象舆情监测研判

注重研究新形势下的舆情动态，加强气象舆情监测、分析和研判工作，及时了解掌握各类媒体对气象新闻的宣传报道情况，重点关注重大天气气候事件和与气象相关的公共事件发生后的舆情，及时采取措施，强化主动发布，回应社会关切，正确引导舆论。重视各类媒体对气象工作的监督，畅通社情民意反映渠道。

三、建立健全气象宣传工作机制

10.建立气象宣传融入机制

主动加强与各级党委、政府宣传主管部门联系，争取将气象宣传融入各级党政宣传主管部门议事日程，与其他重大宣传工作同计划、同部署、同落实。探索建立跨行业、多专业的气象宣传专家委员会，建立宣传策划、新闻发布、业务交流和考核评估等长效合作机制。积极争取依托各级政府新闻发布平台，发布重大气象信息。

11.建立气象宣传合作机制

借助媒体、社团、文化机构等传播力量，通过“走基层，看气象”等活动，扩大气象宣传覆盖面。有效运用气象部门各类内部刊物，加强面向各级党政领导和相关部门的宣传。加强气象宣传与业务、服务、科研、管理等部门联动，加强重大气象活动和天气过程的宣传会商和联合策划，为新闻宣传和舆情引导提供政策支持和业务把关。

12.健全气象新闻发布机制

结合不同时期气象宣传的中心工作，紧密跟踪社会热点，通过主动设置宣传议题、主动组织新闻发布，综合运用媒体资源开展宣传。健全突发事件发布、重大气象服务和活动报道、敏感舆论风险评估等工作制度，确保气象宣传工作有力有序有效开展。

13.建立气象宣传创新机制

深入推进气象宣传体制机制、内容形式和方法手段创新，实现气象宣传工作与时俱进、科学发展。遵循传播规律、拓宽宣传渠道，通过展览、报告会、访谈、公益热线、彩信、短信等途径，多形式开展宣传。充分发挥微博客、微信等新媒体作用，使之成为气象部门服务社会、宣传工作的重要渠道。

四、切实强化气象宣传保障措施

14.切实加强宣传工作的组织领导

各级气象部门的主要负责同志是本单位宣传工作的第一责任

人，对本单位宣传工作负总责；分管负责同志要亲自抓、抓具体。要建立健全气象宣传工作领导责任制，成立气象宣传工作领导小组，及时研究解决气象宣传工作重大难题。要不断完善办公室统一归口管理、各职能部门分工落实的宣传工作机制。要把气象宣传工作列为年度工作考核的重要内容，加强检查和督促。

15.扎实推进气象宣传队伍建设

加快气象宣传工作体制机制改革和政策创新，有条件的省（区、市）气象局可建立宣传科普专门机构，探索气象宣传业务绩效管理机制建设。要明确专人负责气象宣传工作，鼓励气象宣传工作人员提高自身能力和素质，增强工作的主动性和积极性。建立和完善专兼职相结合的气象宣传工作队伍。加强气象部门媒体采编队伍的建设和管理。逐步建立包括宣传业务人员、新闻发言人和专家组成的国家一省一地一县气象宣传骨干人才库，为促进气象工作科学发展做好保障。

16.不断加强气象宣传能力建设

加强新形势下气象宣传工作的战略性、前沿性课题研究，学习、掌握现代传播理念和规律，切实提高宣传科普工作软实力。建立和完善气象宣传综合管理信息平台、舆情监测平台和气象宣传资源库。做好气象宣传工作效益评估，健全资料信息档案。加快宣传科普中心发展。加强《中国气象报》、《气象知识》、中国气象频道、中国气象网、中国天气网及各级气象门户网站、气象官方微博客等媒体建设、运用和管理。促进气象宣传装备现代化建设，提高基础能力。

17.逐步加大气象宣传经费投入

各级气象部门要积极争取财政支持，建立稳定增长的多元化气象宣传工作经费投入机制。在部门预算中设立气象宣传专项经费，在各类重点工作、重大项目及重大气象服务中，统筹考虑和安排专题专项宣传及应急宣传的工作经费。

中国气象局关于县级综合气象业务改革发展的意见

（气发〔2013〕54号）
2013年6月14日

推进县级综合气象业务改革发展是提高县级公共气象服务水平和气象社会管理能力的核心任务，是全面推进县级气象机构综合改革的重要环节，是实现基层气象现代化的基础工作。为深入贯彻落实中国气象局党组全面推进气象现代化和全面推进县级气象机构综合改革的决策部署，强化县级气象机构业务基础，转变县级气象机构工作职能，促进县级气象机构业务集中、功能优化、资源统筹，现就县级综合气象业务改革发展提出以下意见。

一、总体思路和目标要求

推进县级综合气象业务改革发展，要坚持公共气象发展方向，围绕服务经济社会发展和保障人民安全福祉等中心任务，坚持适应需求、集约高效、科技支撑、因地制宜的原则，坚持先进、综合、稳定、实用、便捷、开放的技术路线，以提升基础业务能力为目标，以优化业务布局、调整业务分工、完善业务流程为主线，以发展综合气象业务、建设综合气象业务平台、改革气象业务体制、强化科技支撑和人才保障为重点，避免低水平重复建设和重复劳动，形成业务一体化、功能集约化、岗位多责化的县级综合气象业务，全面推进基层气象业务现代化，不断增强县级气象机构综合实力、气象创新活力和气象工作影响力。

与县级气象机构综合改革同步，江苏、上海、北京、广东四省（市）气象局及重庆市、浙江省杭州和宁波市气象局现代化试点单位，各省（区、市）县级气象机构综合改革试点单位以及有条件的地区要在2013年年底前基本完成县级综合气象业务改革发展任务，其他地区要在2015年年底前完成县级综合气象业务改革发展任务。

二、大力发展县级综合气象业务

发展县级综合气象业务，就是要实现县级气象机构公共气象服务、气象预报预测、气象观测和综合气象保障等各项业务综合化、集约化，国家、省、市、县业务布局、业务分工、业务流程科学化、规范化，县级气象机构业务功能、服务职能、管理职能综合配置，硬件软件建设、组织机构建设、人才队伍建设、规章制度建设统筹协调推进。

（一）公共气象服务业务。面向防灾减灾、经济社会发展、生态文明建设和人民生活水平提高的需要，开展决策气象服务、公众气象服务、专业专项气象服务和应急气象保障服务，推进农业气象服务体系和农村气象灾害防御体系建设。承担气象灾害预警信息发布和部门联动工作，开展气象灾情收集上报和气象灾害调查工作。协助上级开展气象灾害风险普查、风险评估和气候可行性论证等工作。应用或订正上级指导产品，开展气象灾害风险预警服务，开展环境、交通、水文气象服务，因地制宜开展海洋、山洪地质灾害、森林草原火险、电力能源、旅游等专业气象服务。负责人工影响天气作业实施工作，承担防雷减灾服务工作。做好当地重大社会活动、重大工程建设等的气象保障服务。开展气象防灾减灾科普宣传。

（二）气象预警预报业务。加强灾害性天气和气象灾害的实时监测预警业务，开展有针对性的本地农用天气预报和农业气象灾害预警工作。在上级指导下，开展强对流天气和突发气象灾害的临近预警预报业务，及时发布各类气象灾害预警信号。各地根据实际情况，可基于上级指导产品，开展 24 小时内灾害性天气落区预报和乡镇精细化气象要素预报的订正业务，开展环境气象预警预报的订正业务。

（三）气象观测业务。根据站类和布局，国家地面气象观测站开展气压、气温、湿度、风向、风速、蒸发、辐射、地温等自动观测，开展日照、冻土、雪深、电线积冰等观测，编发冰雹和视程障碍重要天气报。基准站、基本站开展云高、云量、能见度和天气现象观测，一般站开展能见度和天气现象观测。农业气象观测站开展作物、森林、草原等气象观测、自然物候观测和土壤水分观测。各省（区、市）气象局可根据当地预报和服务的需求设置相应的观测任务，开展应急气象观测。

（四）综合气象保障业务。开展辖区观测与信息网络、预报与服务、突发事件预警信息发布等的各类设施的巡视和日常维护，因地制宜开展区域自动气象站和通用技术装备的社会化保障工作，做好相关探测设备的选址和建设工作。负责辖区内各类气象资料的整编、归档和保存。

三、加快建设集约化县级综合气象业务平台

按照现代气象业务体系发展要求，县级综合气象业务平台是统一部署在县级气象机构、集中各类软件和硬件及物理环境、以统一数据库和信息网络为支撑、按照统一标准和规范运行操作，统筹公共气象服务业务系统、气象预警预报业务系统、气象观测业务系统、气象信息网络系统的集约化平台。

（一）公共气象服务系统。由省级建立统一框架的县级公共气象服务系统。具有决策气象服务、公众气象服务、农业气象服务、专业气象服务等产品生成以及中小河流洪水与山洪地质灾害等各类气象风险预警服务功能。具有人工影响天气、防雷服务、信息发布、灾情收集和部门联动等功能。具有与地（市）级和省级实时信息共享与互动反馈等功能。具有上级指导服务产品同步显示、各类服务产品订正制作、各类用户对象互动应用、各类渠道快速有效发布等功能。

（二）预警预报系统。基于 SWAN 和 MICAPS 框架，集成 SWAN 产品应用，建立县级预警预报业务系统。具有对上级指导产品同步显示、观测资料实时显示和报警、灾害性天气和气象灾害监测预警、强对流天气和突发气象灾害临近预警预报，以及各类预警预报产品的订正制作等功能。具有与地（市）级和省级实时信息共享与互动反馈等功能。

（三）观测系统。集约优化地面观测场自动观测任务和设施，具备自动运行和远程监控功能。基于现有各类观测业务软硬件和数据资源，建立观测业务功能模块，具有地面观测、数据采集、运行监控、通信传输、质量控制和实景监控等功能。

（四）信息网络支撑系统。由国家级组织，建设县级局域网络支撑系统，为县级综合气象业务系统提供网络资源、运行设备、实时监控和数据保障。建立规范统一、可靠高效、维护便捷的县级数据环境，实现与地（市）和省级相关系统的数据同步，支持县级综合观测业务、预警预报业务和公共气象服务的高效协同。

四、稳步推进县级综合气象业务改革

通过县级综合气象业务改革，调整省、地（市）、县三级业务分工，完善县级综合气象业务流程，增强省、地（市）两级对县级综合气象业务的支撑能力，提高县级综合气象业务管理水平。

（一）调整县级综合气象业务分工。县级气象机构依托综合气象业务平台，承担面向地方党委政府决策、农业发展、经济运行和公众生产生活的气象保障服务任务，开发具有地方特色和实际需求的气象服务产品，统一发布辖区内气象信息和灾害预警信息，组织开展气象科普宣传。县级气象机构负责辖区内突发事件预警信息发布系统和部门联动机制建设。由省或地（市）级气象部门统一组织人工影响天气、雷电灾害防御工作。县级气象机构重点强化灾害性天气和气象灾害的实时监测预警业务、强对流天气和突发气象灾害的临近预警预报业务、农用天气预报业务和农业气象灾害预警业务。大力推进观测自动化，凡实现自动观测的业务取消人工并行观测。优化调整定量应用需求不突出、难以实现自动化的云和天气现象观测任务。取消可用自动气象站、闪电定位仪、天气雷达和气象卫星等观测资料替代的天气现象人工观测任务。调减基准站、基本站夜间人工观测时次。加密自动气象站资料传输频次，取消可用自动观测资料替代的编发报任务。取消自动观测资料逐小时质量监控业务。推进航空危险报业务自动观测和自动传输。引入信息员、志愿者参与辖区范围内灾害性天气现象的辅助观测。县级气象台可根据需要开展云高、云量、能见度和天气现象人工观测。

（二）加强省、地（市）对县级综合气象业务的支撑。统筹建立针对县级各项业务的指导有力、上下联动、运转高效的一体化业务流程。按照省级制作、地（市）级订正、县级应用的原则，省、地（市）两级负责为县级提供实时监测预警产品和短时临近、中短期、延伸期预报产品，定量降水估计和定量降水预报产品，图形化的灾害性天气落区预警预报产品，乡镇精细化气象要素预报产品，中小河流洪水和山洪地质灾害风险预警预报服务产品，环境气象预警预报产品，气候监测预测评价服务产品，农业气象服务产品，人工影响天气和防雷减灾服务产品，水文、交通、海洋、电力能源、旅游等专业气象服务产品。负责指导县级开展气象灾害调查、风险普查、风险评估和气候可行性论证等工作。省、地（市）两级要分工负责各级各类观测设备、预报业务设备、气象服务设施和通信网络设备的维修、校准和计量检定等运行保障，负责各类观测资料的通信传输和质量监控、观测自动化能力建设和气象应急能力建设，建立气象装备社会化保障制度及其管理监督机制。

（三）改进县级综合气象业务管理。按照提能增效的要求建立完善县级综合气象业务管理运行机制。中国气象局各业务管理部门要加强统筹协调,建立适应县级综合气象业务改革发展需要的综合业务管理体制,加强统一规划和标准规范的制定,建立并执行县级新增气象业务服务任务技术论证和业务审批制度。各省(区、市)气象局要建立县级综合气象业务质量考核评价体系。各市(地)气象局要力争将预报准确率、为农服务"两个体系"、预警信息发布、气象防灾减灾体系等重点工作纳入政府绩效考核体系。县级气象机构要建立综合气象业务运行日志制度。依法有效保护气象探测环境。制定并公开气象预报服务工作流程、处置气象灾害的应急预案和气象预报服务周年方案。健全安全生产规章制度,确保县级综合气象业务稳定运行和安全生产。

五、加大县级气象综合业务科技支撑和人才保障

科技和人才是县级综合气象业务发展的重要支撑和保障,提高科技支撑能力和人才队伍素质始终是发展现代气象业务的关键因素。

(一)提高县级综合气象业务科技支撑能力。各省(区、市)气象局要加大对县级综合气象业务系统的科技支撑,组织集中研发统一的县级综合气象业务平台,负责系统二次开发和升级改造,推广有价值的业务新技术和服务新产品,不断提高县级综合气象业务科技含量。建立县级气象机构有效参与省级科研项目的机制,鼓励和支持县级气象机构业务服务人员面向本地需求、基于县级综合气象业务平台开发专业气象服务产品。建立省、市、县气象业务科技人才交流制度,帮助解决县级综合气象业务发展技术难题。

(二)建设适应县级综合气象业务发展要求的人才队伍。统筹用好国家编制、地方编制、部门编制、编制外聘用等多种人才资源,按照一人多岗、一岗多责、提高工作效能的原则,科学设置县级综合气象业务岗位。各省(区、市)气象局要制定县级气象综合业务技术岗位设置和人员培训实施方案,加强县级专业气象技术人才的引进、培养和使用,稳妥有序推进业务人员的转岗,建立科学合理的用人机制，开展专业技术培训，建设高素质的县级气象人才队伍。改革和完善全国气象行业职业技能竞赛，加强对综合气象业务技能的评比奖励。

六、确保县级气象综合业务改革发展有序推进

县级综合气象业务改革发展难度大、任务重、要求高，各地区、各有关部门务必加强领导、精心组织，积极稳妥有序推进，务求取得实效。

（一）加强组织领导。各省（区、市）气象局是县级综合气象业务建设的责任主体，要将县级综合气象业务改革发展放到更加突出位置，统筹规划、周密部署、稳妥实施，确保按时完成各项任务。各省（区、市）气象局要根据本意见制定县级综合气象业务改革发展实施细则。

（二）制定配套政策。中国气象局各相关内设机构要建立县级综合气象业务考核办法，制定县级气象综合业务、县级气象业务机构专业技术岗位设置、人员培训、基础设施建设指导意见等配套政策措施。

（三）加大投入保障。统筹各项资金和工程项目，把县级综合气象业务系统建设纳入相关在建和拟建重大工程项目，合理调整投资渠道，避免造成新的重复建设，提高投资效益，保障县级综合气象业务建设任务的顺利实施。综合测算确定气象业务定额，调整经费结构，确保综合气象业务高效稳定运转。

（四）加强督促检查。中国气象局将把县级综合气象业务改革发展纳入县级气象机构综合改革，进行专项检查，纳入年度目标管理和绩效考核。各省（区、市）气象局要建立定期情况通报制度和信息反馈机制，及时将县级综合气象业务改革发展进展情况和重要问题报告中国气象局。

附件：县级地面气象观测业务调整方案（略）

中国气象局工作规则

（气发〔2013〕55 号）

2013 年 6 月 18 日

第一章　总　则

第一条　根据《中华人民共和国宪法》、《中华人民共和国国务院组织法》、《中华人民共和国气象法》、《国务院工作规则》、《中国气象局职能配置、内设机构和人员编制规定》等法律法规和有关文件规定，结合中国气象局工作实际，制定本规则。

第二条　中国气象局工作的指导思想是，高举中国特色社会主义伟大旗帜，以邓小平理论、"三个代表"重要思想、科学发展观为指导，认真贯彻执行党中央、国务院的决策部署，严格遵守宪法和法律，全面正确履行职能。坚持公共气象发展方向，紧紧围绕经济社会发展需求，全面推进气象现代化，促进中国特色社会主义气象事业持续健康发展，为推动经济社会发展、保障人民安康福祉、维护国家安全提供一流的气象保障。

第三条　中国气象局工作的准则是，围绕中心、服务大局，以人为本、忠于职守，民主公开、依法行政，实事求是、务实清廉，改革创新、规范高效，坚持全心全意为人民服务的宗旨。

第二章　职责分工

第四条　中国气象局实行局长负责制。局长领导中国气象局的全面工作，并代表中国政府、中国气象局进行外事活动。副局长协助局长工作，按分工负责处理分管工作；受局长委托负责其他方面的工作或者专项任务。

第五条　局长出访和出差期间，授权一位副局长主持工作，代行局长职责。副局长出访和出差期间，由局长或局长指定的其他副局长代行其职责。

第六条　局长召集和主持或委托副局长召集和主持中国气象局局务会议、局长办公会议。

第七条　办公室主任负责局机关的综合协调工作。各内设机构主要负责人负责本部门的工作，在本部门的职责范围内独立行使职权，承担责任。

第八条　各内设机构要各司其职，各负其责，顾全大局，协调配合，坚决贯彻落实中国气象局各项工作部署。要加强与部门内外的交流和协作，按照业务和职能分工，主动与对口部门联系，建立良好的互动协作关系，为气象事业持续健康发展创造良好的环境。

第三章　全面正确履行职能

第九条　全面正确履行法律法规以及国务院赋予的政府行政管理职能，拟定气象工作的方针政策、法律法规、发展战略和规划。制定、发布气象工作的规章制度、标准和规范并监督实施。全面推进气象现代化。承担有关的行政许可、行政执法监督检查、行政复议、行政应诉等工作。

第十条 健全公共气象服务系统。积极参与政府气象防灾减灾决策，认真组织指导台风、暴雨(雪)、寒潮、大风(沙尘暴)、低温、高温、干旱、雷电、冰雹、霜冻、大雾，以及空间天气、城市环境气象、森林(草原)火险等气象防灾减灾工作，对重大灾害性天气开展跨地区、跨部门的气象联防。加强全国人工影响天气工作的统筹规划，加强统一管理和指导，合理开发利用空中云水资源。科学制定气象灾害监测、预警的业务服务标准，及时发布和有效传播气象灾害预警信号。

第十一条 不断提高预报预测准确率。完善气象预报预测业务系统，加快预报预测精细化进程，加强气象灾害监测预报预警系统建设，推动现代天气气候业务集约化、标准化、客观化和定量化发展。做好灾害性、关键性、转折性重大天气及气象灾害预报警报和短期气候趋势预测。

第十二条 加快综合气象观测系统建设。按照合理布局、有效利用的原则，统一规划全国陆地及海上气象探测、气象台站网、气象基础设施和大型气象技术装备的发展和布局，审核全国大中型气象项目的立项和方案。加强气象技术装备保障工作，保障综合气象观测系统稳定可靠运行。

第十三条 提升气象业务信息化水平。建立覆盖气象业务全流程的信息网络系统，建立健全现代气象资料业务流程，推动多种观测资料综合应用。提高资料和信息共享服务水平。提升高性能计算的支撑能力，实现计算资源的统一管理。加强信息系统的安全管理和保障。

第十四条 实施科技创新驱动现代气象业务发展战略。凝炼重大科研方向，统筹科技资源，做好重大科研攻关和成果的推广应用。深化科技体制改革，完善气象科技创新体系，加强气象科技管理，拓展气象科技开发合作，推动科研与业务紧密结合，为气象业务发展提供有力的科技支撑。

第十五条　大力加强气候和气候变化工作。推进中国气候观测系统建设，加强气候变化规律研究，加强以应对极端气候事件为核心的适应气候变化能力建设。深入开展气候变化影响评估和应对措施研究工作，组织对城市规划编制、重大基础设施建设、公共工程建设、重点领域或区域发展建设规划进行气候可行性论证，组织风能、太阳能等气候资源的开发利用和保护工作。

第十六条　坚持以人为本、科学防御、部门联动、社会参与的原则，做好气象灾害防御工作。依靠科技、依靠法制、依靠群众，统筹规划、分类指导，全面实施国家气象灾害防御规划。加快国家与地方各级防灾减灾体系建设，强化防灾减灾基础，做好气象灾害科学评估工作，不断增强对各类气象灾害监测预警服务能力，提高全社会气象防灾减灾水平。

第十七条　加快转变行政管理职能改革。精简行政审批、加强宏观管理、完善制度机制，着力转变职能、理顺关系、优化结构、提高效能，形成权界清晰、分工合理、权责一致、运转高效、法治保障的气象行政管理职能体系，切实提高管理科学化水平。

第十八条　加强气象应急管理工作。按照《中华人民共和国突发事件应对法》和《国务院关于全面加强应急管理工作的意见》要求，制定和完善各类气象应急预案并组织演练。做好突发公共事件预警信息发布系统运行和管理工作，建立分级响应、属地为主的纵向组织指挥体系和信息共享、分工协作的横向部门协作体系。强化气象应急保障能力建设，逐步建立以气象灾害预警信号为先导的部门联动与社会响应机制。加强应急专家队伍和信息员队伍建设，切实提高气象应急管理水平。

第十九条　加强全国气象部门统一领导工作。认真履行政府行政管理职责，强化社会管理职能，健全气象法规与标准体系，强化气象行业管理，指导行业和地方气象事业发展。重视人才队伍、教育培训、计划财务、机构编制、离退休干部工作，加强思想政治工作、气象文化和精神文明建设，组织宣传、普及气象科学知识，提高全民气象防灾减灾、应对气候变化和气候资源意识。依法管理气象外事工作，代表中国政府积极参与世界气象组织及其他国际气象机构的活动，加强与境外气象机构的合作与交流。

第四章　坚持依法行政

第二十条　严格遵守、认真执行《中华人民共和国气象法》、《中华人民共和国反垄断法》、《人工影响天气管理条例》、《气象灾害防御条例》、《气象设施和气象探测环境保护条例》、《通用航空飞行管制条例》等国家法律法规，依法管理气象工作和规范气象活动、依法发展气象事业，不断提高依法行政的能力和水平。

第二十一条　根据中国气象事业发展的需要，按照立法权限和要求，适时提出法律、行政法规草案，组织制定颁布部门规章。逐步形成以《中华人民共和国气象法》为主体，由若干气象行政法规、地方性法规、部门规章和地方政府规章以及规范性文件、技术规范和标准组成的层次分明、结构合理、科学完善的气象法规体系。同时，修改或废止不相适应的气象法律法规，确保气象立法的质量和法律法规的统一。

第二十二条　中国气象局制定的规章和其他规范性文件，应当按照《规章制定程序条例》、《法规规章备案条例》和《气象规范性文件管理办法》有关规定的程序立项、起草、审查、决定、公布、解释和备案。

涉及公民、法人和其他组织的权利和义务、实施行政许可、规定行政处罚、履行行政管理职能等事项的，应当制定部门规章。涉及两个以上国务院部门职权范围的事项，应提请国务院制定行政法规、发布决定和命令，或者与有关部门协调，联合制定规章或规范性文件。部门规章要按要求报国务院备案。

第二十三条 严格实行行政执法责任制和执法过错追究制。在行政复议中，中国气象局作为被申请人的，原具体行政行为的经办单位要参加行政复议，提出行政复议答复及其有关证明材料。在行政诉讼中，中国气象局作为被告的，原具体行政行为的经办单位要作为被告的代理人，参加应诉，提出行政诉讼答辩及其有关证据材料。原具体行政行为被变更、撤销、确认违法并引起行政赔偿的，要依法追究有故意或者重大过失的工作人员的责任。

第二十四条 坚持行政执法与经济利益脱钩、与责任挂钩的原则，科学配置执法职责，将行政执法的责任落实到岗位，明确责任人，加强执法能力建设，制定并实施考核、监督、奖惩办法。

第二十五条 根据《中华人民共和国行政许可法》的规定，按照公开、公正、公平的原则，对依法实施的气象行政许可项目，要依法规范实施主体、条件、程序和期限，切实履行社会管理职能。

第五章 实行科学民主决策

第二十六条 完善行政决策程序规则，把公众参与、专家论证、风险评估、合法性审查和集体讨论决定作为重大决策的必经程序，增强公共政策制定透明度和公众参与度。

第二十七条 中国气象局实行民主集中制，重大事项实行个别酝酿、民主讨论、集体决策制度，不断提高决策的科学性，增强措施的协调性。

中国气象局代全国人大、国务院起草的法律、行政法规草案、重要文件和由局制定、颁布的部门规章、气象发展规划、全局性工作计划、重大专项规划、重要业务改革方案、部门预算、重大项目立项、建设等重大事项，由中国气象局领导班子讨论决定。

第二十八条 各内设机构提请中国气象局领导班子讨论决定重大事项，必须严格履行规定的程序，提出切实可行的方案，送分管局领导审定后由局长批准提交局务会议或局长办公会审议。涉及基础性、战略性研究和重大工程建设项目，应经过专家或研究、咨询、中介机构的论证评估或法律分析；涉及相关部门的，应充分协商；涉及地方的，应事先征求意见；涉及人民群众切身利益的，一般应进行社会公示或听证，听取意见和建议。

第二十九条 中国气象局在作出重大决策前，根据需要通过召开研讨会、座谈会等方式，听取社会团体、专家学者、社会公众以及气象行业、基层气象部门等方面的意见和建议。在重大决策执行过程中，要跟踪决策的实施情况，了解利益相关方和社会公众对决策实施的意见和建议，全面评估决策执行效果，及时调整完善。

第三十条 各内设机构必须坚决贯彻落实中国气象局的决定，及时跟踪和反馈执行情况。办公室要加强督促检查，确保政令畅通。

第六章 推进政务公开

第三十一条 把公开透明作为中国气象局工作的基本制度。深化政务公开，完善各类办事制度，健全信息发布制度，推进行政权利行使依据、过程、结果公开。

第三十二条 中国气象局局务会和局长办公会讨论决定的事项、中国气象局制定的政策，除依法需要保密的外，应及时公布。

第三十三条 凡涉及公共利益、公众权益、需要广泛知晓的事项和社会关切的事项以及法律和国务院规定需要公开的事项，均应通过政府网站、政府公报、新闻发布会以及报刊、广播、电视、网络等方式，依法、及时、全面、准确、具体地向社会公开，并进行必要的解读。

第三十四条 实行新闻发布制度，通过召开新闻发布会主动向媒体公开气象部门政府信息、公共气象服务信息等。办公室归口管理中国气象局新闻发布工作，未经审核批准，各内设机构不得以中国气象局名义进行新闻发布。

第七章　健全监督制度

第三十五条　认真办理全国人大代表、全国政协委员的议案、提案，实事求是地提出答复意见，及时反馈给代表、委员。虚心接受提出的批评、意见和建议。

第三十六条　按照《中华人民共和国行政诉讼法》及有关法律规定，中国气象局接受司法监督。同时要自觉接受监察、审计等部门的专项监督，对发现的问题要认真查处和整改，重大问题向国务院报告。

严格执行《中华人民共和国行政复议法》，加强行政复议指导监督，纠正违法或不当的行政行为，及时依法化解行政争议。

第三十七条　接受社会公众和新闻舆论的监督，认真调查核实有关情况，及时依法处理和改进工作。对重大问题，要积极主动地查处和整改，并向国务院报告，还要将处理结果向社会公布。要加强网站建设，发布政务信息，便于群众知情、参与和监督。

第三十八条　重视信访工作，完善信访制度，畅通和规范群众诉求表达、利益协调、权益保障渠道。中国气象局领导、各内设机构负责人要亲自阅批重要的群众来信，督促解决重大信访问题。认真贯彻落实安全生产管理规定，逐级落实安全生产责任制，做好安全生产工作。

第三十九条　中国气象局实行综合考评制度。按照科学规范、客观公正、分工负责、分类考核的原则，根据中国气象局年度工作安排确定的重点工作和常规工作，制定综合考评办法，对各省（自治区、直辖市）气象局，各直属单位进行年度综合考评。

第四十条　各内设机构要认真落实中国气象局确定的重点工

作任务、重大决策部署，跟踪督促检查和反馈执行情况，负责本部门职责范围内有关文件起草、会议组织以及相关决议的落实和督查督办工作。

第四十一条 办公室要跟踪督促检查各内设机构落实中国气象局年度工作安排，以及中国气象局做出的重大决定、确定的重点工作情况，适时通报，确保各项工作落到实处。

第八章 会议制度

第四十二条 中国气象局实行中国气象局局务会议、局长办公会议、专题协调会议制度。

中国气象局局务会议由中国气象局领导班子成员（局长、副局长和党组成员）和各内设机构主要负责人组成，由局长或由局长委托的副局长召集和主持。会议召集人可根据需要确定有关直属单位主要负责人列席会议，必要时还可扩大到机关全体司局级干部和部分处级干部。局务会议的主要任务是传达中共中央、国务院重要会议、文件精神，审议中国气象局代国务院起草的法规草案及由中国气象局制定颁布的部门规章、文件，部署全局性重要工作。办公室负责局务会议的组织、记录、编发会议纪要。会议纪要由会议主持人 3 个工作日内签发。

中国气象局局长办公会议由中国气象局领导班子成员（局长、副局长和党组成员）组成，由局长或由局长委托的副局长召集和主持。会议召集人可根据需要确定有关单位的主要负责人列席会议。局长办公会议的主要任务是审议全局性工作计划，审议重大专项发展规划、重要改革方案、部门预算、重大项目立项建议等重大事项和其他需要集体研究决定的事项。办公室负责局长办公会议的组织、记录、编发会议纪要。会议纪要由会议主持人 3 个工作日内签发。

中国气象局专题协调会议由局长、副局长和局党组成员按照分工召集和主持，根据党组会议、局务会议、局长办公会议作出的决定和部署的任务，研究、协调和处理局日常工作中的专门问题。专题协调会议由办公室统一协调、安排，议题承办单位负责组织、记录和编发会议纪要。会议纪要由会议主持人 3 个工作日内签发。

第四十三条 中国气象局领导不能出席中国气象局局务会议、局长办公会议应提前向局长请假；如对议题有意见或建议，可在会前提出。中国气象局局长主持召开的会议，与会各单位主要负责人代表本单位出席，中国气象局其他局领导主持召开的会议，与会各单位负责人代表本单位出席。如不能出席会议，应提前向会议主持人请假。

第四十四条 中国气象局全国性会议主要包括全国气象工作会议、全国气象局长会议、全国气象局长工作研讨会议、全国性业务工作会议。

全国气象工作会议由中国气象局局长主持召开，原则上每 5 年召开一次。会议主要任务是总结我国气象事业的发展经验，审定全国气象事业发展规划，研究和部署全国气象事业发展中的重大方针、政策性问题。

全国气象局长会议由中国气象局局长主持召开，原则上每年召开一次。会议主要总结、部署全国气象部门的年度工作，审议决定方针、政策性的重要事项以及全局性的重大问题。

全国气象局长工作研讨会议由中国气象局局长主持召开，原则上每年召开一次。

全国性业务工作会议由中国气象局内设机构主持召开。

第四十五条 中国气象局及各内设机构召开的会议，要坚持精简务实高效的原则，减少数量、控制规模和会期，严格审批。尽可能用电视电话会议方式召开必要的会议。各内设机构召开的全国性业务工作会议，一般只安排分管局领导出席。未经批准，中国气象局各级领导一律不出席各类剪彩、奠基活动和庆祝会、纪念会、表彰会、博览会及各类论坛等。各类会议都要充分准备，提高效率和质量，重在解决问题。

第九章　公文审批

第四十六条　中国气象局及各内设机构的行文，应当符合《党政机关公文处理工作条例》的规定，按照《中国气象局公文处理实施办法》执行。

除中国气象局领导交办事项和必须直接报送的绝密事项外，一般不得直接向中国气象局领导个人报送公文。除办公室外，各内设机构不得对外正式行文。

第四十七条　各单位报送中国气象局的请示性公文，凡涉及其他单位职权的，必须主动与相关单位充分协商，由主办单位主要负责人与相关单位负责人会签或联合报中国气象局审批。单位之间有意见分歧的，主办单位主要负责人要主动协商；协商仍不能取得一致意见的，主办部门应列明各方理由和依据，提出办理建议，与相关单位有关负责人会签后报中国气象局决定。

第四十八条　各省（自治区、直辖市）气象局，各直属单位，各内设机构报送中国气象局审批的公文由单位主要负责人签署。

第四十九条　党中央、国务院印发给中国气象局的文件，由办公室提出拟办意见报送局领导阅批。

党中央、国务院各部门及地方政府和各省（区、市）气象局发送中国气象局的文件，由办公室按职责批办分送职能部门研究处理或提出意见后报局审批，重要文件报送局领导阅批。

各内设机构报送中国气象局的文件，由办公室按照中国气象局领导职责分工呈批，重大事项报局长审批。

第五十条 中国气象局报送国务院的文件，中国气象局颁布的命令、决定、部门规章，人员任免和重大工作部署的文件，由分管局领导审核，由局长签署。

第五十一条 以中国气象局名义发文，由局长或副局长签发。属于一般程序性的或经局领导授权的局发文，可作为例行文由办公室主任签发。

以办公室名义发文，由办公室主任或副主任签发；如有必要，报分管副局长或报局长签发。

各内设机构职权范围内的事务，由部门自行确定以函的格式行文，不应将问题上交或使发文升级。各部门要严格按规定的权限、程序和时限签批运转公文。对于干部人事和机构编制、经费、外事、法规、标准等方面的建议和申请，按职能分别向人事司、计划财务司、国际合作司和政策法规司等归口职能部门申请，不得直接向局领导报批；若超出了归口职能部门的权限，由归口职能部门提出审核意见报局审批。

第五十二条 要进一步精简公文，行文应讲求实效，注重针对性和可操作性。倡导清新简练的文风，做到意尽文止、条理清楚。大力推进电子政务建设，提高公文办理的效率。凡国家法律法规和党内法规已作出明确规定的，一律不再制发文件。没有实质内容、可发可不发的文，一律不发。能通过网络、电话、传真等方式明确的事项，不再发文。

第十章 工作纪律

第五十三条 坚决贯彻执行党和国家的路线方针政策和中国气象局工作部署，严格遵守纪律，有令必行，有禁必止。

第五十四条 坚决执行中国气象局的决定，如有不同意见可在中国气象局内提出，在没有重新作出决定前，不得有任何与中国气象局决定相违背的言论和行为。代表中国气象局发表讲话或文章，个人发表涉及未经中国气象局研究决定的重大问题及事项的讲话或文章，事先须经中国气象局同意。

第五十五条 严格执行请假报告制度。按照《中国气象局领导干部请假报告制度》规定，局长出访前要以局名义报请国务院审批，局长出差、休养前，应向国务院报告。副局长出访、出差和休养前，应向局长请假。

各内设机构负责人离京出访、出差和休养，需提前3个工作日报分管局领导审批，主要负责人离京外出需报局长审批并确定一位负责人主持工作。出差、出访应尽量缩短时间，一般不超过12天，因特殊情况必须延期的，要及时请示。一个单位原则上不能有两位及以上负责同志同时离开本行政区到同一地点参加同一会议或活动。

第五十六条 中国气象局领导班子成员出访、出差回京后，要书面或口头向党组汇报工作情况。各内设机构负责人出访、出差回京后，要书面或口头向分管局领导汇报工作情况，重大问题向局长报告。

第五十七条 中国气象局提出年度重点工作任务，确定需要提请国务院讨论审议的法律草案和行政法规草案、召开的全国性会议和需要国务院制发的公文、气象事业重大发展改革决策部署等事项，经中国气象局领导班子研究审定后形成年度工作安排，报送国务院，并及时向国务院报告执行情况。

第五十八条 各内设机构要科学制订工作计划，并报送中国气象局，重点工作按要求定期向中国气象局报告执行情况。

第五十九条 中国气象局实行汛期值班制度。中国气象局领导及有关内设机构负责人，每年汛期（6月至9月份）参加汛期带班和值班，具体安排由办公室负责。

第六十条 中国气象局发布涉及国务院重要工作部署、经济社会发展重要问题的信息，要经过严格审定，重大情况要及时向国务院报告。各内设机构发布涉及中国气象局重要工作部署、与群众利益密切相关事项的信息，要经过严格审定，重大情况要及时向中国气象局报告。

第六十一条 严格遵守保密纪律和外事纪律，严禁泄露国家秘密、工作秘密或因履行职责掌握的商业秘密等，坚决维护国家的安全、荣誉和利益。

第十一章 廉政和作风建设

第六十二条 严格执行改进工作作风、密切联系群众和廉洁从政的各项规定，切实加强廉政建设和作风建设。

第六十三条 坚持从严治局，对职权范围内的事项要按程序和时限积极负责地办理，对不符合规定的事项要坚持原则不得办理；对因推诿、拖延等官僚作风及失职、渎职造成影响和损失的，要追究责任；对越权办事、以权谋私等违规、违纪、违法行为的，要严肃查处。

第六十四条 严格执行财经纪律，艰苦奋斗、勤俭节约，坚决制止奢侈浪费，严格执行住房、办公用房、车辆配备等方面的规定，严格控制差旅、会议经费等一般性支出，切实降低行政成本，建设节约型机关。严格控制因公出国（境）团组数量和规模。

改革和规范公务接待工作，不得违反规定用公款送礼和宴请，不得接受地方的送礼和宴请。严格控制和规范国际会议、论坛、庆典、节会等活动。各类会议活动经费要全部纳入预算管理。

第六十五条 廉洁从政，严格执行领导干部重大事项报告制度。不得利用职权和职务影响为本人或特定关系人谋取不正当利益，不得违反规定干预或插手市场经济活动。加强对亲属和身边工作人员的教育和约束，决不允许搞特权。

第六十六条 改进学风，各级领导要做学习的表率，密切关注国际国内经济、社会、科技等方面发展变化的新趋势，不断充实新知识，丰富新经验。通过局机关学习报告会等方式，组织学习社会、经济、科技、法律、历史和现代管理等方面知识，建设学习型机关。

第六十七条 各级领导要经常深入基层，了解情况，指导工作，注重研究和解决实际问题。加强面向社会的调查研究，了解社会各界对气象工作的需求和意见，并形成有情况、有分析、有建议的调研报告。

到基层考察调研，要轻车简从，减少陪同，简化接待，减轻地方负担。省（自治区、直辖市）气象局负责人不到辖区分界处迎送，不赠送各类纪念品或土特产。除工作需要外，不去名胜古迹、风景区参观。

第六十八条 中国气象局领导不为地方举办的气象有关会议和活动等发贺信、贺电，不题词；因特殊需要发贺信、贺电和题词，一般不公开发表。中国气象局领导出席会议活动、到基层考察调研的新闻报道和外事活动安排，按有关规定办理。

第六十九条 各省（自治区、直辖市）气象局，各直属单位根据本规则，结合本地实际制定本单位工作规则，报中国气象局备案。

第七十条 本规则自印发之日起实施，2007 年 10 月 23 日印发的《中国气象局工作规则》（气发〔2007〕371 号）同时废止。

防雷工程专业资质认定细则

（气发〔2013〕68号）
2013年8月2日

第一章 总 则

第一条 为加强和规范防雷工程专业资质认定工作，根据《防雷减灾管理办法》和《防雷工程专业资质管理办法》等有关规定，制定本细则。

第二条 本细则适用于中华人民共和国境内防雷工程专业资质的申请、初审、评审、延续和变更等事项。

第三条 防雷工程专业资质分为设计资质和施工资质两类，资质等级分为甲、乙、丙三级。

国务院气象主管机构负责全国防雷工程专业资质的监督管理工作。省、自治区、直辖市气象主管机构承担防雷工程专业设计和施工资质的认定工作，并将通过认定的防雷工程专业资质报国务院气象主管机构备案。

第四条 防雷工程专业资质的认定应当遵循公开、公平、公正以及便民、高效和信赖保护的原则。

第二章 资质申请

第五条 申请防雷工程专业设计或者施工资质的单位（以下

简称申请单位)应当具备以下基本条件:

(一)企业法人资格。

(二)有固定的办公场所和防雷工程专业设计或者施工的设备和设施。

(三)从事防雷工程专业的技术人员必须取得《防雷工程资格证》。

(四)有防雷工程专业设计或者施工规范、标准等资料并具有档案保管条件。

(五)建立质量保证体系,具备安全生产基本条件和完善的规章制度。

第六条 申请防雷工程专业甲级资质的单位除了符合本细则第五条的规定外,还应当同时符合以下条件:

(一)注册资本人民币一百五十万元以上。

(二)具有与承担业务相适应的防雷工程专业技术人员和辅助专业技术人员。取得《防雷工程资格证》的技术人员中,三名以上具有防雷相关专业高级技术职称,六名以上具有防雷相关专业中级技术职称。

(三)近三年内完成防雷工程总额不少于八百万元,所完成的综合防雷工程不少于二十个,每个工程额不低于三十万元,其中至少有一个工程额不低于一百五十万元。

(四)所承担的防雷工程,必须经过当地气象主管机构的设计审核和竣工验收。

(五)取得乙级资质三年以上,每年年检合格。

第七条 申请防雷工程专业乙级资质的单位除了符合本细则第五条的规定外,还应当同时符合以下条件:

(一)注册资本人民币八十万元以上。

(二)具有与承担业务相适应的防雷工程专业技术人员和辅助专业技术人员。取得《防雷工程资格证》的技术人员中,两名以上具有防雷相关专业高级技术职称，四名以上具有防雷相关专业中级技术职称。

（三）近三年内完成防雷工程总额不少于四百万元，所完成的综合防雷工程不少于二十个，每个工程额不低于十五万元，其中至少有两个工程额不低于五十万元。

（四）所承担的防雷工程，必须经过当地气象主管机构的设计审核和竣工验收。

（五）取得丙级资质一年以上，每年年检合格。

第八条 申请防雷工程专业丙级资质的单位除了符合本细则第五条的规定外，还应当同时符合以下条件：

（一）注册资本人民币五十万元以上。

（二）具有与承担业务相适应的防雷工程专业技术人员和辅助专业技术人员。取得《防雷工程资格证》的技术人员中，一名以上具有防雷相关专业高级技术职称，三名以上具有防雷相关专业中级技术职称。

第九条 申请防雷工程专业资质的单位，应当于每年三月和十一月向企业工商注册所在地的直辖市或者设区的市级气象主管机构提出申请。

第十条 申请防雷工程专业甲级或者乙级资质的企业应当提交以下书面材料中（一）至（十二）项的内容，申请防雷工程专业丙级资质的企业应当提交以下书面材料中（一）至（八）项的内容。

（一）正式的书面申请公函。

（二）《防雷工程专业设计资质申请表》（见附件 1）或者《防雷工程专业施工资质申请表》（见附件 2）。

（三）《企业法人营业执照》、《税务登记证》（国税和地税）和《组织机构代码证》正、副本的原件及复印件。

（四）《专业技术人员简表》（见附件 3），取得《防雷工程资格证》的专业技术人员的高级、中级技术职称证书、身份证明、劳动合同、社会保险关系和《防雷工程资格证》的原件及复印件。

（五）企业固定办公场所产权证明或者租赁合同的原件及复印件。

（六）仪器、设备及相关设施清单（见附件4）。

（七）企业质量管理手册，应当包含以下内容：

1. 企业组织机构，包括机构框图、职能及岗位职责等。

2. 企业质量保证体系，包括质量方针、质量目标、质量控制措施、质量保证体系框图等。

3. 企业相关的管理制度，包括合同管理、仪器设备管理、安全管理、资料档案管理、人员培训考核等。

4. 相关的技术标准目录等。

（八）防雷工程质量管理手册，应包含以下内容：

1. 防雷工程专业设计质量管理手册，包括设计质量管理制度，现场勘察内容和程序，设计内容和程序，设计、审核、批准制度，设计图纸、资料交接制度，设计人员职业道德规范，设计人员考核、奖惩制度等内容（防雷工程专业设计资质申请单位提交）。

2. 防雷工程专业施工质量管理手册，包括施工质量管理制度，施工程序及注意事项，工程器材购置、保管、领取制度，施工资料交接制度，施工安全保障制度，施工现场质检制度，施工现场进度登记制度，工程监督、检查、验收制度，施工人员职业道德规范，施工人员考核、奖惩制度等内容（防雷工程专业施工资质申请单位提交）。

（九）近三年的《已完成防雷工程项目表》（见附件5）和工程项目原始合同的复印件以及防雷工程的《防雷装置设计核准意见书》和《防雷装置验收意见书》。

（十）近三年的《已完成防雷工程项目表》中三个投入使用一年以上与其资质等级对应的综合防雷工程的用户使用证明；并注明防雷工程项目名称、地址、建设内容、竣工验收时间和使用效果，加盖防雷工程建设单位或者使用单位公章和签署日期，注明承办人姓名及联系电话。

（十一）两个已完成的防雷工程全套技术资料（申请甲级资质的两个工程额均不低于五十万元，且其中一个工程额不低于一百五十万元；申请乙级资质的两个工程额均不低于五十万元），应当包含以下内容：

1. 申请防雷工程专业设计资质的全套资料：

（1）防雷工程勘察报告复印件，包括被勘察对象的名称、时间、地点、人员签名以及必要的草图或者示意图等全面的情况记录。

（2）防雷工程设计方案复印件，包括必要的大样图或者示意图、计算公式、防护等级等，需要进行雷电灾害风险评估的项目应包含雷电灾害风险评估意见。

（3）防雷工程设计图纸复印件一套（与移交建设方保存的图纸一致），图上应标出设计要求和防护等级，应有设计图纸专用章，设计人、校正人和具有中级以上技术职称的设计负责人的签名，设计负责人、设计人、校正人等人员应当持有相应的《防雷工程专业设计资格证》。

（4）防雷工程设计合同的复印件。

（5）《防雷装置设计核准意见书》复印件。

2. 申请防雷工程专业施工资质的全套资料：

（1）防雷工程施工图和竣工图复印件各一套（与移交建设方保存的图纸一致），图上应标出施工要求，应有施工图纸专用章，制图人、校正人和具有中级以上技术职称施工负责人的签名，施工负责人、制图人、校正人等人员必须持有《防雷工程专业施工资格证》。

（2）防雷工程施工计划书或者施工方案复印件，包括防雷工程建设所需施工人员名单、施工地点、设备、器材、工程建设进度、工程质量监督流程等。

（3）防雷工程施工全程作业详细资料的复印件，包括施工时间、人员、任务、要求、完成情况以及隐蔽工程的材料、规格、施工工艺和现场照片等。

(4)防雷工程预算、决算和合同的复印件。

(5)《防雷装置验收意见书》的复印件。

(十二)《防雷工程专业设计资质证》或者《防雷工程专业施工资质证》副本的复印件。

申请单位提交的材料应当加盖申请单位公章，按照项目的顺序依次装订成册后加盖骑缝章，提交至少一式八份纸质材料和电子文件。申请单位应当承诺对申请材料的真实性负责。

第三章 资质初审

第十一条 设区的市级气象主管机构负责对本行政区域内防雷工程专业资质申请单位提交的材料进行初审。初审应当自受理申请之日起二十个工作日内完成。

第十二条 负责初审的气象主管机构应当对申请单位提交材料的合法性、完整性、真实性进行审核并委派两名以上工作人员到申请单位现场对申报材料进行核查。现场核查应当包括以下内容：

(一)对照检查所提交复印件的原件。

(二)核查仪器、设备及相关设施清单中所列的实物。

(三)核查办公场所与产权证明或者租赁合同内容是否一致。

(四)核查项目资料、管理制度、安全生产措施、工作计划、年度总结、技术标准等档案资料的规范性和完整性。

(五)抽查二至三个以上综合防雷工程的全套技术档案资料(仅限申请防雷工程专业设计或者施工的甲级或者乙级资质)。

(六)考察主要专业技术与管理人员对有关管理制度、技术规范等的掌握和执行情况。

(七)其他需要现场核查的内容。

工作人员应当将现场核查的各项内容记录在案，由双方签字确认，并保存必要的视听资料，形成现场核查工作报告报本级气象主管机构。

第十三条 负责初审的气象主管机构根据申请单位提交的材料和现场核查工作报告，在《防雷工程专业设计资质申请表》或者《防雷工程专业施工资质申请表》的“初审意见”栏内签署意见并加盖印章。

第十四条 负责初审的气象主管机构应当将初审符合要求的资质申请材料于每年四月三十日或者十二月三十一日前报至省、自治区气象主管机构。

初审不合格的，由初审单位出具书面凭证，退回申请单位，并说明理由。

第十五条 直辖市气象主管机构资料核查和现场核查要求和内容参照初审规定执行。

第四章 资质评审

第十六条 省、自治区、直辖市气象主管机构收到资质申请材料后，委托防雷工程专业资质评审委员会(以下简称评委会)在三个月内完成评审工作。

第十七条 省、自治区、直辖市气象主管机构应当建立防雷工程专业资质评审专家库，并实行动态管理。

防雷工程专业资质评审专家库成员应当由防雷管理专家和防雷技术专家组成。

第十八条 防雷工程专业资质评审专家库成员应当为在职人员，并具备以下基本条件：

(一)作风正派、有良好的职业道德，遵纪守法、责任心强。

(二)熟悉防雷相关政策法规和技术标准。

(三)从事防雷管理、技术服务、工程应用、科研教学等相关工作八年以上或者具有高级以上技术职称。

（四）身体健康，能够承担评审的相关工作。

第十九条 气象主管机构应当于资质评审前从评审专家库中抽取五名以上（奇数）专家组成评委会，负责防雷工程专业资质的评审工作。评委会主任委员由评委会成员推选产生。

防雷工程专业资质评委会名单应当报国务院气象主管机构备案。

第二十条 评委会成员在资质评审工作中应当客观、公平、公正、敬业、廉洁，并有责任对未经公布的评审过程、结果以及申请单位相关情况进行保密。与申请单位存在利益关系或者其他可能影响评审客观、公平、公正因素的，应当主动提出并予以回避。

第二十一条 评委会评审工作由主任委员主持，按以下程序进行：

（一）评委会主任委员宣布评审任务、程序和纪律。

（二）评委会成员审阅申请材料。

（三）评委会听取现场核查情况汇报。

（四）评委会成员陈述个人评审意见。

（五）评委会对相关事项进行讨论。

（六）评委会成员进行记名投票，当场计票，同意票数达到或者超过评委会成员人数三分之二的为通过。评委会成员投票不通过的应当说明理由。

（七）评委会主任委员组织编写书面评审意见，签名后报本级气象主管机构。

第二十二条 省、自治区、直辖市气象主管机构应当对评审过程进行监督，对评审结果进行审查认定，对拟通过认定的申请单位在本级气象主管机构的官方网站上公示七日。

公示期满无异议的，由省、自治区、直辖市气象主管机构作出许可决定，颁发《防雷工程专业设计资质证》或者《防雷工程专业施工资质证》。

公示期间有异议的，应当组织调查、核实，依法作出处理。

第二十三条 未通过认定的，由省、自治区、直辖市气象主管机构在决定作出后十个工作日内出具书面凭证，退回申请单位，并说明理由。

第五章 资质延续

第二十四条 防雷工程专业设计和施工资质的有效期为三年。

申请单位应当在资质有效期满三个月前向原认定机构提出延续申请，并向原受理机构提交本细则第十条规定的材料和资质有效期内每年年检意见的书面材料。

原受理机构按照本细则第十一至第十三条的规定进行初审，将初审意见和申请材料上报原认定机构，初审时间为二十个工作日。

资质证有效期届满三个月前未提出延续申请的单位，其资质证到期自动作废，且一年内不得重新申请资质。

第二十五条 原认定机构应当根据年检记录、初审意见及资质申请条件，在有效期满前一个月内作出准予延续、降低等级或者注销的决定。

第二十六条 认定机构应当对拟准予延续的防雷工程专业资质申请单位在本级气象主管机构的官方网站上公示七日。公示期满无异议的，换发《防雷工程专业设计资质证》或者《防雷工程专业施工资质证》。

公示期间有异议的，应当认真组织调查、核实，依法作出处理。

第二十七条 申请延续的单位不符合资质延续条件的，认定机构应当作出降级或者注销决定，并于决定作出之日起十个工作日内书面告知申请单位并说明理由，收回原资质证书。

第六章 资质变更

第二十八条 取得资质的单位名称、地址、注册资本、法定代表人等发生变更的，应当在工商行政管理部门批准后三十个工作日内，向原受理机构提交资质变更申请材料。原受理机构负责资质变更材料的初审，向原认定机构上报初审结果，由原认定机构办理资质变更手续。

第二十九条 涉及本细则第二十八条规定变更事项的，应当提交以下材料：

（一）正式的变更申请公函。

（二）工商行政管理部门出具的《企业变更核准通知书》原件及复印件。

（三）变更前的企业法人营业执照副本的复印件和变更后的企业法人营业执照副本的原件及复印件。

（四）防雷工程专业资质证正、副本原件。

第三十条 涉及本细则第二十八条规定的变更事项经核实确认后，原认定机构应当予以变更。申请单位注册资本变更后不符合原资质条件的，认定机构应当作出降低资质等级或者注销决定，并办理相关手续。

第三十一条 取得资质的单位发生合并、分立以及工商注册地跨省、自治区、直辖市变更的，应当在工商行政管理部门批准后三十个工作日内申请核定资质。

第三十二条 合并后存续或者新设立的企业拟承继合并前各方中较高等级资质的，应向原较高等级资质受理机构提交以下材料：

（一）正式的变更申请公函。

（二）合并协议和合并决议或者决定的原件及复印件。

（三）当地的地市级以上综合性报纸上登载企业合并的有关证明的原件及复印件。

（四）工商行政管理部门的《企业变更核准通知书》原件及复印件。

（五）工商行政管理部门注销各方企业法人决定的原件及复印件。

（六）合并后的企业法人营业执照副本的原件及复印件。

（七）原各方企业防雷工程专业资质证副本原件。

合并变更事项经核实确认后，原较高等级资质认定机构应当予以变更。

第三十三条 单位分立后申请核定资质的，申请单位应当向原受理机构提交以下材料：

（一）分立决议或者决定书的原件及复印件。

（二）在当地报纸上登载企业分立公告的有关证明和债务清偿或者担保情况说明的原件及复印件。

（三）变更前后的各相关方企业法人营业执照副本复印件。

（四）本细则第十条规定的材料。

第三十四条 具有防雷工程专业资质的单位申请分立的，分立后的企业资质等级不能高于原有资质等级。认定机构应当按照第三十三条的规定重新核定，并注销原资质。

重新核定资质的，在本级气象主管机构官方网站上公示七日，公示期满无异议的，换发资质证。

公示期间有异议的，应当认真组织调查、核实，依法作出处理。

第三十五条 跨省、自治区、直辖市变更企业工商注册地申请核定资质的，应当向企业迁入地省、自治区、直辖市气象主管机构提交以下材料：

（一）正式的书面申请公函。

（二）变更前的防雷工程专业资质证正、副本原件。

（三）本细则第十条规定的申请材料。

（四）工商行政管理部门出具的企业迁出、迁入的相关材料。

（五）变更前的企业法人营业执照副本的复印件和变更后的企业法人营业执照副本的原件及复印件。

（六）迁出地省、自治区、直辖市气象主管机构出具的证明（见附件 6）和年检意见。

迁入地的省、自治区、直辖市气象主管机构负责对迁入企业的资质进行核定，按核定结果，换发资质证。迁出地的省、自治区、直辖市气象主管机构应当注销迁出企业的防雷工程专业资质。

第三十六条 取得资质的单位，因遗失、损毁等原因需要补办防雷工程专业资质证书的，应当提交以下材料：

（一）正式的补办资质证申请公函（包括补办原因、补办资质证类别等）。

（二）企业法人营业执照复印件。

（三）在省级以上公开发行报纸上刊登的资质证作废声明（报纸原件，作废声明内容应包括企业名称以及资质证名称、等级、编号、总编号、有效期、发证日期等信息）。

资质证书由省、自治区、直辖市气象主管机构核实后补发。

第七章 监督管理

第三十七条 防雷工程资质评审委员会的成员违反相关法规或者评审纪律的，取消其资格，承担相应的责任；构成犯罪的，依法追究刑事责任。

第三十八条 气象主管机构工作人员在防雷工程专业资质认定工作中玩忽职守、滥用职权、徇私舞弊的，依法给予处分；构成犯罪的，依法追究刑事责任。

第三十九条 省、自治区、直辖市气象主管机构应当公布具有防雷工程专业资质的企业名录及其资质分类、资质等级等信息，供社会公众查询。

第四十条 国务院气象主管机构负责对省、自治区、直辖市气象主管机构的资质认定工作进行监督检查。

省、自治区气象主管机构负责对设区的市级气象主管机构的资质初审工作进行监督检查。

第四十一条 评委会成员应当实行届期回避、利害关系回避、地域回避。

第四十二条 省、自治区、直辖市气象主管机构应当在认定后二十个工作日内报国务院气象主管机构备案。

第四十三条 国务院气象主管机构每年对资质评审工作进行抽查，抽查中发现的问题按有关规定处理。

第四十四条 取得《防雷工程资格证》的专业技术人员，不得同时在两个以上(含两个)防雷工程专业资质单位兼职执业。

第八章 附 则

第四十五条 气象主管机构应当将本细则中申请单位的申请材料以及资质认定过程中形成的具有保存价值的文档及相关资料进行存档。

第四十六条 本细则自公布之日起施行。

附件：1.防雷工程专业设计资质申请表(略)

2.防雷工程专业施工资质申请表(略)

3.专业技术人员简表(略)

4.仪器、设备及相关设施清单(略)

5.已完成防雷工程项目表(略)

6.证明(略)

气象部门基本建设项目竣工财务决算管理办法

（气发〔2013〕70 号）

2013 年 8 月 6 日

第一章　总　则

第一条　为了加强气象部门基本建设项目竣工财务决算管理，规范基本建设项目竣工财务决算编制、审计工作，保证资产及时准确移交，提高投资效益，根据《基本建设财务管理规定》（财建〔2002〕394 号）和《财政部关于进一步加强中央基本建设项目竣工财务决算工作的通知》（财办建〔2003〕91 号）等规章、制度制定本办法。

第二条　本办法适用气象部门有基本建设投资项目的建设单位。投资来源包括：中央和地方财政性资金、单位自筹资金、基建借款和其他资金。

第三条　基本建设项目竣工时，应编制项目竣工财务决算。建设周期长、建设内容多的大中型建设项目和中国气象局重点工程项目，单项工程竣工具备交付使用条件的，可编制单项工程竣工财务决算。建设项目全部竣工后应编制竣工财务总决算。

第四条　各建设单位应按规定设置独立的财务管理机构或指

定专人负责基本建设财务工作，严格按照批准的概预算建设内容，做好账务设置和财务管理，在项目竣工后3个月内完成竣工财务决算的编制工作。项目竣工财务决算未经批复之前，原机构不得撤销，项目负责人及财务主管人员不得调离。对于大中型建设项目和中国气象局重点工程项目不得在项目建设周期内调整会计核算人员。

第二章　决算编制

第五条　基本建设项目竣工财务决算编制先决条件：项目竣工、通过业务验收（新建或改扩建项目要经过有资质的质检部门出具工程验收意见及合格证，业务项目要经过业务主管部门组织的业务验收）、涉及调整的项目要按照有关规定完成可行性研究报告或初步设计调整。

第六条　基本建设项目竣工财务决算编制前需要做的清理工作主要包括以下内容：

（一）基本建设项目档案的归集整理。建设单位在项目建设过程中必须有专人管理项目档案，防止项目建设资料遗失或缺失。项目竣工后要对项目档案资料进行整理归档，项目建设档案保存时限应长于建设项目成果的留存时限。

（二）财产物资的盘点。建设单位要对项目建设产生的各项材料、设备、工具、器具、房屋建筑物等，逐项盘点核实，并保证账实一致。

（三）清偿债权债务。截至竣工决算日，建设单位应对项目的债权债务进行清理，原则上除按规定保留的工程尾款、质保金外，不应再有其他债权债务。

（四）账务处理清晰。建设单位应按《国有建设单位会计制度》建立会计账簿、设置会计科目，会计核算符合基本建设财务管理有关规定，保证账账、账证、账表、账实相符。

（五）待核销基本建设支出符合规定支出范围和认定标准。

（六）转出投资手续完备。根据规定产权不归属本单位且做转出投资处理的资产，需要产权单位开具接收证明。

（七）清理结余资金。经营性项目的结余资金，转入生产经营企业的有关资产；非经营性项目的结余资金，首先用于归还项目贷款，如有结余，30％作为建设单位留成收入，主要用于项目配套设施建设、其他工程建设等，70％按投资来源比例归还投资者，其中财政资金缴回同级财政部门。

第七条 基本建设项目竣工财务决算编制依据，具体包括：国家有关法律、法规及制度；经批准的项目建议书、可行性研究报告、初步设计（含概算）、概算调整及其批准文件；历年下达的投资计划、经财政部门（或上级财务管理部门）审核批准的项目预算；项目实施方案；会计核算及财务管理资料；招投标及政府采购文件、项目合同（协议）、工程结算等其他有关资料。

第八条 基本建设项目竣工财务决算编制组织管理。建设单位应加强对基本建设项目竣工财务决算的组织领导，组织专门人员，及时编制竣工财务决算。建设单位应协调设计、施工、监理等单位（主要指土建项目）配合做好项目竣工财务决算编制工作。对于不涉及土建的小型基本建设项目（含业务项目），项目管理部门及项目执行部门（单位）要积极配合财务管理部门做好项目竣工财务决算编制工作。

第九条 基本建设项目竣工财务决算编制内容，主要包括以下三部分：

（一）基本建设项目竣工财务决算报表（见附表1）

1. 封面

2. 建竣决01表：基本建设项目概况表

3. 建竣决02表：基本建设项目竣工财务决算表

4. 建竣决 03 表:基本建设项目交付使用资产总表

5. 建竣决 04 表:基本建设项目交付使用资产明细表

6. 建竣决 05 表:待摊投资明细表

7. 建竣决 06 表:转出投资明细表

8. 建竣决 07 表:待摊投资分配明细表

9. 建竣决 08 表:基本建设工程决算审核汇总表

建竣决 07、08 表只需总投资 1000 万元(含 1000 万元)以上的项目填写。

(二)竣工财务决算说明书

竣工财务决算说明书主要包括以下内容:

1. 基本建设项目概况:要说明项目立项审批的文件依据,项目建设的总体情况;

2. 会计账务处理、财产物资清理及债权债务的清偿情况;

3. 基本建设支出预算、投资计划和资金到位情况;

4. 待摊投资分摊原则及分摊情况;

5. 转出投资情况;

6. 基建结余资金形成等情况;

7. 前期工作经费使用及摊销情况;

8. 项目概算、预算执行情况及分析,主要分析决算与概预算的差异及原因;

9. 尾工工程及预留费用情况;

10. 历次审计、核查、稽查及整改情况;

11. 主要技术经济指标的分析、计算情况;

12. 基本建设项目管理经验、问题和建议;

13. 预备费动用情况(重点工程项目);

14. 招投标情况、政府采购情况、合同(协议)履行情况;

15. 征地拆迁补偿情况、移民安置情况;

16. 需要说明的其他事项;

17. 编表说明，主要是对报表各项指标填写的说明。

小型基本建设项目上述内容可根据情况适当合并简化，大中型项目及中国气象局重点工程项目上述内容必须完整。

（三）随报表应附的相关材料

1. 项目立项、可研及初步设计批复文件（复印件）；

2. 项目历年投资计划及中央财政预算文件（复印件）；

3. 业务验收报告（土建项目需附项目质检报告）；

4. 档案归档验收表（详见附表 2）；

5. 项目竣工财务决算审计报告（项目总投资在 200 万元以上的基本建设项目竣工财务决算需附中介机构出具的审计报告，土建设项目还需附工程结算审核报告）；

6. 按批复的投资概算编制的投资送审表（详见附表 3，只需总投资 3000 万元以上项目填报）；

7. 其他与项目决算相关的资料，如转出投资证明等。

第十条 基本建设项目竣工财务决算的编制口径。基本建设项目竣工后，为体现项目的完整性，要对项目所有来源资金（包括中央、地方财政资金和自筹资金等）编制项目竣工财务决算。

第三章 决算审计

第十一条 基本建设项目竣工财务决算审计，按照《气象部门基本建设审计办法》（气发〔2002〕315 号）执行。其中项目办或牵头建设单位汇总上报的重点工程项目，由项目办或牵头建设单位向中国气象局审计室（以下简称“审计室”）出具委托函，审计室按照政府采购的相关规定选定会计师事务所开展项目汇总竣工财务决算审计工作。审计进场前召开由审计室、计划财务司、项目办或牵头建设单位与会计师事务所参加的工作协调会，对项目汇总竣工财务决算审计工作提出要求。审计过程中，遇有重大事项，审计室及时与计划财务司沟通。

建设单位在接到审计单位出具的审计报告后10个工作日内，根据情况对竣工财务决算进行调整，并在竣工财务决算说明中报告审计意见落实情况。

第十二条 基本建设项目竣工财务决算审计报告主要内容：项目概况、审核依据、原则及方法、审计结论（含项目投资计划、资金来源到位情况、概算与执行情况对比、项目支出审计情况、未完工程及预留费用审计情况、工程结算审核情况、交付使用资产及转出投资审计情况、工程损失损毁情况、工程尾款及结余资金审计情况、竣工财务决算（送审稿）审计情况、工程物资设备招投标及政府采购审计情况等）、有关事项说明（待摊费用分摊、存款利息冲抵成本情况及其他需要说明的事项）、对项目的总体评价、审计报告附表等。

第四章 决算审核和批复

第十三条 基本建设项目竣工财务决算审核要求：

（一）气象部门省级单位所属小型基本建设项目竣工财务决算审批实行“先审核、后审批”的办法，即由省级财务部门负责审核建设单位编制的项目竣工财务决算。

（二）中国气象局各直属单位基本建设项目竣工财务决算审批实行“先审核、后审批”的办法，即由计划财务司负责审核项目竣工财务决算。

（三）大中型项目、国家确定的重点小型项目（含中国气象局重点工程项目）竣工财务决算实行“先审核、再复核、后上报”的办法。即先由省级单位负责对建设单位编制的竣工财务决算进行审核，再由中国气象局计划财务司进行复核。

（四）基本建设项目竣工财务决算审核的重点内容是：项目是

否按规定程序和权限进行立项、可研和初步设计报批工作；项目建设是否超标准、超规模、超概算投资；项目竣工财务决算金额的正确性审核；项目竣工财务决算资料的完整性审核；项目建设过程中存在主要问题的整改情况审核。

（五）审核及复核单位对上报资料不全的，应在接到竣工财务决算10个工作日内通知建设单位补报材料；对竣工财务决算有关指标与以往基本建设资料不一致的，通知建设单位做出书面说明或退回重新修改；对竣工财务决算有关指标与审计报告不一致及审计意见落实不到位的，退回建设单位重新修改决算并限时上报；对审计报告不准确、内容不完整的，退回委托审计的部门，进行补充审计或重新审计。

第十四条 建设单位项目竣工财务决算由批准基本建设项目可行性研究报告的单位或部门审批。具体如下：

（一）省、自治区、直辖市气象局和计划单列市气象局审批本单位及所属单位总投资1000万元以下的基本建设项目。

（二）中国气象局审批省、自治区、直辖市气象局和计划单列市气象局总投资1000万元（含1000万元）至3000万元基本建设项目和中国气象局直属单位3000万元以下基本建设项目。

（三）气象部门3000万元以上（含3000万元）基本建设项目，由中国气象局复核后报财政部审批。

（四）由地方政府批复的资金来源单一的基本建设项目，按地方规定履行竣工财务决算审批手续。

（五）审批单位对上报资料齐全，审计意见全部整改落实到位的项目竣工财务决算，应在收到上报的项目竣工财务决算后60个工作日内批复项目决算。

第五章　备案和资产移交

第十五条　气象部门基本建设项目竣工财务决算实行备案制度。每年 3 月 31 日前，各省、自治区、直辖市气象局、计划单列市气象局和各直属单位根据上年度本单位及所属单位基本建设项目竣工财务决算完成情况填写竣工财务决算备案表（详见附表 4）报中国气象局备案。

第十六条　建设单位应根据批复的竣工财务决算，填制固定资产移交清单，办理固定资产财务入账及资产登记手续。工程规模较大且竣工财务决算审批时间较长的项目，可根据需要，在决算批复前先行移交固定资产实物并按决算价暂估入固定资产台账。待决算批复下达后再正式办理固定资产财务入账手续，并按决算批复资产价值对已登记固定资产台账的固定资产指标进行相应调整。

第十七条　基本建设项目竣工财务决算归档要求：

（一）建设单位应建立健全基本建设项目档案资料管理制度，及时收集、整理、归档从项目筹划到工程竣工验收各环节的文件资料，并在建设项目竣工验收后，移交档案管理部门。

（二）项目的档案资料收集整理工作要与项目建设进程同步。项目申请立项时，即应开始进行文件材料的积累、整理、审查工作；项目竣工验收时，完成文件材料的归档和验收工作。

（三）基本建设项目文件材料归档范围和保管期限，一般可根据《基本建设项目档案资料管理暂行规定》（国档发〔1998〕4 号）、《气象部门基本建设档案管理办法》（中气办发〔1997〕10 号）和《气象部门重点工程项目档案管理暂行办法》（气发〔2004〕7 号）执行。特殊专业的项目建设单位可参照制定补充细则。

（四）基本建设项目财务档案包括会计凭证、会计账簿、会计报表、竣工财务决算及其他资料，如项目建议书、项目可行性研究报告、初步设计、总概算及批复文件，经批准的施工图预（决）算、招投标和政府采购文件、合同、工程变更洽商、结算书等有关资料。财务档案的保管期限按照《会计档案管理办法》（财会字〔1998〕32号）规定执行。

（五）小型基本建设项目在竣工财务决算批复后30个工作日内，大中型项目、国家确定的重点小型项目在竣工财务决算上报后30个工作日内，负责基本建设项目管理的部门或机构及财务核算部门，应将全部基本建设项目档案按档案管理要求移交本单位档案管理部门。

第六章　附　则

第十八条　本办法由中国气象局负责解释。

第十九条　本办法自下发之日起施行。

附表：1. 基本建设项目竣工财务决算报表（略）

2. 基本建设项目档案归档验收表（略）

3. 基本建设项目投资送审表（略）

4. 年度基本建设项目竣工财务决算备案表（略）

公路交通气象业务建设指导意见

（气发〔2013〕72 号）

2013 年 8 月 16 日

为贯彻落实《国务院关于印发“十二五”综合交通运输体系规划》（国发〔2012〕18 号，以下简称《交通运输规划》）和《国务院关于加强道路交通安全工作的意见》（国发〔2012〕30 号）精神，进一步促进全国公路交通气象业务集约化、规模化发展，提高公路交通气象服务的效益和水平，减少人民群众生命财产损失，现就加快推进公路交通气象业务发展建设提出如下意见：

一、公路交通气象业务发展形势

（一）业务现状

1998 年以来，河北、辽宁、江苏、安徽、湖北等省气象部门在公路交通气象观测站网建设、预报预警技术方法研发、创新服务方式和保障模式等方面积极探索，取得了较好成效。截至 2013 年，全国气象部门在高速公路沿线建有交通气象观测站 1086 个；北京、河北、江苏等 15 省（市）已建成高速公路交通气象灾害监测预警服务系统，国家级公路交通气象灾害监测预警服务和共享系统建设取得阶段性成果。国家和省两级公路交通气象业务体系已初步形成。

（二）需求迫切

一方面，全球气候变化背景下，我国突发性气象灾害多发频发，大雾、暴雪、低温雨雪冰冻、大风、暴雨等灾害给公路交通运输造成严重影响。另一方面,《交通运输规划》提出,到“十二五”末,我国公路总里程将达到450万公里,高速公路总里程将达到10.8万公里。公路交通向信息化发展,国省道重要路段监测覆盖率将超过70%,交通公共信息共享平台、国家级城市公共交通运行状态数据中心等交通运输信息服务系统逐步建成。交通气象灾害的多发频发、综合交通运输体系建设和公路交通信息化的发展,迫切要求气象部门提高公路交通气象灾害监测预报预警服务能力,减少气象及其次生灾害对公路交通的影响,满足公路交通安全服务需求,促进相关行业抗御气象灾害,保障社会公众公路出行安全。

(三)存在问题

目前各地公路交通气象业务发展极不平衡,东西部间、地区间差异明显,整体基础薄弱,与国家公路交通运输的发展和安全保障需求存在差距。主要体现在:尚未建成系统化、专业化、规模化的公路交通气象观测站网;公路交通气象预测预报专业化程度和精细化水平不高,服务针对性不强,服务方式、内容、手段单一,缺乏创新;公路交通气象科技支撑不足,缺少专业人才队伍;与交通运输、公安等部门的预警应急联动机制有待进一步健全。

二、公路交通气象业务发展总体要求

(一)指导思想

以科学发展观为指导,以服务经济社会发展、保障人民群众生命财产为宗旨,构建现代公路交通气象业务体系,推进公路交通气象观测站网建设,提高公路交通气象预报预警精细化、专业化水平,全面提升公路交通气象服务能力。

(二)基本原则

坚持需求牵引,围绕公路交通运输“保安全、保畅通”的实际需要推进业务发展。坚持突出重点,以全国主要干线公路为重点,以高速公路交通气象灾害监测预报预警服务为抓手,着力解决公路交通气象业务发展最薄弱环节和最突出问题。坚持统筹兼顾,大力促进国家级和省级、东中西部地区业务协调发展。坚持改革创新，建立健全符合现代公路交通气象业务可持续发展的公路交通气象服务机制。

（三）发展目标

到2017年，基本建成覆盖全国主要干线公路的交通气象灾害专业化监测网络；初步建立国家、省两级统一集约、布局合理、功能完善、分工明确的公路交通气象服务业务体系；公路交通气象预报预警精细化程度进一步提高，服务水平和效益明显提升，基本满足交通运输安全保障的需求。具体目标如下：

—— 完成公路交通气象灾害普查和风险区划，为公路交通气象观测站选址和精细化公路交通气象监测预警预报方法研发提供可靠依据，为道路交通基础设施建设和交通管理提供建议。

—— 推进全国主要干线公路气象观测站网建设，形成专业化、规模化、现代化的交通气象观测网络。

—— 提高公路交通气象灾害监测预报预警精细化水平和准确率，重点突出公路交通气象灾害监测和短时临近预报预警，实现由常规气象条件预报向能见度、路面温度、路面状况等专项气象条件预报延伸，由“区域、面”的常规预报服务向“点、段、线”的专业化、精细化的预报预警服务延伸。

—— 建立健全气象与交通运输、公安交管等部门，以及国家级与省级气象部门间实时高效的信息共享、气象灾害预警应急联动机制和日常联动工作。

—— 提高公路交通气象服务效益，减轻气象灾害给公路交通运输和公众生命财产安全造成的损失，实现因天气原因造成的公路交通事故数和死亡人数同比降低15%。

三、公路交通气象业务发展分工布局

公路交通气象业务主要在国家、省、地（市）三级开展，其中国家级公路交通气象业务主要由中国气象局公共气象服务中心承担，省、地（市）级公路交通气象业务主要由省、地（市）级气象服务中心承担，各级公路交通气象业务分工如下：

（一）国家级

开展全国主要干线公路沿线站点和路段的气象精细化要素预报，下发指导产品；负责全国公路交通气象监测预报产品的拼图和共享；与交通运输部路网中心等外部门单位联合发布国家级公路交通气象灾害预警信息；组织全国公路交通气象灾害灾情调查、风险普查和气象服务效益评估；组织跨区域重大公路交通工程规划建设气象保障服务；牵头组织全国公路交通观测站网设计规划，交通气象业务流程、技术规范、标准等的制定和实施；组织公路交通气象服务关键技术研发；组织全国公路交通气象业务技术交流、研讨和总结，承担对省级公路交通气象服务的指导业务；发生重大突发气象灾害时，组织预报预警服务会商。

（二）省级

负责对国家级下发的交通气象精细化要素预报指导产品进行订正，制作发布本省高速公路沿线站点和路段精细化要素预报；负责本省干线公路交通高影响天气短时临近预报预警和服务；负责省级公路交通气象业务流程、技术规范、标准等的制定和实施，组织完成本省（区、市）公路交通气象灾害典型案例搜集分析、风险普查和区划以及气象服务效益评估，完成本省（区、市）公路交通气象观测站网建设、考核，建立并维护与省级交通运输部门等的外部门的联动合作机制，参加国家级或组织省内预报预警服务会商，完成区域内重大事故气象原因的调查和评估工作。

（三）地（市）级

地（市）级气象部门完成本辖区公路交通气象观测数据实时传输和质量控制、观测站点的日常维护，充分应用省级精细化公路交通气象灾害监测预警服务产品开展本级气象服务。开展地（市）级公路交通气象灾害灾情搜集上报、风险普查等工作。

四、重点任务

(一)开展公路交通气象灾害普查和风险区划

由中国气象局公共气象服务中心牵头,各省(区、市)气象局组织对影响或危及公路交通安全、通行能力、交通设施的气象条件开展气象灾害普查,重点调查公路气象灾害致灾因子、公路基础地理信息、路面材质、重点路段周边地质环境等信息。编制公路交通气象灾害名录、公路沿线灾害易发路段或点位图、公路交通气象灾害风险区划及防范对策,2017 年,完成全国公路交通气象灾害风险普查,形成全国公路交通气象灾害风险区划,为制定精细化的公路交通气象观测系统规划设计,开展站网布设提供科学依据。

(二)推进公路交通气象观测站网建设

1. 加快公路交通气象观测站建设。根据《全国高速公路交通气象观测站网布局方案(2012—2014 年)》要求和公路交通气象灾害普查成果,各省(区、市)要立足各地实际需求,以雾、雨、雪、低温冰冻、极端高温、大风等影响公路交通安全的灾害性天气监测为重点,科学设计公路交通气象观测站网布局,联合相关部门在 2015 年前基本完成干线公路交通气象观测站网建设并投入业务运行,重点加强易灾路段能见度、路面状况、实景观测能力,国家高速公路和西部(西藏、青海、新疆)干线公路交通气象观测站平均间距达到约 25 公里。2017 年,国家高速公路和西部(西藏、青海、新疆)干线公路交通气象观测站平均间距达到约 20 公里,重点服务线路达到 15 公里。

2. 探索建立符合本地实际的公路交通气象观测站网建设长效发展机制。要深化与交通运输部门的合作,联合向各级地方政府争取有利的政策环境,努力将公路交通气象观测站网建设和维护纳入地方政府公共财政预算,建立健全公路交通气象观测站网建设和维护的稳定投入机制。要建立气象、交通运输部门以及公路运营公司等多方参与、权责明晰的公路交通气象观测站网建设、运营管理和信息服务模式，积极争取多方支持，拓展站网建设和维护资金渠道。

3.推进公路交通气象观测站网的规范管理。建立国家和省级公路交通气象观测站运行监控平台，将公路交通气象观测站点管理纳入综合观测业务管理体系，规范站点编号，统一数据监测。加强公路交通气象观测设备的开发、考核与设计定型，加强能见度、路面状况、天气现象等新型传感器的计量检测和标校。观测司负责公路交通气象观测站网的管理考核，国家和省级气象探测中心负责公路交通气象观测设备的计量检测和标校。

4.加强公路交通气象观测数据实时传输、质量控制和运行监控。加强省级行政辖区内数据规范化、一体化、集中式业务监控管理，实现公路交通自动气象观测数据（分钟级）国家级到报及时率达到95%以上。加强数据实时共享，建立国家、省数据共享机制和流程，确保实时观测数据第一时间进入公路交通气象灾害监测预报预警服务业务平台。加强能见度、路面状况等观测数据在采集、处理、存储、传输、数据库构建、共享等各环节的质量控制，国家和省级气象信息中心负责公路交通气象观测数据实时传输、管理与归档，并开展数据传输质量的评估。预报司负责公路交通气象观测数据传输质量的考核。

（三）提高公路交通气象监测预报预警水平

1.建立公路交通气象灾害监测预警指标体系。开展与不利气象条件相关的公路交通事故案例分析，建立典型案例数据库，结合气象灾害风险普查和区划，针对公路交通事故多发区、互通立交、高架或大型桥梁、长大隧道、陡坡、收费站、服务区等重点地段，分灾种、分级别、分服务对象建立低能见度、低温雨雪冰冻、强降水、大风、高温等气象灾害监测预警指标体系，细化公路交通气象灾害影响阈值和防御措施。

2.强化公路交通气象灾害实时监测预警。加强公路交通自动观测站、实景观测、天气雷达、GPS/MET 以及区域自动气象观测站数据和卫星云图反演产品的实时监测分析，结合公路交通气象灾害监测预警指标，强化低能见度、低温雨雪冰冻、强降水等重大公路气象灾害全程滚动(分钟级)跟踪监测预警。

3.加强公路交通气象灾害短时临近预报预警。在气象台强降雨、低能见度、雷电、大风等灾害天气短临落区预报的基础上，结合公路交通气象灾害监测预警指标体系和交通气象观测站、区域自动站资料，建立低能见度、冰冻、强降水、大风、积雪、强降雨、雷电、路面高温等灾害分灾种、分级别的短时临近预报预警模型，实现逐小时滚动临近预报和分钟级预警。建立省级预报为主、国家级拼图共享的公路交通灾害性天气短时临近预报业务。其中灾害性天气短时预报预警至少提前 2 小时发布，临近预报至少提前半小时以上发布，并实现灾害性天气过程全程跟踪预报预警。

4.提高公路交通气象预报的针对性和精细化专业化程度。基于中小尺度天气形势分析、数值预报模式和交通气象观测站、区域自动站资料，研究气温、降水、风向、风速、云量和天气现象等模式产品解释应用方法，通过将主观要素预报、趋势预报反演到公路交通沿线，建立公路交通气象精细化要素预报订正模型，开展高速公路沿线站点和路段的 72 小时内每 6 小时间隔的部分天气现象、最低(最高)气温、风向、风速、降水量和云量等精细化要素预报，建立国家级下发指导产品、省级补充订正的高速公路沿线站点和路段的精细化要素预报业务。

5.建立公路交通气象灾害联防联动机制。国家级、省级公路交通气象业务服务单位要建立重大气象灾害监测预报预警服务会商机制，加强对下级业务服务单位的技术指导。建立完善省际间、省内地市间公路交通灾害性天气临近预报预警联防联动机制和业务规范。当出现重大公路交通气象灾害时，灾害发生地气象部门及时搜集灾情信息并向省级、国家级业务单位上报，向周边地区气象部门通报。

6.开展公路交通气象灾害监测预警检验评估。建立公路交通气象灾害监测预报预警检验评估业务流程，采用定常化（每月）和重大灾害过程相结合的方式，加强对公路交通气象灾害监测预警指标、监测分析技术、短中期预报订正模型、短时临近预报预警模型、数值预报产品释用技术的效果检验评估，指导监测预报预警技术方法的改进完善。

（四）加强公路交通气象服务体系建设

1.建立监测预报预警服务一体化业务平台。建立国家、省两级基于地理信息系统的公路交通气象灾害监测预报预警服务一体化业务平台。实时显示分析公路交通气象灾害实况、实景观测数据，结合监测预警指标实现低能见度等主要气象灾害监测识别和自动声光报警。支持分路段、分区域及全国范围内分析制作公路交通气象监测预报预警服务及影响评估等产品的功能。实现产品信息向各类服务用户的"一键式"发布。建立国家、省两级公路交通气象业务共享数据库，通过国内气象通信系统实现国家、省两级公路交通气象观测数据、预报预警服务产品共享。

2.完善预报预警产品制作和共享技术规范。制定全国通用的公路交通气象监测预报预警产品研发、制作和数据共享等相关标准、规范，明确公路交通气象监测预报预警共享产品的形式、内容、制作频次等，推进全国公路交通气象服务业务标准化、规模化发展。

3.丰富公路交通气象服务产品。不断提高公路交通气象服务产品的科技内涵和针对性、及时性、通俗性。紧密围绕服务用户需求，重点研发制作公路路网规划建设气候可行性论证、气象灾害风险区划、短中期预报、实时监测分析和实景观测、短时临近预报和预警、重大气象灾害及山洪地灾和公路水毁等次生灾害风险评估、道路结冰指数和爆胎指数等个性化指数服务、公路运营和养护建议、运输线路选择建议等服务产品。

4.丰富公路交通气象服务手段。面向政府应急和交通运输、公安等部门及公路运营等企业建立监测预警信息共享服务平台。继续加强交通广播、公路沿线电子情报板(显示屏)、手机短信、电视、互联网、电话、报纸、传真等手段在发布监测预警服务信息方面的能力,加强面向社会公众特别是高速公路司乘人员和农村客货运车、校车的气象灾害预警信息发布。研发公路交通气象灾害监测预警服务信息在 WEBGIS、手机客户端和短(彩)信、车载视频和卫星定位设备、服务区和收费站信息服务系统中的应用技术。

5.拓展公路交通气象服务领域。加强面向各级党委、政府和应急、交通运输、公安、安全监管、商务、旅游、国资等部门的重大公路交通气象灾害决策气象服务,强化重特大交通事故和突发公共事件应急保障服务能力。加强面向公路运营和养护、长短途客运、物流运输、邮政运输、旅行社团、危险品运输等企事业单位的专业专项气象服务。鼓励有条件的省份创新公路交通气象服务模式,挖掘气象信息产业服务潜在对象,探索市场化服务和保障运行机制。

6.深化与公路交通部门联动合作。建立公路交通气象灾害预警应急联动机制,建立健全"政府主导、部门联动、社会参与"的公路交通气象灾害防御体系,推进国家、省两级气象部门与路网中心联合发布本级公路交通气象灾害预警信息,建立公路交通气象灾害预警服务部门联络员会议制度,制定完善部门、企事业单位、学校公路交通气象灾害专项应急预案,组织开展公路交通气象灾害预警应急演练和专业培训。推进公路交通部门信息数据共享,建立与交通运输、公安交管等公路交通管理部门的信息数据共享机制,构建国家、省两级的信息数据共享专线和业务平台,实现气象部门监测预警服务信息与交通运输、公安交管等部门公路沿线气象观测数据、实景观测数据、实时路况信息、运输流量、公路运行等数据的共享。

7.发展公路交通气象信息员队伍。依托现有气象灾害预警信息员队伍，联合交通运输、公安交管、安全监管等部门，在交警、公路收费站、服务区工作人员和绿化清洁工、沿线村民、固定班车驾驶员中发展公路交通气象信息员，建立气象信息员登记、培训、奖励等动态管理制度，加强公路沿线数据信息获取和预警信息发布能力。

8.开展公路交通气象服务效益评估。结合重大公路交通气象灾害典型案例，以第三方调查机构为主，采用专家评估、统计分析等方法开展公路交通气象服务效益评估。重点评估公路交通气象灾害监测预报预警服务对公路交通及相关行业减损增效产生的社会和经济效益，调查分析各有关方面的公路交通气象服务需求和建议，为提高气象服务成效提供参考依据。

五、保障措施

1.加强业务组织领导。各级气象部门要将公路交通气象业务服务作为专业气象业务服务优先领域给予重点发展。中国气象局公共气象服务中心和各省(区、市)气象局要按照意见要求，因地制宜，突出重点，提出本单位公路气象业务发展的主要目标、重点任务、实施步骤和保障措施，制定完善公路交通气象业务规定和技术规范。

2.加强关键技术研发。开展公路交通气象观测技术装备，特别是路面综合状况的观测技术和装备研发与试验，逐步提高观测自动化水平。研发公路交通实景观测数据识别和预警服务应用技术。研究浓雾、低温雨雪冰冻、强降水、正侧风、高温等主要公路交通气象灾害的形成机理和发生发展规律。推进低能见度、路面低温、正侧风、路面高温专业数值预报模式的开发及其释用。改进完善公路交通气象灾害实时监测和短时临近预报预警技术方法。开展气象信息与交通信息融合、多源观测资料数值预报同化、中小尺度数值预报模式释用、公路交通气象灾害影响评估等方面关键技术的研究。密切跟踪国内外公路交通气象科技前沿，建立集约化、开放式联合攻关和业务应用机制，促进科研成果业务转化。

3.加强专业服务机构和人才队伍建设。在国家、省两级公共气象服务中心成立专门公路交通气象服务业务机构，配备专职的从事交通气象预报服务业务人员，承担公路交通气象灾害监测预警服务实时业务和科研开发工作。以小实体、大网络的方式，以部分省气象局为核心成立交通气象服务中心，推进专业气象服务的业务技术集约化发展，交通气象服务中心建设采取开放式原则，每年从不同省份选取非业务值班人员参加科研开发工作，组织培训，培养交通业务科研专家和骨干人才。

4.加强标准法规建设。各级气象部门要加强公路气象监测、计量检定标校、数据格式、防雷安全、预警信息发布手段、地方标准和法规的制定，逐步建立健全行业准入标准机制，为下一步公路交通气象服务纳入市场化管理奠定基础。

气象数据存储管理办法（试行）

（气发〔2013〕73 号）

2013 年 8 月 16 日

第一章　总　则

第一条　为加强气象数据存储管理，促进存储工作制度化、规范化，满足气象数据应用服务需求，制定本办法。

第二条　本办法所称的气象数据是指各级气象部门获得的原始资料和通过统计加工、分析处理、交换购买等手段获得的数据产品。

第三条　气象数据存储方式分在线、近线和归档三种。

在线存储，是指将气象数据存储在高性能磁盘、磁盘阵列设备上，供用户随时、高速读取。

近线存储，是指将气象数据存储在相对低性能磁盘、大规模非活动磁盘阵列或磁带设备上，通过回迁方式供用户读取。

归档存储，是指将气象数据存储在磁带（库）或光盘等存储设备上，供用户随时检索并定制使用。

第四条　气象数据存储工作采取两级管理。

中国气象局气象资料主管机构负责全国气象数据存储的归口管理。

各省（区、市）气象局气象资料主管机构负责本省（区、市）气象数据存储的归口管理。

第五条 国家气象信息中心、国家卫星气象中心和各省(区、市)气象信息中心(以下简称数据存储部门)负责气象数据存储的具体实施。

第六条 涉密气象数据的存储应遵守《中华人民共和国保守国家秘密法》和《气象工作国家秘密范围的规定》等有关规定。

第二章 数据分类

第七条 依据《气象资料分类与编码》(QXT 102—2009)、《气象台站历史沿革数据文件格式》(QXT 37—2005)及气象业务发展要求,气象数据分为16类。

(一)地面气象数据。指通过地面气象观测、雷电观测、交通气象观测、旅游气象观测、风能观测、近地面通量观测等获取的近地面气象观测资料及相应数据产品。

(二)高空气象数据。指通过无线电探空、风廓线雷达、微波辐射计、激光雷达、GNSS、专用飞机观测及商用飞机气象数据中继等获取的高空观测资料及相应数据产品。

(三)气象辐射数据。指通过气象辐射观测站、太阳能资源观测站等获取的太阳辐射观测资料及相应数据产品。

(四)海洋气象数据。指通过岸基、空基、海基移动或固定观测平台等获得的近海面大气、海洋表层、海洋深水观测资料及相应数据产品。

(五)农业和生态气象数据。指通过农业气象观测站、农业气象试验站、生态气象观测站、土壤水分观测站、人工测墒站等获得的农业和生态气象观测资料及相应数据产品。

(六)环境气象数据。指通过大气本底站、大气成分观测站、沙尘暴观测站、酸雨观测站、环境气象观测站等获取的大气物理、化学、光学观测资料及相应数据产品。

（七）气象台站历史沿革数据。指反映地面、高空、气象辐射、海洋、农业生态等各种类型气象台站站址、观测仪器、观测手段等变化痕迹的数据及相应数据产品。

（八）卫星气象数据。指通过各类气象卫星、资源卫星等探测获得的气象资料及相应数据产品。

（九）天气雷达数据。指通过各种类型的天气雷达探测获得的气象资料及相应数据产品。

（十）数值模式产品。指通过国内外各种天气、气候、海洋、环境等模式得到的分析预报产品、集合预报产品和再分析产品。

（十一）空间天气数据。指通过太阳光球望远镜、电离层测高仪、中频雷达、FPI光学干涉仪及宇宙线测量、地磁场测量等获取的太阳、行星际空间、磁层、电离层、中高层大气观测资料及相应数据产品。

（十二）气象服务产品。指在天气、气候、空间天气、农业气象、行业气象服务等业务中形成的直接面向公众服务、决策服务的各类产品及人工影响天气业务形成的各类数据产品。

（十三）历史气候代用数据。指历史文献记载、树木年轮、大气沉降、冰芯、化石等反映历史气候条件的各种非直接观测资料及相应数据产品。

（十四）气象灾害数据。指反映台风、海啸、干旱、洪涝、冰雹等天气气候灾害的气象实况及其影响数据。

（十五）科学试验和考察数据。指在各类科学试验和专项考察中观测获得或收集加工的各种资料及相应数据产品。

（十六）其他数据。指其他行业观测获得或收集加工的各种资料及相应数据产品。

第三章　数据存储布局与分工

第八条　国家气象信息中心负责全国及全球范围气象数据的存储，具体存储内容、方式和期限如下：

（一）地面、高空、辐射、海洋、农业与生态、环境气象等原始观测资料在线存储 3 年，近线存储 10 年，永久归档存储，其中，已有业务化数据产品的原始观测资料仅归档存储；业务化数据产品及各种类型观测台站历史沿革数据永久在线和归档存储。

（二）雷达一级数据和状态、告警信息在线存储 2 年，近线存储 3 年，永久归档存储；雷达二级和组网拼图数据在线存储 2 年，近线存储 3 年，归档存储 30 年。

（三）数值模式分析预报产品在线存储 1 年，近线存储 4 年，归档存储 30 年，其中，中国模式预报产品永久归档存储；再分析产品永久近线存储。

（四）空间天气数据在线存储 6 个月，近线存储 2 年，永久归档存储。

（五）气象服务产品永久在线和归档存储，其中，气候变化预估业务产品近线存储 8 年，归档存储 10 年。

（六）历史气候代用、气象灾害和科学试验考察数据永久在线和归档存储，其他行业数据永久在线或归档存储。

第九条　国家卫星气象中心负责卫星气象数据的存储，具体存储内容、方式和期限如下：

（一）FY 系列气象卫星 0/1 级数据、国内外其他静止/极轨卫星 1 级数据在线存储 1 个月，近线存储 1 年，永久归档存储。

（二）FY 系列气象卫星 2 级数据、国外其他静止/极轨卫星 2 级数据在线存储 1 个月，近线存储 1 年，归档存储 30 年。

（三）FY 系列气象卫星 3 级数据、国外其他静止/极轨卫星 3

级数据在线存储 1 年，近线存储 1 年，归档存储 30 年。

（四）卫星长时间序列产品数据集在线存储 15 年，永久归档存储。

第十条 省（区、市）气象信息中心负责本省（区、市）及本省气象业务所需的周边区域气象数据的存储，具体存储内容、方式和期限如下：

（一）地面、高空、辐射、海洋、农业与生态、环境气象等原始观测资料在线存储 3 年，本省（区、市）的原始观测资料永久归档存储，其中，已有业务化数据产品的原始观测资料仅归档存储；本省（区、市）的业务化数据产品及各种类型观测台站历史沿革数据永久在线和归档存储。

（二）本省（区、市）雷达一级数据和状态、告警信息在线存储 2 年，永久归档存储；本省（区、市）雷达二级数据在线存储 2 年，归档存储 30 年，其中，定量估测降水产品在线存储 5 年；雷达组网拼图数据在线存储 2 年，归档存储 30 年。

（三）区域中心数值模式产品由区域中心所在省（区、市）气象信息中心负责存储，在线存储 1 年，归档存储 10 年。

（四）本省（区、市）形成的气象服务产品永久在线和归档存储。

（五）本省（区、市）历史气候代用、气象灾害和科学试验考察数据永久在线和归档存储，其他行业数据永久在线或归档存储。

第四章 数据管理

第十一条 数据存储部门应根据气象业务需求，建立统一规范的数据访问接口，及时编制、更新、公布气象数据目录清单，实现气象业务、科研用户及业务系统对数据的直接、灵活、便捷的获取和应用。

第十二条 数据存储部门应采取有效的保管技术和防护措

施，建立用户访问控制、行为记录和追踪等数据库检索与维护技术，保障数据库系统安全和检索性能，维护气象数据的完整和安全。

第十三条 各级气象部门形成的气象数据应按规定要求向数据存储部门归档、汇交，以便于统一、集约管理与服务。

第五章 附 则

第十四条 本办法适用于气象部门气象数据存储管理及应用工作。国家和省级气象数据具体存储内容、存储方式和存储期限参见附件《各类气象数据存储管理细表》。

第十五条 国家气象信息中心、国家卫星气象中心和各省（区、市）气象局应根据本办法及气象业务需求制定实施细则，并报中国气象局预报与网络司备案。

第十六条 本办法由中国气象局预报与网络司负责解释。

第十七条 本办法自 2014 年 1 月 1 日起试行。

附表：各类气象数据存储管理细表（略）

中国气象局新闻发布制度

（气发〔2013〕93 号）

2013 年 10 月 12 日

第一条 为进一步加强气象部门与人民群众的沟通和联系，有效实行政务公开，规范气象新闻发布工作，根据《关于进一步改进和加强政府新闻发布制度建设的意见》（国办发〔2006〕19 号）、《关于建立党委新闻发言人制度的意见》（中办发〔2010〕26 号）和《关于深化政务公开加强政务服务的意见》（中办发〔2011〕22 号）的有关规定和要求，特制定本制度。

第二条 中国气象局新闻发布工作坚持及时准确、公开透明、有序开放、有效管理、正确引导方针。

第三条 新闻发布内容

（一）中国气象局出台的重大政策、规章和规范性文件。

（二）中国气象局重大决策部署、重点工作进展和成效。

（三）公共气象服务特别是气象灾害监测预报预警信息，气象科技成果、气象现代化建设成就、气象服务举措和成效、先进集体和人物事迹等。

（四）针对气象相关社会重大突发事件、热点问题，及时发布信息、普及知识，解疑释惑、引导舆论。

（五）其他需要发布的事项。

第四条 新闻发布管理

（一）中国气象局新闻发布工作由中国气象局办公室（以下简

称“办公室”)归口管理。未经审核批准,各单位不得以中国气象局名义进行新闻发布。

(二)举办新闻发布会应严格按照报批内容进行,举办者不得随意变更。如有变更,应重新报批。

(三)中国气象局新闻发言人和媒体采访接待专家库专家负责对外新闻发布、回答记者提问。

第五条 新闻发布的组织

(一)特别重大新闻发布

特别重大气象新闻发布,由中国气象局协商国务院新闻办公室等相关部门总体安排。办公室负责具体组织协调,各相关单位配合做好工作。

(二)全局性重大新闻发布

1. 例行新闻发布会。原则上每月至少一次,具体时间根据节假日或特殊情况适当调整。发布内容一般包括:上月重大天气气候事件和未来天气展望、气象重点工作阶段性介绍。由中国气象局气象宣传与科普中心(以下简称“宣传科普中心”)于发布会前10天向减灾司报送建议方案,经减灾司、办公室负责人审核后,报主管局领导审批。减灾司牵头组织业务服务类发布材料及安排业务服务领域专家参会,公共服务中心协助汇总材料,相关直属单位配合提供资料;办公室牵头组织行政管理类发布材料及必要时安排行政管理领域专家参会,宣传科普中心协助汇总材料,相关单位配合提供资料。宣传科普中心负责所有新闻发布会媒体邀请、记者接待、会场安排等相关会务工作。

2. 专题新闻发布会。落实局长原则上每年出席一次国务院新闻办公室新闻发布会要求,围绕气象部门重大政策、决策出台,重要活动(会议),重大活动(事件)气象保障服务组织专题新闻发布会。办公室负责商有关内设机构制定专题新闻发布会预案,报局领导审批后组织实施。相关单位配合做好发布工作。

3. 中国气象局领导专访。办公室负责组织实施，制定中国气象局领导专访预案，审核采访提纲，报局领导审批。相关单位配合做好专访工作。

（三）一般性新闻发布

1. 新闻通气会、背景吹风会、集体采访等。相关内设机构和直属单位可根据工作需要确定发布主题及内容，组织一般性新闻发布，报办公室审核备案。宣传科普中心配合做好媒体邀请等工作。

2. 一般性采访。具体参照《中国气象局媒体采访接待管理办法》。

3. 发布新闻通稿。围绕重大灾害性天气监测预报预警、气象工作进展和成效、突发事件动态和解析等时效性强的新闻信息，由相关内设机构组织新闻通稿，宣传科普中心提供给媒体，以更好地回应公众关切，提升宣传效果。

第六条 新闻发言人

（一）新闻发言人确立

每个单位原则上确定两位新闻发言人。中国气象局新闻发言人由办公室和减灾司主要负责人担任，各直属单位新闻发言人由本单位领导或处（室）负责人担任。气象新闻发言人纳入中国气象局媒体采访接待专家库管理。

（二）新闻发言人职责

1. 新闻发布。全面、准确、及时地对新出台的重要政策、气象工作措施和成效、重要的气象监测预报预警信息和相关气象知识等，代表本单位对外发布，回答记者提问。

2. 回应关切。针对气象相关突发事件或社会热点问题，主动做好重要政策法规解读、妥善回应公众质疑、及时澄清不实传言、科学权威发布信息。

3. 研究策划。了解国家大政方针，熟悉中国气象局重要政策，掌握气象新闻发布口径，参与新闻发布工作计划制定和气象行业新闻发布活动策划，把关重要新闻稿件。

（三）新闻发言人报备

各单位要加强新闻发言人制度建设，提升新闻发言人的履职能力，完善新闻发言人工作流程。新闻发言人确立后，应填写新闻发言人报备表，加盖本单位公章后报送中国气象局办公室（宣传处），同时确定负责新闻发布工作的联络部门和联络员。

第七条 新闻发布工作机制

（一）领导体制。新闻发布工作实行中国气象局党组统一领导、主管局领导分工负责、各单位共同参与的领导体制和工作机制。

（二）会商机制。召开新闻发布会前，相关新闻发言人和专家根据新闻发布主题、近期气象热点问题等媒体可能提出的问题进行会商，研究应答策略及口径。

（三）审核机制。办公室及时协调相关单位拟定对外宣传口径，审核涉及重大、敏感问题的新闻稿件，相关单位配合办公室完成口径材料拟定和稿件核查工作。

（四）评估机制。宣传科普中心负责统计到会媒体记者情况、及时了解媒体报道情况，加强对气象新闻发布工作的研究、分析和总结，不断提高新闻发布的针对性和引导舆论的有效性。

第八条 新闻发布要求

（一）新闻发布内容不得违反国家的法律法规和方针政策，不得违反事实，不得泄露国家秘密和行业机密。

（二）决策气象服务材料、内部资料以及 10 天以上的气象预测预报信息不宜公开发布，确需发布，需经相关内设机构审批。

（三）涉及重大方针政策、重大突发气象事件、重要活动、敏感问题等方面的新闻发布，需严格遵照相关口径材料发布，并明确要求记者送审稿件。

（四）新闻发言人需严格遵守新闻宣传工作各项纪律，掌握一定新闻发布技巧,科学引导舆论。

(五)未经授权,其他人员不得以气象新闻发言人名义发布气象新闻或提前向社会媒体透露气象信息。

第九条 中国气象局办公室定期针对气象热点问题组织修订《气象宣传工作手册》。各单位遵照口径材料回应媒体。

第十条 各省(区、市)气象局可参照本制度,结合当地实际,制定相应的气象新闻发布制度,加强对各市(地)气象部门新闻宣传工作的管理和指导。

第十一条 本办法自发文之日起施行,原《全国气象部门新闻发言人管理制度(试行)》(气发〔2008〕485 号)同时废止。

气象观测专用技术装备管理办法

（气发〔2013〕98 号）

2013 年 10 月 24 日

第一章　总　则

第一条　为加强气象观测专用技术装备的管理，规范气象观测专用技术装备的规划、技术要求、研制、定型、许可、使用、运行保障、质量监督和报废等工作，提高气象观测专用技术装备质量，根据《中华人民共和国气象法》等有关法律、法规和规章规定，制定本办法。

第二条　本办法所称气象观测专用技术装备，是指专门用于气象观测业务的设备、仪器、仪表和消耗器材。

第三条　气象观测专用技术装备管理应以质量管理为核心，统筹规划布局，统一技术规范、产品标准要求，严格装备管理程序，把好各环节质量关，实现气象观测专用技术装备质量可靠、运行稳定、技术性能满足业务要求。

第四条　中国气象局观测业务主管部门负责全国气象观测专用技术装备的归口管理，授权中国气象局相关业务单位负责气象观测专用技术装备定型受理、技术审查和监督检查以及实施装备许可的质量检测测试等技术支撑工作。各省（区、市）气象局负责本行政区域气象观测专用技术装备管理。

第二章　装备规划

第五条　中国气象局观测业务主管部门根据综合气象观测系统发展规划，提出气象观测专用技术装备需求，适时组织制定气象观测专用技术装备发展专项规划，保证装备的先进性、可靠性和发展的可持续性。

第六条　气象观测专用技术装备发展专项规划应当按照“列装一代、研制一代、探索一代”的原则，提出气象观测专用技术装备发展目标和重点任务，明确总体功能、技术体制和业务布局规模。

第七条　中国气象局应当向社会公布综合气象观测系统发展规划、气象观测专用技术装备需求或专项规划、综合气象观测研究计划及年度研发指南。

气象观测专用技术装备发展专项规划应广泛征求意见，并定期滚动修订。

第三章　装备技术要求

第八条　对于列入规划的气象观测技术装备，中国气象局观测业务主管部门应当组织制定相应的功能规格需求书，明确具体功能、技术规格、数据格式和传输方式等要求。

第九条　气象观测专用技术装备产品标准根据气象观测专用技术装备功能规格需求书制定，纳入气象标准制修订计划统一管理。

第十条　气象观测专用技术装备的设计、研制、定型、生产与验收，应严格按照气象观测专用技术装备产品标准或功能规格需求书的要求进行。

第四章　装备研制

第十一条　气象观测专用技术装备产品研制应按照市场机制运作，研制单位根据气象观测专用技术装备需求、专项规划和研发指南，自主立项研制或向中国气象局申报立项研发。对于重大或急需并且具备市场竞争条件的气象观测专用技术装备，中国气象局观测业务主管部门根据需要，采取招标方式确定研制单位。

第十二条　对于中国气象局立项研发或招标研制的气象观测专用技术装备，研制单位应当保证研发进度和质量，按期提交研制产品。

中国气象局鼓励企业、相关气象业务及科研单位开展合作，研制系统集成度高、成套性好、系列化的气象观测专用技术装备。

第五章　装备定型

第十三条　气象观测专用技术装备应通过装备定型，确认其各项功能和性能指标达到该产品标准或功能规格需求书的要求，确认相应的研制单位是否具备产品研制、生产、标准化管理、质量保证和售后服务条件，确定装备产品的主要配置。

第十四条　中国气象局相关业务单位根据授权，受理气象观测专用技术装备定型申请，并按照有关规定组织测试评估和技术审查，中国气象局观测业务主管部门核准装备产品定型。

第六章　装备许可

第十五条　通过定型的气象观测专用技术装备产品，研制生产单位应建立配套的产品检定、校准手段和维修测试条件，按照规定程序和要求向中国气象局申请装备许可。

第十六条 中国气象局观测业务主管部门根据气象专用技术装备许可管理办法，受理装备许可申请，组织对气象观测专用技术装备产品进行实地核查和质量检测测试，办理和核准许可，颁发气象专用技术装备许可证，并予以公布。

第十七条 境外生产的气象观测专用技术装备符合产品标准并通过质量检测测试的，国外生产企业或其授权的国内唯一代理可申请气象专用技术装备许可。

第七章 装备使用

第十八条 气象业务中不得使用未经许可或者被注销、撤销许可后生产的气象观测专用技术装备。对于业务试用等前期工作需要但尚无取得许可证的产品，要严格履行审批程序。

第十九条 气象观测专用技术装备应列入气象部门集中采购目录，按照招标采购有关规定采购使用。

第二十条 统一布局、同期建设使用的同类气象观测专用技术装备，应尽量统一装备规格型号和技术状态。气象观测专用技术装备建设的同时，应同步建设配套的运行监控、维修测试、计量检定或现场校准设施，并开展相应培训。

第八章 运行保障

第二十一条 气象观测专用技术装备投入业务运行后，应核定运行维持经费并列入年度预算，建立日常维护检修制度和业务运行规定，确保装备处于良好技术状态。

第二十二条 投入业务使用的气象观测专用技术装备应当纳入运行监控业务，实时在线监控其运行状态并建立维修保障的联动机制。

第二十三条 投入业务使用的气象观测专用技术装备应当遵照气象计量检定规程或校准方法，定期开展检定或校准。禁止使用未经检定、检定不合格或超检的仪器。

第二十四条 各级气象主管机构应当根据当地实际，因地制宜建立分级分类故障维修响应模式，划分不同故障的响应级别，健全自主保障和社会化保障相结合的维修保障机制，提高保障时效和质量。气象观测专用技术装备运行出现故障时，应严格执行报告制度和各类装备故障排除的有关规定，及时组织维修，恢复正常运行。要严格执行技术标准规范，建立健全维护维修登记制度和技术档案。

第二十五条 各级气象主管机构应当广泛采用条形码、电子标签等现代信息技术，加强气象观测专用技术装备的全程跟踪和动态管理，做好整机、备件和必要的应急物资储备、供应。

第九章 质量监督

第二十六条 对取得气象专用技术装备许可证的产品，中国气象局观测业务主管部门应当组织开展生产过程关键环节的质量检查和出厂验收。重大装备实行逐台验收，其他装备或批量产品逐批随机抽检。

第二十七条 各级气象主管机构应当对本行政区域内气象观测专用技术装备的质量和使用情况进行定期检查，并按规定将检查情况逐级上报。

第二十八条 中国气象局观测业务主管部门根据气象观测专用技术装备业务运行情况，定期组织对其进行综合评估，建立年度通报制度。

第十章 装备报废

第二十九条 根据气象观测专用技术装备使用寿命和技术性能状况，有计划地进行大修和更新。符合下述条件之一的应当申请报废：

（一）实际使用总时间已达到或超过该装备规定的有效寿命期，且经修理检定后达不到产品技术标准要求；

（二）仪器装备性能达不到产品技术标准，经修理、检定后仍然不能达到要求；

（三）损坏严重，无法修复，或修理费用昂贵，没有修理价值的仪器设备。

第三十条 符合报废规定的技术装备，按照谁建设谁审批的原则，由使用单位提出书面报废申请，建设单位组织鉴定和审批。已批准报废的装备不得在业务中继续使用。

第十一章 附 则

第三十一条 本办法由中国气象局观测业务主管部门负责解释。

第三十二条 本办法自发布之日起执行。中国气象局 2001 年 5 月 25 日发布的《气象技术装备管理办法》、原国家气象局 1993 年 4 月 30 日发布的《气象部门技术装备列装管理暂行办法》同时废止。

气象部门节庆论坛展会活动管理办法(试行)

(气办发〔2013〕46号)
2013年10月30日

第一章 总 则

第一条 为进一步贯彻落实中央八项规定精神,规范气象部门节庆论坛展会活动举办行为,厉行勤俭节约、制止奢侈浪费,建立健全相关管理制度,根据中央有关规定,结合气象部门实际,制定本办法。

第二条 本管理办法所称节庆、论坛活动,是指各级气象部门以单位成立或变更、周年庆祝,以及工程奠基或者竣工等名义举办的各类节会、庆典、论坛等活动。

本办法所称展会,是指各级气象部门举办的各类展览和展示活动,包括展览会、交易会、洽谈会、展示会、展销会、订货会等。

第三条 本办法适用于各级气象部门,以及所属的事业单位等举办的各类节庆、论坛、展会活动。

党中央、国务院决定开展的节庆活动,国家设立的节日、纪念日、活动日的节庆活动,少数民族传统节日的节庆活动,不适用本办法。

第二章　审批权限

第四条　气象部门节庆论坛展会活动实行中国气象局和省(自治区、直辖市)气象局分级审批制度。中国气象局负责审批各省(自治区、直辖市)气象局、各直属单位、各内设机构举办的节庆论坛展会活动。各省(自治区、直辖市)气象局负责审批本地区省级以下气象部门举办的节庆论坛展会活动。

以中国气象局名义召开的节庆论坛展会活动,按要求报国务院批准。

第五条　中国气象局办公室负责气象部门节庆论坛展会活动管理工作的政策指导、统筹协调和监督检查,对需报国务院审批的节庆论坛展会活动进行初审,并提出初审意见,对报中国气象局审批的节庆论坛展会活动进行审核和管理,对审批同意开展的活动项目报全国清理和规范庆典研讨会论坛活动工作领导小组备案。

第三章　审批原则

第六条　节庆论坛展会活动的审批应当按照依据明确、数量适当、规模适度、经费合规的总体要求,从严掌握,注重实效,防止形式主义和铺张浪费。

第七条　策划和举办节庆论坛展会活动必须紧紧围绕经济社会发展、气象防灾减灾、生态文明建设等需求,突出活动主题,丰富活动内涵,创新活动方式,切实增强目的性和实效性,切实对推动气象现代化建设、促进气象事业持续健康发展、保障人民安全福祉具有重要意义。

第八条　严禁举办宣扬封建迷信、文化糟粕的节庆论坛展会活动。

第九条 各级气象部门一般不举办以单位成立、周年庆祝等名义开展的各类节会、庆典、论坛等活动,逢十逢百周年等确需举办的,应当按规定报批。

第十条 各级气象部门不得举办各类楼堂馆所奠基和竣工庆典活动。

第十一条 各级气象部门原则上不得与地方联合举办(包括主办、协办、赞助、支持等名义)节庆论坛展会活动,确需联合举办的,应当按审批权限报批。

第四章 经费管理

第十二条 举办节庆论坛展会活动应当坚持厉行节约,严格控制活动规模和开支,所需经费实行谁举办谁负责,由举办单位承担,不得向下级单位、企业和个人转嫁费用。

第十三条 各单位应当严格经费预算,加强对节庆论坛展会活动的财务收支管理。不得借举办活动发放礼金、礼品、贵重纪念品和各种有价证券、支付凭证,不得重金邀请各类名人参与活动,不得利用节庆论坛展会活动为单位或者个人谋取私利。

第五章 领导干部出席

第十四条 严格控制气象部门县处级以上领导干部(包括离退休干部)出席节庆论坛展会活动。未经批准,气象部门各级领导干部不得出席各类节庆论坛展会活动,不得在活动中挂名任职、发贺信贺电、题词、剪彩等。

气象部门各级领导干部原则上不得出席与本职工作无关的节庆论坛展会活动。

第十五条 各省(自治区、直辖市)气象局、各内设机构、各直属单位经批准举办的节庆论坛展会活动，原则上不邀请中国气象局领导出席。确需邀请的，举办单位应当提前1个月报中国气象局批准。

第十六条 各省（自治区、直辖市）气象局、各内设机构、各直属单位主要负责同志出席节庆论坛展会活动，应当报中国气象局主要负责同志批准；其他负责同志出席活动，应当经本单位主要负责同志同意后，报中国气象局分管领导批准；其他领导干部出席活动，应当按规定报上级领导批准。

第六章 监督检查

第十七条 各单位应当严格按照党中央、国务院和中国气象局有关规定，加强对本单位节庆论坛展会活动管理工作的组织领导、政策指导和监督检查。

第十八条 各单位纪检监察、审计和财务等部门应当加强对举办节庆论坛展会活动的监督检查。对擅自举办节庆论坛展会活动，违规邀请领导干部出席以及领导干部违规出席活动，以举办活动为由向基层、企业和群众收费、摊派、拉赞助，挥霍浪费、滥发钱物等违规违纪行为，依照有关规定严肃处理。

第十九条 举办节庆论坛展会活动，应当严格按照有关规定，做好监管、服务工作，制定应急预案，防止安全事故的发生。

第七章 附 则

第二十条 本办法由中国气象局办公室负责解释。

第二十一条 本办法自发布之日起施行。以前有关规定，凡与本办法不一致的，以本办法为准。

中国气象局关于加强气象科研机构评价工作的指导意见

（气发〔2013〕104 号）

2013 年 11 月 7 日

为深入贯彻党的十八大和全国科技创新大会精神，全面落实《中国气象局关于强化科技创新驱动现代气象业务发展的意见》（气发〔2012〕111 号）要求，加强科技评价，引导气象科研机构持续提升支撑引领现代气象业务发展能力，提出如下指导意见：

一、充分发挥气象科技评价的导向作用

强化科技创新对业务发展实际贡献为核心的分类评价，引导气象科研机构、科研队伍积极主动全面完成中国气象局四项研究计划任务，集中资源解决现代气象业务发展中的重大、关键、共性科技问题，出成果、出效益、出人才。重点加强科技研发能力、成果转化应用、科技资源使用效益、科技人才队伍建设、开放合作、规范管理等六个方面评价，实现从“数量”考核到“质量”考核转变，从“专家”评估到增加业务单位“用户”考核的综合评估转变。通过诊断式评估，深入分析发展中存在的问题，有针对性地提出对策和指导性意见，增强科研机构的持续发展能力和发展活力，更好地发挥其在业务发展中不可或缺的重要作用。

二、突出气象科技研发能力评价

着重评价科研机构紧密围绕目标定位，承担四项研究计划研发任务，组织联合攻关，解决重大、关键、共性科技问题，产出对业务发展有实际贡献和在科学上有重大进展的应用平台或系统、高质量论文、高水平专利等创新成果的能力。

国家级气象科研机构要坚持创新驱动业务发展的科研定位，集中优势资源，努力攻克现代气象业务发展亟待破解的重大关键技术难题，着力提高数值模式、观测资料同化融合等核心领域的科技创新水平；要面向国际科技前沿，针对气象事业的长远发展开展前瞻性研究，抢占科技发展战略制高点，为现代气象业务发展提供科技储备。中国气象科学研究院要有针对性地牵头组织大型科学试验，努力掌握天气气候演变规律和机理，产出对业务发展有实际贡献的高质量科技成果，支撑国家核心气象业务发展；努力建设成为在国际上有影响、国内一流的大气科学领域科技创新基地和人才培养基地。中国气象局专业气象研究所要围绕区域特色和专业研究方向，加强区域数值模式和专业模式发展，立足有关产品在所在省及区域的应用；充分发挥野外科学试验基地作用，牵头组织针对性科学试验，提高专业研究领域机理认识，为模式发展提供物理过程参数化方案、为资料综合应用提供关键技术支撑，在本区域以及全国相关领域的业务发展中发挥辐射带动作用。中国气象局部门重点实验室、工程技术研究中心要发挥平台作用，汇聚优秀科技人才，加强关键技术领域研究，取得前沿成果，保持先进地位。

省级气象科学研究所要积极推进特色领域发展，着力研发地方气象业务发展急需关键技术；加强科技成果本地化转化应用和科技骨干队伍建设，不断提高新技术研究与应用水平，支撑气象业务发展。

三、强化气象科技成果转化应用评价

突出科技成果对气象现代化发展的实际贡献，着重评价科研机构围绕现代气象业务发展需求，产出高质量科技成果，实现转化应用，促进业务发展的实绩；强化与业务单位的定常合作，建立包括投入、产出到实际应用等各方面的科技成果转化应用机制及取得的实质进展；推进成果的科普资源开发，促进科技知识普及的效果；获得科技成果转化奖励等。进一步强化业务单位用户和成果转化中试基地（平台）在评价中的作用。

四、加强科技资源使用效益评价

突出科技资源的优化配置和效益发挥，着重评价科研机构围绕现代气象业务发展核心研发任务，积极争取国家和地方科技项目支持；强化科研基础条件建设与重点研发任务的结合，争取设立国家和地方重点实验室、工程技术研究中心和科学试验基地；落实科技项目的法人责任制，促进科技资源共建共享；规范科研基础条件建设及运行管理，实现有关观测资料科研业务应用及取得的效益和成果；一院八所发挥修购专项效益并带动省所发展等。

五、完善科技人才队伍建设评价

突出以科研能力和业绩为导向的科技人才评价机制，着重评价科研机构人才梯队建设，高层次人才培养、引进与使用，科技创新团队建设，研发队伍规模等。高层次科技人才要争取进入中国气象局“科技领军人才”队伍，优秀团队要争取成为国家级和中国气象局科技创新团队。国家级气象科研机构要做大做强，广泛积聚力量，壮大科研队伍，保证足够的力量投入优势领域研究和支撑现代气象业务发展。

六、加强开放合作营造良好创新环境情况评价

突出协同发展优势，着重评价科研机构充分利用部门合作、局校合作、国际合作等方式，加强交流，推进产学研用结合，对优势、特色领域实质性发展的保障作用；弘扬团结协作精神、诚信意识和责任意识，建立科研诚信档案；完善有利于自主创新的激励机制和政策措施，发展单位创新文化，营造良好创新环境等。国家级科研机构要强化与省所合作，带动省所发展，不断增强优势领域的研究力量。

七、加强运行机制和规范管理情况评价

突出科学管理作用，着重评价科研机构建立现代科研院所管理制度，统筹制订发展计划并贯彻执行，发挥学术委员会作用，加强科研项目全程管理，强化经费预算绩效管理，落实单位法人责任制等。

八、加强气象科研机构评价工作的组织实施

科研机构要加强年度自评，自觉将科技资源凝聚到解决现代气象业务发展的关键科技问题上来。科研机构的上级主管单位要加强对科研机构的年度考评，将评价结果与领导班子年度工作绩效评价相结合，作为年度评优重要依据。中国气象局科技主管部门要采用科技报告制度，加强对科研机构发展状况的动态监测、评估；要通过科技经费等资源的宏观调配，引导科研机构按照本意见，紧密围绕现代气象业务发展需要加强联合攻关，提升驱动业务发展能力；要通过科技成果转化奖励，推动科研机构多出高水平科技创新成果并实现转化应用，做出实际贡献；要分别制定国家级和省级气象科研机构评估办法，结合评估期内的中心任务明确具体标准；组织专门机构对国家级科研机构进行阶段集中评估，一般每四年进行一次，对评估结果为优秀的科研机构在科技经费等资源配置方面予以倾斜支持，并将评价结果作为机构主要负责人任期考核的重要参考意见。

中国气象局外宾接待管理办法(试行)

(气发〔2013〕111 号)

2013 年 12 月 2 日

第一章　总　则

第一条　为进一步规范中国气象局外宾接待工作管理,根据中央和国务院有关外事政策和规定,制定本办法。

第二条　各省、自治区、直辖市气象局,各直属单位,各内设机构(以下简称"各单位")公务接待国外、境外来宾(以下简称"外宾")适用本办法。

第三条　各单位外宾接待工作应坚持服务气象事业发展、友好对等、务实节俭的原则。

第四条　各单位邀请外宾来访应严格执行计划审批规定。未经中国气象局批准或授权,各单位不得正式对外发出邀请或做出承诺。

第五条　各单位应当加强外宾接待预算管理,在核定的年度外事接待费预算内安排外宾接待活动,不得超预算或无预算安排外宾接待。

第二章　职责分工

第六条　中国气象局国际合作司(以下简称“国际司”)为气象部门接待外宾的归口管理部门。

第七条　各单位邀请外宾,应由项目承办单位负责组织协调,制定接待方案,报国际司审核批准后实施。

以中国气象局名义邀请的外宾,由国际司负责组织协调。重大活动方案需报请中国气象局批准后实施。

第八条　外宾接待的经费预算由财务管理部门归口管理。财务管理部门应严格按照有关规定将外宾接待经费纳入预算管理,严格控制经费预算规模。

第三章　外事礼宾

第九条　中国气象局公务接待外宾原则上划分为以下三种情况:

(一)接待国(境)外副部级(含)以上或相当于副部级以上高级官员、世界气象组织主席或秘书长,其他同等级别国际组织的主要负责人。

(二)接待世界气象组织副主席、副秘书长、助理秘书长、技术委员会及区域协会主席;其他国际或区域组织同级高级官员;各国(地区)气象部门负责人或世界气象组织会员常任代表。

(三)接待其他国(境)外各部门、各国际或区域组织官员、专家学者。

第十条　外宾迎送

(一)接待符合第一种情况的外宾,原则上由中国气象局局长或由其委托的其他局领导出面迎送;接待符合第二种情况的外宾,原则上由中国气象局局领导或由其委托的国际司人员出面迎送；接待符合第三种情况的外宾，原则上由接待单位出面迎送。

（二）凡外宾入境地为京外地区的，一般不安排中国气象局局领导专程前往迎送。如访问正式日程从外地入境点开始，可根据外宾或代表团级别安排迎送。如无重大活动，中国气象局局领导不专程赴京外参加接待。

第十一条 会见和会谈

（一）符合第一种情况的外宾由中国气象局局长或由其委托的其他局领导会见；符合第二种情况的外宾由中国气象局局领导会见。

（二）由第一或第二种情况外宾担任团长的代表团来华参加双边工作组会议，由中国气象局局领导出面接待并主持双边会谈。合作协议由双方身份对等的官员参加签字。

第十二条 宴请

（一）外宾在京期间，可由接待单位或有关单位联合安排1次宴请。如外宾有京外公务活动，外宾在华期间宴请不得超过2次。宴请可采用宴会、冷餐会、酒会或茶会等不同形式。

（二）由第一或第二种情况外宾担任团长的代表团来访，由中国气象局局长或由其委托的其他局领导出面宴请1次。

第四章 经费管理

第十三条 各单位应当根据互惠对等原则或外事交流协议等，将应邀来华的外宾区分为全部招待、部分招待和外宾自费。

第十四条 各单位财务管理部门应当严格执行接待费开支标准，不得擅自突破，不得向同级机关、下级机关和下属单位摊派、转嫁费用。接待费开支标准按照财政部和中国气象局的有关规定执行。

第十五条 接待外宾属全部招待、部分招待的，开支范围主要包括：日常伙食费、宴请费、住宿费、交通费和赠礼等。

除特殊情况报请批准外，原则上不得列支外宾来华国际旅费。

第十六条 住宿

（一）由第一种情况外宾担任团长的代表团，可安排在五星级、四星级涉外宾馆；由其他外宾担任团长的代表团，安排的宾馆最高不超过四星级涉外宾馆。

（二）符合第一种情况的外宾可安排普通套间，其他外宾安排标准间。

第十七条 交通

（一）外宾用车应根据实际情况安排，除少数重要外宾乘坐小轿车外，其他外宾可视人数多少安排小轿车、中巴士或大巴士。严禁用公车办理与公务活动无关的事项。

（二）外宾赴各省、自治区、直辖市访问时，如由我方承担费用，可为符合第一种情况的外宾提供飞机头等舱座位、火车高级软卧或全列软席列车的商务座，其他外宾均提供飞机经济舱座位、火车软卧或全列软席列车的一等座。外宾途中伙食费按日常伙食费标准执行。

第十八条 对外赠礼

对外赠礼应当节约从简。赠礼对象仅限于外方团长夫妇和主要陪同人员，原则上由接待单位赠礼1次，其他单位不得重复赠礼。如外方赠礼，可按对等原则回礼。

第十九条 外宾在华期间的医药、邮电通信、洗衣、理发等费用均由外宾自理。

第二十条 我方陪同人员人数，应当根据礼宾要求和实际需要从严掌握。

第二十一条 陪同外宾赴地方访问期间，接待人员确需与外宾同餐、同住、同行的，经项目承办单位批准，可按对应的外宾接待标准实报实销。

第二十二条 接待活动期间，接待人员确因工作需要不能按时就餐的，经项目承办单位批准，可以领取误餐补助。

第二十三条 接待工作完成后，承办单位应按照中国气象局有关财务报销管理办法据实结算相关费用。

第五章 监督检查

第二十四条 各单位应当定期通过本单位内部网站等公示非涉密外宾接待的批次、人数、经费支出总额等情况。

第二十五条 各单位纪检监察、外事、财务、审计等部门应当加强对外宾接待管理和经费使用情况的监督检查。

第二十六条 违反本办法规定的，按照有关条例和规定查处，并依纪依法追究有关人员责任。

第六章 附 则

第二十七条 各单位应在接待过程中严格遵守国家有关保密工作的规定。

第二十八条 各单位应精简外事接待活动新闻报道，减少一般性报道，提高时效性、针对性和信息量。

第二十九条 在华召开国际会议和举办国际培训按现行相关规定管理。

第三十条 引进国(境)外人才、专家，按国家外国专家局有关规定办理。

第三十一条 本办法由国际司负责解释。

第三十二条 本办法自下发之日起试行。中国气象局此前下发的有关外事规定凡与本办法不一致的，以本办法为准。

气象部门因公临时出国(境)管理规定(试行)

(气发〔2013〕113号)

2013年12月6日

为进一步加强对气象部门因公临时出国出境工作的规范管理,根据中央和国务院有关外交方针政策和外事工作管理规定,制定本规定。

一、管理原则

(一)因公临时出国(境)应按照务实、高效、精简、节约的原则,紧密结合工作需要、有计划地进行。出国(境)必须有明确的公务目的和实质内容,讲究实效。不得把出国(境)作为一种待遇,严禁借机公费旅游。

(二)坚持因事定人,先由各级气象部门统筹确定本单位对外交流与合作任务事项,再根据工作需要和人员分工提出因公临时出国(境)计划与人选建议。不得因人找事,不得安排照顾性和无实质内容的一般性出访,不再安排考察性出访。出国(境)参加会议等活动要有选择,不得逢请必到。

(三)境外培训遵循"从严控制、为我所用、突出重点、少而精"的原则,不得安排无实际需要的培训项目。不得举办或组织参加外方资助的背景复杂、专题敏感的境外培训。

(四)凡因公出国(境)的团组和个人必须通过因公出国(境)审

批渠道办理手续，除有关国家特殊要求外，必须持因公证照出国（境）执行公务。因私出国（境）不得使用因公出国（境）证件。

二、适用人员

（一）气象部门所属各级机关、事（企）业单位中的国家工作人员。

（二）在气象部门所属事（企）业单位、社会团体工作，且人事档案挂靠在各级人才交流服务中心的临时承担本部门公务的人员。

（三）其他依照法律和规定从事公务的人员。

（四）已离（退）休厅局级以下人员不再派遣出国（境）执行任务。

三、审批权限和原则

（一）审批权限

1. 气象部门出国（境）计划、任务审批由中国气象局国际合作司（以下简称"国际司"）归口管理。国际司负责协调管理各省、自治区、直辖市气象局，各直属单位，各内设机构（以下简称"各单位"）的出国（境）项目。

2. 中国气象局省部级人员年度因公临时出国（境）计划须经中国气象局党组审议后报送中央外办和外交部，并抄送中央组织部备案。中国气象局按规定自行审批报备的省部级团组，应在批准后1个月内向中央外办或外交部备案。

3. 中国气象局其他局领导、各单位的副司局级以上人员出国（境），由项目主办单位司局级部门行文送中国气象局，由国际司审核后报中国气象局审批。

4. 各单位其他人员出国（境），由项目主办单位司局级部门行文，报国际司审批。

5. 赴香港和澳门地区执行公务，由项目主办单位司局级部门按照干部管理权限行文送中国气象局或中国气象局港、澳事务主管机构（国际司归口管理），国际司审核后由中国气象局报国务院港澳事务办公室审批。

6.赴台湾地区执行公务，由项目主办单位司局级部门按照干部管理权限行文送中国气象局或中国气象局台湾事务办公室(国际司归口管理)，国际司审核后由中国气象局报国务院台湾事务办公室审批。

7.前往非建交国家或敏感、热点国家和地区，出国(境)任务涉及国家安全和可能影响国家或部门关系等敏感事项，须事先通过国际司征求外交部及驻外使领馆、代表处意见后报中国气象局批准。

(二)审批原则

1.各单位应按要求向国际司报送本单位领导班子成员年度出国(境)计划和本单位年度出国(境)计划总数，国际司审核后汇总报中国气象局审批。经批准的计划下达后，一般不再安排计划外团组出国(境)。如遇特殊情况需要安排计划外出国(境)的，应在本单位计划总量中调剂。参加双跨团组、国(境)外培训均计入本人和本单位出国(境)批次。

2.严格执行应邀出访规定。出访须有外方业务对口部门或相应级别人员邀请，邀请单位和邀请人应与出访人员的职级身份相称，不得降格以求。

3.每个出访团组总人数不得超过6人。每次出访不得超过3个国家和地区(含经停国家和地区，不出机场的除外)，在外停留时间不超过10天(含离、抵我国国境当日)。出访2国不超过8天，出访1国不超过5天，赴拉美、非洲航班衔接不便的国家的团组，出访2国不超过9天，出访1国不超过6天。出席国际会议、多双边机制性活动，履行承担的国际职责，应对海外突发事件，参加培训等团组的人数和在外停留天数应按现行有关规定并根据任务需要和人员身份从严控制。

4.跨地区、跨部门组团的项目，应按照人事行政隶属关系和干部管理权限，事先征得参团人员所在的具有出访来访外事审批权单位的书面同意，并提供组团单位具有出访来访外事审批权的部门征求意见函。

5.出国（境）任务如涉及敏感问题、讨论重要议题或签署双方合作协议等重大事项，需事先向中国气象局报送预案，批准后执行。

四、出国（境）经费管理

（一）出国（境）经费预算由财务管理部门归口管理。

（二）财务管理部门应严格按照有关规定将因公出国（境）经费纳入预算管理，严格控制因公出国（境）经费预算规模。

（三）出国（境）经费开支范围包括：国际旅费、城市间交通费、国（境）外伙食费、公杂费、国（境）外住宿费、个人零用费和经批准的其他费用。参加国际或国外培训的，还包括有关培训费用。

（四）出国（境）人员的费用支出要严格执行财政部、外专局等有关部门的规定。出国（境）人员应本着节约原则，根据工作需要实事求是地安排出访活动，不得随意超过规定的开支标准。

（五）各单位在报送出国（境）项目文件时，应出具本单位财务管理部门审核意见。财务管理部门审核时，对无出国（境）经费预算安排的团组，一律不得出具经费审核意见，对超预算或出国（境）经费开支超标准的提出调整意见。

（六）出国（境）人员返回后，应在1个月内到核算中心报销经财务管理部门审核后的出国（境）费用开支。各单位财务管理部门应严格根据经费预算和有关费用开支标准及管理办法审核出国（境）费用。核算中心按照批准的人数、天数、路线、公务活动情况、经费计划等进行审核，不得报销与公务无关的开支和计划外发生的费用。党政机关干部因公出国（境）不得以任何形式由企事业单位出资或补助，不得向下属单位、企业和地方摊派、转嫁出国费用。

（七）参加气象部门外团组出国（境）且经费需要由气象部门承

担的，批准程序参照上述规定执行。

五、信息公开

（一）出国（境）前公示

除需要保密的内容和事项外，组团单位和派出单位要事前通过内部局域网、公开栏等便于单位或本系统人员知晓的方式如实公示有关团组和人员信息。公示期限原则上不少于5个工作日，内容包括团组全体人员的姓名、单位和职务，出访国家（地区）、任务、日程安排、往返航线，邀请函、邀请单位情况介绍，经费来源和预算等。

各单位外事管理部门对公示期间反映的问题，要会同有关部门认真核实；对确有问题的，要采取切实措施，严肃查处，追究责任。

在向上级外事管理部门提交的出国（境）项目报批文件中须注明公示情况，未按规定公示公开的，外事部门不予审核审批。

（二）出国（境）后公示

出国（境）团组返回后，应在1个月内在单位内部公布出国（境）团组上述公示内容的实际执行情况和出国（境）总结报告等。未按规定公示公开的，财务管理部门不予核销出国费用。

（三）出国（境）总结报告

各出国（境）团组返回后应在1个月内将总结报告交由团长所在司局级单位签报国际司。逾期不报的单位或个人，暂停审核审批其出国（境）执行任务。

六、外事纪律

（一）出国（境）人员应严格执行中央对外工作方针政策和国别政策，严守外事纪律，遵守当地法律法规，尊重当地风俗习惯，杜绝不文明行为，严禁出入赌博、色情场所，自觉维护国家形象。出国（境）团组在国（境）外应接受我国驻外使领馆的指导和监督。重要情况要及时报告派出单位、国际司和我国驻外使领馆。

（二）未经中国气象局批准和授权，任何单位和个人不得应允与外方的合作交流事宜。以中国气象局（及其下属单位）名义对外做出承诺或签署具有法律约束力的协议，事前要报中国气象局审批。未经批准和授权，任何单位和个人不得随意签署。

（三）出国（境）团组实行团长负责制。两人以上的团组须指定一名团长。在外期间，团长应负责管理和督促团组成员遵守各项外事纪律。团组及团组成员发生违规违纪行为，除对当事人进行严肃处理外，将根据情节追究团长责任，以及派出单位负责人的责任。

（四）不得擅自延长在外停留的时间；未经批准不得变更出访路线，首选直达航班，不得以任何理由绕道旅行；不得参加与项目任务无关的活动；不得携带配偶和子女同行；培训团组不得擅自更改既定教学方案和行程安排，不得组织既定日程以外的对外交流活动。

（五）出国（境）团组要注重节约，严格按照规定安排交通工具和食宿，不得铺张浪费。原则上不赠送礼品、不搞宴请。确有必要赠送礼品的，严格按照相关规定执行。确需宴请的，应连同出国（境）活动计划一并报批。不得接受国内相关部门或企业委托其驻外人员在国（境）外安排的宴请和其他应酬活动。

（六）增强安全保密和应急应变意识。严格遵守国家有关保密规定，注意防范敌对势力的干扰、破坏。不得携带涉密载体；不得对外提供内部文件和资料；不在非保密场所谈论涉密事项；不得泄露国家秘密。

（七）切实遵守证照管理的有关规定。因公出国（境）证件应在返回后7天内交由国际司统一保管或注销；在地方办理的护照或证件交由地方发证机关指定的部门统一保管或注销。对拒不执行证照管理规定的，吊销其所持护照或证件。

七、责任追究

各组团和派出单位外事、人事、财务、审计等部门要按照工作职责加强日常监督检查。外事管理部门负责牵头受理公示期间发生的信访举报，纪检监察部门负责牵头受理公示期间以外发生的信访举报。对违纪单位和相关责任人要严肃查处，对涉嫌犯罪的要依法追究法律责任。

八、附则

（一）本规定由国际司负责解释。

（二）本规定自下发之日起试行。中国气象局此前下发的有关外事规定凡与本规定相抵触的，以本规定为准。

气象部门企业负责人职务消费管理暂行办法

（气发〔2013〕117号）

2013年12月10日

第一章　总　则

第一条　为切实规范气象部门企业负责人职务消费行为，确保企业负责人廉洁高效地开展工作，参照《国有企业负责人职务消费管理暂行办法》，结合气象部门实际，制定本办法。

第二条　本办法适用于各级气象部门所属企业（以下简称企业），包括：

（一）中国气象局局属企业及局管企业。

（二）中国气象局直属事业单位投资所办企业。

（三）各省（区、市）气象局及其所属单位投资所办企业。

第三条　本办法所称企业负责人是指企业法定代表人及领导班子成员，主要包括：

（一）企业董事长、副董事长、董事（不含外部董事和职工董事），总经理、副总经理等。

（二）企业党委书记、副书记等。

第四条　本办法所称职务消费是指企业负责人在履行工作职

责时发生的、由企业承担的费用支出。主要包括公务用车、通信、业务招待、差旅、因公临时出国(境)、培训等项目。

本办法所称职务消费管理是指对企业负责人职务消费活动和费用的管理。

第五条 各级气象部门根据管理级次对本单位所属企业负责人职务消费实施监督管理。

企业对本企业负责人职务消费进行规范管理,并按照分级管理的要求,对各级所出资企业负责人职务消费进行指导监督和规范管理。其中,多元投资主体企业应当通过完善法人治理结构,发挥董事会在规范管理董事和高管人员职务消费的作用。

第六条 气象部门各级纪检监察机构将企业负责人职务消费情况纳入党风廉政责任制、惩防体系建设、反腐倡廉等监督检查体系。气象部门各级组织人事机构将企业负责人职务消费有关情况纳入干部选拔任用和年度考核评价等工作体系。

第七条 企业负责人职务消费管理应当坚持以下原则:

(一)坚持中国气象局指导监督与企业自我约束相结合,建立健全企业负责人职务消费管理制度。

(二)坚持源头控制与综合治理相结合,切实规范企业负责人职务消费行为。

(三)坚持推进企业发展与厉行勤俭节约相结合,合理控制企业负责人职务消费水平。

(四)坚持廉洁自律与监督管理相结合,全面构建企业负责人职务消费长效机制。

第二章 公务用车管理

第八条 本办法所称公务用车管理是指对企业负责人公务交通所使用机动车辆(以下简称车辆)和费用的管理。

第九条 企业应当结合本企业经营实际，选择企业负责人公务用车管理方式。

（一）企业为企业负责人提供公务用车（包括专用车辆、相对固定车辆或者统一调度车辆）。

（二）企业不为企业负责人提供公务用车，实行公务用车改革，发放公务用车补贴保障企业负责人公务交通的需要。

企业负责人薪酬体系中已包括公务用车补贴的，企业不再为企业负责人提供公务用车或者发放公务用车补贴。

第十条 企业为企业负责人提供公务用车，应当对车辆的配备、运行和处置进行管理。配备是指车辆的购置（租赁）、更新；运行管理是指车辆的保养、维修以及日常使用的管理；处置是指车辆的报废和变价出售等。

第十一条 企业为企业负责人提供的公务用车数量不得超过企业负责人的编制。企业负责人公务用车的标准（排气量和购车价格）参照同级党政机关领导干部公务用车配备标准。

因企业经营业务需要，确需配备越野车辆的，应当根据管理级次报主管气象部门审定，严格控制越野车辆占本企业负责人公务用车编制的比例，并由企业统筹安排企业负责人使用。

第十二条 企业不得超编制、超标准为企业负责人提供公务用车，不得增加高档配置或者豪华内饰。

企业发生非政策性亏损或者托管、重组脱困，以及拖欠职工工资、社会保险费用期间，严禁为企业负责人购置或更新公务用车。

第十三条 企业负责人公务用车使用年限超过 10 年或者行驶里程超过 30 万公里的，可以更新。

企业负责人公务用车的报废和变价出售等处置，应当按照国有企业资产处置有关规定执行。

第十四条 企业负责人正在使用的公务用车，若超过本办法规定的配备标准，在未达到更新或者报废标准情况下，可以继续使用。

第十五条 企业应当对企业负责人公务用车的保养、维修费用，以及日常使用所发生的各种保险费、年检费、车船使用税、燃油费、停(洗)车及过路桥费等运行费用，实行单车核算，采取年度限额或者年度预算范围内据实报销方式进行管理。对公务用车运行费用采取年度限额管理的，节余部分不得发放给个人。

第十六条 企业应当对公务用车实行定点保养和维修，降低保养和维修费用。保养和维修费用不得以货币化方式发放给个人。

第十七条 严格公务用车使用登记规定，严禁因私使用公务用车。严禁企业负责人自行驾驶公务用车。

第十八条 企业为企业负责人提供公务用车后，不得同时以任何名目为企业负责人发放公务用车相关的补贴。企业实行公务用车改革后，应当降低公务用车成本，不能借改革之机增加企业负担。企业为企业负责人发放公务用车补贴的，不得同时为其提供公务用车，不得超标准发放公务交通补贴。

第十九条 企业负责人退休或者调离本企业的，企业不得再为其提供公务用车或发放公务用车补贴。

第二十条 企业不得采取向所出资企业和关联企业调换、借用等任何方式为企业负责人提供公务用车。企业不得向所出资企业和关联企业转嫁企业负责人公务用车购置(租赁)和运行等费用。

第三章　通信管理

第二十一条 通信管理是指对企业负责人因公务活动发生的移动通信费用的管理。

第二十二条 企业负责人移动通信费用管理主要方式包括年

度限额范围内据实报销、年度预算范围内据实报销、发放通信补贴等。企业应当结合生产经营实际选择适当的方式对企业负责人通信费用进行管理。不得同时采用报销和发放补贴的方式。

企业负责人薪酬体系中包括通信补贴的,企业不再为其报销通信费用或者发放通信补贴。

第二十三条 企业应当结合生产经营实际和电信市场资费合理确定企业负责人通信补贴标准,并按照财务管理的有关规定进行发放。

第二十四条 企业负责人退休或者调离本企业后,企业不再承担其通信费用。

第四章 业务招待管理

第二十五条 业务招待管理是指对企业负责人为生产经营业务的合理需要而发生的招待客户、合资合作方以及其他外部关系人员活动和费用的管理。业务招待费用主要包括宴请、接待、礼品等费用。

第二十六条 企业应当根据国家有关规定和企业生产经营实际,建立健全企业负责人业务招待管理制度,合理制定各类业务招待费用标准,明确业务招待活动的申请、审批、报销等流程。

第二十七条 企业负责人进行业务招待活动,应当由企业相关部门制订计划、编制预算、组织实施和统一结算。

第二十八条 企业负责人进行业务招待活动,应当严格执行相关制度和标准,在本企业内部或者定点饭店、宾馆等进行业务招待。不得安排招待对象到高档的餐饮、娱乐、休闲、健身、保健等经营场所活动。企业负责人不得参加所出资企业或关联企业安排到上述场所的业务招待活动。

第二十九条 企业在业务招待活动中赠送的礼品,应当符合我国、招待对象所在国家（地区）以及业务招待活动发生国家（地区）的有关法律法规。礼品应当有利于宣传企业形象、展示企业文化。不得赠送现金、有价证券、支付凭证、会员卡和商业预付卡以及贵重金属和其他贵重物品。

第三十条 企业不得向所出资企业和关联企业转嫁企业负责人业务招待费用，不得用公款支付企业负责人因私招待费用和个人消费费用。

第五章 差旅管理

第三十一条 差旅管理是指对企业负责人为生产经营所发生的国内差旅活动和费用的管理。

第三十二条 企业应当根据国家有关规定，本着勤俭节约原则，结合企业生产经营实际，建立健全企业负责人差旅管理制度，合理确定企业负责人出差期间乘坐交通工具的等级，以及住宿、伙食和公杂费用标准。严禁无生产经营业务、无实质内容的差旅活动，从严控制出差随行人员数量。

第三十三条 企业负责人的差旅报销，按照凭有效票据实报实销原则。企业不得向所出资和关联企业转嫁企业负责人差旅费，不得报销企业负责人出差期间与差旅活动无关的费用。

第六章 因公临时出国（境）管理

第三十四条 因公临时出国（境）管理是指对企业负责人为企业生产经营所发生的因公临时出国（境）活动和费用的管理。

第三十五条 企业应当根据国家有关规定和企业生产经营实际，区分企业负责人出国（境）处理本企业及其所出资企业和分支机构内部经营管理业务、实施“走出去”战略任务和一般性考察交流等工作，建立健全企业负责人因公临时出国（境）管理制度，确定交通工具、食宿等各项费用标准，合理控制费用支出。

第三十六条 企业应当根据生产经营需要，按照企业负责人岗位职责等制订企业负责人临时出国（境）年度计划。保障企业负责人国（境）外生产经营需要的出国（境）任务，严格控制一般性考察交流等因公临时出国（境）次数和规模，不得安排照顾性和无实质性内容的一般性考察、研讨交流活动，不得重复考察和盲目考察。不得以任何理由绕道或者以过境名义变相增加出访国家和地区，不得把考察作为一种待遇，严禁借机公费旅游。

第三十七条 企业应当严格因公临时出国（境）年度计划的审批。遵守因公临时出国（境）经费先行审批制度，对无出国（境）经费预算安排的组团，不得出具经费审核意见。

第三十八条 企业应当从严控制出国（境）天数和随行人员数量。实质性公务活动应当占在外日程的三分之二以上。不得无故延长因公临时出国（境）时间。不得安排与企业负责人因公临时出国（境）任务无关的人员随行出国（境）。

第三十九条 企业主要负责人因参加国（境）外推介会、路演等大型经贸活动确需赴多个国家和地区的，在外停留时间最多不超过 12 天，其他企业人员根据工作需要从严控制。同一企业的主要负责人，原则上不得同团出国（境），不得同时带队赴同一国家或者地区。

第四十条 企业不得向所出资企业和关联企业转嫁企业负责人因公临时出国（境）费用。不得报销企业负责人因公临时出国（境）期间与工作活动无关的费用。

第七章 培训管理

第四十一条 培训管理是指对企业负责人为生产经营和提高

经营管理水平所发生的培训活动和费用的管理。

第四十二条 企业负责人参加的培训分为各级有关部门和机构组织的培训、本企业组织的培训，以及与个人相关的学历学位培训、专业课程进修培训、专业资格证书培训等。企业应当对企业负责人培训实施分类管理，建立健全企业负责人培训管理制度，制定培训计划，合理安排培训内容，加强培训费用管理。

第四十三条 企业负责人参加社会上的学历教育以及个人为取得学位而参加的在职教育、与本职工作无关的专业课程进修、专业资格证书培训等费用应当由企业负责人个人承担。

第四十四条 企业不得向所出资企业或关联企业转嫁企业负责人培训费用。不得用公款支付企业负责人自行安排培训的费用，以及培训期间与培训活动无关的费用。

第八章 预算管理

第四十五条 企业负责人职务消费预算管理是指企业按照国家关于企业财务预算管理和全面预算管理的有关规定，根据企业年度生产经营计划和生产经营实际，结合企业负责人履行工作职责的需要，对企业负责人年度职务消费水平合理预计安排，并进行控制和监督。

第四十六条 各级气象主管部门应当对下属企业负责人职务消费年度预算实行备案管理，促进企业合理控制企业负责人职务消费水平。

企业应当加强本企业负责人职务消费预算的编制和执行等工作，保障本企业负责人职务消费预算管理工作规范化、制度化、科学化。

第四十七条 企业应当加强企业负责人职务消费的预算管理，根据有关规定和要求，按年度、分项目编制本企业负责人年度职务消费预算。

(一)公务用车购置(租赁)、更新预算应当严格按照规定的标准编制。公务用车运行费用预算,应当结合公务用车使用年限和车况等因素,按单车编制。企业车辆统一调度使用的,应根据生产经营实际,合理区分企业负责人公务用车运行费用和其他人员用车费用,编制公务用车预算。司机的人工成本或者劳务费用等,不纳入公务用车预算。发放公务交通补贴的,按人按标准编制预算。

(二)通信费用预算应当结合生产经营实际和电信市场资费等因素,按人编制。

(三)业务招待、差旅、因公临时出国(境)和培训费用预算应当结合企业年度生产经营计划、相关费用标准和物价水平等因素编制。

第四十八条 企业应当按照企业预算管理有关程序,审核企业负责人职务消费预算,并及时向各级气象主管部门提交备案报告。备案报告主要内容包括:

(一)本年度企业负责人职务消费预算编制情况。职务消费预算总体水平与企业经营收入和费用支出预算匹配情况,本年度职务消费预算总体水平和上年度预算总体水平对比情况,上年度职务消费预算执行情况,以及需要说明的其他有关情况等。

(二)本年度职务消费预算水平。企业负责人职务消费总体预算水平,企业负责人公务用车、通信、业务招待、差旅、因公临时出国(境)、培训等专项预算水平。

第四十九条 企业和企业负责人应当严格执行企业负责人职务消费预算方案,结合各项职务消费特点,定期监测和分析预算执行情况,及时向企业负责人报告本人职务消费预算执行情况,同时按照管理级次向气象主管部门备案。对执行过程中发生的显著差异,要认真查找原因,及时采取措施予以解决。

第五十条 企业负责人职务消费预算方案在执行过程中,预算编制基本条件发生重大变化的，经履行企业内部预算管理有关审核程序后，可以对预算方案予以调整，根据管理级次重新提交各级气象主管部门备案。

第九章　监督管理

第五十一条　企业应当根据本办法，制定(或修订)本企业负责人职务消费管理办法和各专项职务消费管理实施细则，做到规定明确，措施可行，标准明确。要充分征求职工意见，按照企业内部有关决策程序审议通过后，根据管理级次报各级气象主管部门备案。

第五十二条　企业负责人应当严格遵守相关规定，不得发生《国有企业领导人员廉洁从业若干规定》第七条和《国有企业负责人职务消费行为监督管理暂行办法》第五条禁止的职务消费行为。

第五十三条　企业负责人退休或者调离本企业的，应当将企业配备的笔记本电脑、照相器材等办公用品退还企业。

第五十四条　企业负责人应当将个人职务消费预算及执行情况，作为民主生活会、年度述职述廉的重要内容，接受监督和民主评议。

第五十五条　企业内部的纪检监察、人事、财务、审计等部门应当切实履行工作职责，完善内部控制体系，严格审批、报销、检查等环节，加强对企业负责人职务消费的监督管理。

第五十六条　企业负责人职务消费管理办法和各专项职务消费管理实施细则、企业负责人年度职务消费预算及执行情况等，应当以适当的方式定期向职工公开，接受职工监督。

第五十七条　各级气象主管部门应当对所属企业负责人职务消费管理情况、职务消费年度预算及执行情况等定期进行检查。企业应当积极配合审计、纪检监察、巡视以及各级气象主管部门的监督检查，并针对监督检查中发现的职务消费管理方面的问题及时进行整改。

第五十八条 企业负责人违反本办法进行职务消费的，依据《国有企业领导人员廉洁从业若干规定》和《国有企业负责人职务消费行为监督管理暂行办法》等，视情节轻重，给予警示谈话、调离岗位、降职、免职等处理。

应当追究纪律责任的，除适用前款规定外，视情节轻重，依照国家有关法律法规给予相应的处分。

对于其中的共产党员，视情节轻重，依照《中国共产党纪律处分条例》给予相应的党纪处分。

涉嫌犯罪的，依法移送司法机关处理。

以上处理方式可以单独使用，也可以合并使用。

第五十九条 企业负责人受到警示谈话、调离岗位、降职、免职处理的，相应扣减25％、50％、75％、100％的当年绩效薪金。

第六十条 企业违反规定，超编制、超标准为企业负责人配备公务用车的，扣减相关负责人20％的当年绩效薪金。企业违规为企业负责人配备的公务用车，不得继续提供给企业负责人使用。

企业违反规定，为企业负责人发放交通补贴的，企业负责人应当予以全部清退。

第六十一条 企业负责人因同一事项受到组织处理和经济处罚的，按最高单项予以经济处罚。

第六十二条 企业负责人违反本办法获取的不正当经济利益，应当予以全部清退；给企业造成经济损失的，依据国家或者企业的有关规定承担经济赔偿责任。

第十章 附 则

第六十三条 企业应当依法履行出资人职责，按照本办法并结合生产经营实际,制定本企业总部相关人员和所出资企业负责人职务消费管理制度,指导监督所出资企业逐级建立健全职务消费管理制度,实行职务消费管理制度和企业负责人职务消费预算备案管理,切实加强企业管控能力,全面规范企业负责人职务消费管理。

第六十四条 本办法由中国气象局计财司负责解释。

第六十五条 本办法自印发之日起施行。

中国气象局关于加强气象观测技术装备保障业务发展的意见

（气发〔2013〕118 号）

2013 年 12 月 10 日

气象观测技术装备保障业务作为现代气象业务的重要组成部分，是观测系统稳定运行和观测数据质量保证的基础。为适应综合气象观测业务现代化建设需要，现就加强气象观测技术装备保障业务发展提出以下意见：

一、总体要求

（一）指导思想。贯彻中国气象局关于全面推进气象现代化建设的总体要求，落实《综合气象观测系统发展规划（2014—2020年）》部署的任务，不断推进装备保障业务规范化和现代化，提升综合气象观测系统稳定运行能力和水平。

（二）基本原则。坚持综合统筹，加强装备保障业务统筹规划和统一布局。坚持协调发展，同步设计、同步建设观测系统和相应的装备保障能力。坚持注重规范，加强装备保障业务和技术方法的标准化，统一技术要求和业务平台，完善业务流程。坚持依靠科技进步，不断提高装备保障业务科技含量和信息化水平。

（三）主要目标。到 2020 年，建成功能完善、技术先进、规范标准的气象观测技术装备保障系统，建立布局合理、分工明确、运转流畅的气象观测技术装备保障业务体系，业务能力显著增强，业务水平显著提升，实现《综合气象观测系统发展规划（2014－2020年）》确定的各项目标。

二、完善装备保障业务布局分工

（一）优化装备保障业务布局。装备保障业务管理实行国家和省两级布局。装备保障业务运行实行国家、省、地和县四级布局，其中，运行监控、计量检定、储备供应实行国家和省两级业务布局，地县级作为省级补充；维护维修实行国家、省、地和县四级业务布局。

（二）调整装备保障业务职责分工。国家级负责全国装备保障业务规范、技术标准和业务规章制定，负责业务指导、技术支持和业务质量考核评价，负责全国应急储备物资统一调配，组织业务系统统一设计开发和推广应用，组织实施重大观测技术装备大修和技术升级改造，承担综合气象观测系统全网运行监控，承担标准量值溯源和传递，承担气象卫星观测系统运行保障业务。

各省（区、市）气象局负责本省各类装备保障业务组织实施和业务质量考核评价。负责日常运行监控和计量检定业务，负责本省技术装备业务储备物资统一供应调配，负责全国和全省统一布局的观测技术装备故障诊断维修和技术支持，负责本省观测技术装备巡检，负责装备保障业务系统本地化运行。

省、地、县装备保障业务的具体分工由各省（区、市）气象局结合实际情况具体确定。

三、提高气象观测技术装备保障业务化水平

（一）完善运行监控业务，实现综合气象观测系统全网实时监控。投入业务运行的各类观测系统要及时纳入运行监控业务。建立完善各类观测系统运行状态监控技术、监控方法和相应的技术标准。健全运行监控信息获取、加工分析处理、监控产品发布和反馈响应等环节的业务流程。制定并实施综合气象观测系统运行监控业务规范、业务运行规定、业务质量考核评价办法和技术装备运行状况通报制度。

（二）健全计量检定业务，确保观测数据准确性。建立完善温度、气压、湿度、风、雨量、云、能见度、天气现象等直接观测气象要素计量检定和现场校准方法，健全相应的计量检定规程和计量校准规范。建立天气雷达、风廓线雷达、气象卫星等遥感观测技术装备标定技术、标定方法和相应的技术标准。完善计量量值溯源、量值传递、检定校准和比对核查等环节的业务流程和业务运行规定。扩大气象计量检定业务容量，逐步覆盖所有观测业务使用的技术装备，严格计量检定程序和技术要求，保证各类观测仪器的技术性能稳定和观测数据准确。

（三）规范维护维修业务，确保技术装备处于良好状态。制定各类气象观测技术装备诊断维修、维护巡检业务标准，完善各类技术装备维护维修业务规定。建立诊断分析、故障响应、故障排除、修后检测、案例建档以及维护巡检等环节的业务流程，规范各类维护维修业务，制定维护维修业务质量考核评价办法。针对各类气象观测系统运行特点和各地实际，分类建立适应观测系统运行要求的维护维修保障模式。加强汛期服务和重大活动保障时期技术装备巡检，及时发现、解决隐患，保障技术装备处于良好工作状态。

（四）完善储备供应业务，保障观测系统正常运转。建立完善技术装备备品备件计划、采购、入库、仓储、调配、出库、统计和跟踪等环节的业务流程，严格各环节业务规定。根据各类观测系统运行要求，合理布局技术装备储备供应当量，实行应急储备物资统一调配制度。

四、增强气象观测技术装备保障业务能力

（一）建设装备保障综合业务系统。统一技术标准和业务平台，统一设计开发，统筹规划布局，加快建设各级互联互通、涵盖装备保障各项功能的综合业务系统，提高装备保障业务水平。

（二）拓展运行监控能力。建成国家、省两级部署，具有实时在线监控、逐级数据交换、故障报警、监控产品自动生成和分发等功能的运行监控业务平台，丰富监控产品，扩大运行监控业务范围，形成对业务运行的所有观测技术装备进行实时运行监控能力。

（三）加强气象计量业务能力。加强国家级和省级气象计量检定实验室建设，严格控制实验室环境参数，气象计量标准器具要逐步配置到行业最高标准，各项气象要素计量量值要逐步溯源至国际基本单位。加快建设地县级现场校准能力和手段，逐渐形成覆盖所有业务使用的观测技术装备的计量检定能力。

（四）提升维护维修能力。建设全国联网的故障远程诊断系统。建设国家级大型技术装备专用维修测试环境和省级维修测试综合业务平台，配置地县级简单故障检测仪器仪表和现场维修工具，具备重要技术装备故障部件的快速检测与修复能力。建设移动应急维修保障系统，增强机动性和应急保障能力。

（五）提高储备供应能力。应用物联网、电子标签技术和现代物流管理方法，建设气象技术装备管理信息系统，实现全国气象技术装备和备品备件智能跟踪、动态管理，实施统筹调度和配送。完善气象装备储备库建设，改善库房储备环境条件。利用现代物流渠道和社会资源，提高技术装备物资供应和周转效率。

（六）建设装备保障科技设施。建设大气环境模拟实验舱、气象专用技术装备产品质量检验测试平台等重要科技设施，完善中国气象局综合气象观测试验基地，增强技术装备定型考核、产品中试、质量测试评估和技术保障的支撑能力。

五、健全装备保障业务体制机制

（一）健全装备保障业务体系。国家卫星气象中心、中国气象局气象探测中心和中国气象局上海物资管理处是国家级装备保障业务运行主体，要根据各自职能和业务运行需求，完善运行监控、计量检定、维护维修和储备供应业务机构，核定相应的人员编制。各省（区、市）气象局要根据本省装备保障业务发展需要和各级职责分工，健全省级装备保障业务机构，核定相应的人员编制。加快建设地市级装备保障业务机构，配备相应业务人员。县级气象机构要把装备保障业务作为综合气象业务的重要组成部分，合理配备保障人员。

（二）建立自主保障和社会化保障有机结合的工作机制。维护维修业务要结合技术装备运行特点和各地实际，在明确业务标准、业务要求和监管办法的基础上，逐步推进区域气象观测站等数量众多、分布广泛、维护简易的装备维护维修保障社会化；对于技术复杂、部门保障难度大的技术装备，通过购买维护维修保障服务方式，建立供应商全寿命维修保障机制，实现自主保障和社会化保障有机结合。

（三）完善观测业务和装备保障业务的联动机制。加强综合气象观测业务统筹协调，观测系统建设的同时，同步建设相应的装备保障系统。投入业务运行的技术装备，要及时纳入运行监控、计量检定和必要的储备供应业务，建立相应的维护维修工作机制。建立运行监控、维护维修、计量检定和储备供应业务间分工协作、上下衔接、左右配合的联动机制，形成装备保障业务合力，提高业务运行效率。

六、政策措施

（一）加强组织管理。健全装备保障业务的各项规章制度，把装备保障业务质量和效果列入日常业务目标考核。各单位要加强对装备保障业务的组织领导，结合实际制定具体实施办法，把各项要求落到实处。

（二）加强科技支撑。针对装备保障业务关键、薄弱和重要领域技术问题，统筹各类科研项目资源，建设装备保障创新团队，加强科技攻关。鼓励各级各单位装备保障技术创新活动，促进科研成果业务转化和推广应用。

（三）加强队伍建设。完善装备保障业务岗位设置、人员聘用等制度和激励机制，稳定装备保障队伍。完善装备保障业务人才培养选拔机制，加快培养业务技术骨干和业务技术带头人。完善装备保障业务培训机制，不断提高业务人员的业务水平和专业技能。

（四）切实加大投入。中央和地方各类观测系统建设项目，要优先安排装备保障业务能力建设，并将装备保障业务配套建设作为观测系统建设项目验收的必要条件。按照基本业务要求，把装备保障各项业务所需经费纳入年度综合预算，加大公共财政投入。各地要逐步剥离装备保障业务部门科技服务创收任务，统筹安排好人员经费。

雷电灾害调查管理办法

（气办发〔2013〕52 号）

2013 年 12 月 13 日

第一条 为了规范雷电灾害调查工作，提高雷电灾害防御能力和水平，保护国家利益和人民生命财产安全，促进社会稳定与和谐发展，依据《中华人民共和国气象法》、《气象灾害防御条例》和《防雷减灾管理办法》等有关规定，制定本办法。

第二条 在中华人民共和国领域和中华人民共和国管辖的其他海域内开展雷电灾害调查工作，应当遵守本办法。

本办法所称雷电灾害调查是指雷电灾害的现场勘察和取证、资料收集、技术鉴定和分析、评估并做出结论的过程。

第三条 根据雷电灾害造成的人员伤亡或者直接经济损失，雷电灾害一般分为以下四个等级：

（一）特大雷电灾害：一起雷击造成 4 人以上身亡，或者 3 人身亡并有 5 人以上受伤，或者没有人员身亡但有 10 人以上受伤，或者直接经济损失 500 万元以上的雷电灾害；

（二）重大雷电灾害：一起雷击造成 2～3 人身亡，或者 1 人身亡并有 4 人以上受伤，或者没有人员身亡但有 5～9 人受伤，或者直接经济损失 100 万～500 万元的雷电灾害；

（三）较大雷电灾害：一起雷击造成 1 人身亡，或者没有人员身亡但有 2～4 人受伤，或直接经济损失 20 万～100 万元的雷电灾害；

（四）一般雷电灾害：一起雷击造成1人受伤，或者直接经济损失在20万元以下的雷电灾害。

本条所称的"以上"包括本数。

第四条 国务院气象主管机构负责组织管理和指导全国雷电灾害调查工作。

省级气象主管机构在上级气象主管机构和本级人民政府的领导下，负责组织管理本行政区域内的特大和重大雷电灾害调查工作。

市、县级气象主管机构在上级气象主管机构和本级人民政府的领导下，负责组织管理本行政区域内的较大和一般雷电灾害调查工作。

其他有关部门和单位应当配合气象主管机构做好雷电灾害调查工作。

第五条 遭受雷电灾害的组织和个人，应当及时向当地气象主管机构报告，并协助对雷电灾害进行调查。

第六条 雷电灾害调查应遵循及时、科学、公正、完整的原则。任何组织和个人不得非法干预雷电灾害的调查。

第七条 雷电灾害调查应由气象主管机构组成的调查组负责实施。

第八条 调查组成员应不少于3人，现场勘察应不少于2人，调查组成员应具有较全面的雷电防护理论与较丰富的实践经验，并与所调查的雷电灾害没有直接利害关系。需要时可聘请相关人员参加调查组。

第九条 调查组应按照《雷电灾害调查技术规范》（QX/T103）的要求开展雷电灾害调查。

第十条 调查组成员在雷电灾害调查工作中应当诚信公正、恪尽职守，遵守调查组的纪律，保守调查的秘密。

未经允许，调查组成员不得擅自发布有关的信息。

第十一条 雷电灾害调查程序：

（一）制定调查计划；

（二）按照《雷电灾害调查技术规范》(QX/T103)第五章的要求进行调查；

（三）按照《雷电灾害调查技术规范》(QX/T103)第六章的要求进行分析与评估；

（四）编写调查报告；

（五）全部资料归档。

第十二条 特大雷电灾害和重大雷电灾害应当自调查组组建之日起 15 个工作日内(不含技术鉴定时间)提交调查报告；特殊情况下，经气象主管机构批准，提交调查报告的期限可以适当延长。

较大雷电灾害和一般雷电灾害应当自调查组组建之日起 10 个工作日内(不含技术鉴定时间)提交调查报告；特殊情况下，经气象主管机构批准，提交调查报告的期限可以适当延长。

第十三条 雷电灾害调查报告应当包括下列内容：

（一）雷电灾害发生地概况；

（二）雷电灾害受灾情况概况；

（三）雷电灾害承灾体概况；

（四）雷电灾害造成的人员伤亡情况及直接经济损失；

（五）雷电灾害发生的原因；

（六）雷电灾害调查结论。

第十四条 雷电灾害调查过程中需要技术鉴定的应由气象主管机构委托具有独立法人和相应能力的单位开展并出具技术鉴定报告。

第十五条 地方各级气象主管机构在雷电灾害调查中作伪证或者指使他人作伪证、不依法履行职责的，应对主要负责人和直接责任人依法给予处分。

第十六条 参与雷电灾害调查的人员未经气象主管机构允

许，擅自发布有关调查情况，引起社会不良反应或造成一定影响的，依法给予处分。

第十七条 雷电灾害技术鉴定单位出具虚假技术鉴定报告，未经气象主管机构允许，擅自发布有关鉴定报告，引起社会不良反应或造成一定影响的，依法给予处分。

第十八条 本办法自公布之日起施行。

气象标准制修订管理细则

（气办发〔2013〕55 号）

2013 年 12 月 20 日

第一章 总 则

第一条 为规范气象标准的制修订工作，根据《气象标准化管理规定》，制定本细则。

第二条 本细则所称的气象标准是指由中国气象局组织编制或归口管理的气象领域国家标准、行业标准和标准化指导性技术文件。

第三条 中国气象局按照国家有关规定对气象标准的制修订工作实施管理。

中国气象局各职能司、直属企事业单位、气象领域全国专业标准化技术委员会和分技术委员会以及全国气象行业标准化技术委员会（以下简称标委会），各省、自治区、直辖市气象局（以下简称省级气象主管机构）按照各自职责组织做好气象标准制修订工作。

第二章 立 项

第四条 政策法规司根据气象标准化发展规划和相关职能司提出的业务需求，下发标准项目申报指南，面向全社会征集气象标准制修订计划项目。

第五条 直属企事业单位和省级气象主管机构组织向政策法规司申报气象标准制修订计划项目。非气象部门所属企事业单位可以通过当地省级气象主管机构申报。

申报材料包括气象标准项目申请表(见附表1)和标准初稿。

第六条 申报的气象标准项目,应当具备下列基本条件:

(一)经过相应的业务、服务、管理实践或相关科学技术成果已经通过确认或者验证,成熟可行;

(二)完成初稿编制;

(三)符合法律、法规的规定,与现行标准相协调。

第七条 项目申报单位应当在与所申报标准项目相关的专业领域具有一定的业务、服务、科研实力或者学术影响力。

第八条 第一起草人应当具备下列条件:

(一)项目申报单位在职职工,具有高级以上职称且从事本专业领域工作满三年,或者具有中级职称且从事本专业领域工作满五年;

(二)了解气象事业发展战略、方针和政策,具有较丰富的专业知识和实践经验,能够组织解决标准编制中的重大技术问题;

(三)具有严谨的科学态度和良好的职业道德,了解标准编写知识和规定,有较好的文字表达能力。

第九条 符合下列情况之一的,标准项目立项时给予优先考虑:

(一)项目申报单位以往的标准编制任务完成情况良好;

(二)第一起草人参加过标准编制培训并取得结业证书;

(三)第一起草人有标准编制工作经历且完成情况良好。

第十条 政策法规司将项目申报材料按照专业领域分发给各标委会。标委会组织专家进行评审并提出立项建议。评审内容主要包括需求性、成熟度、申报单位和申报人能力与信誉度、初稿质量等。

第十一条 政策法规司会同相关职能司组织对立项建议进行审核。审核通过的气象标准项目经公示无异议,属国家标准的,按照有关程序和要求报送国务院标准化行政主管部门批准立项；属行业标准的，经中国气象局批准后纳入气象标准制修订计划。

第十二条 在执行气象标准制修订计划的过程中，确需对项目名称和标准内容进行实质性更改、负责起草单位和第一起草人变更或者撤项等调整的，按照以下程序进行：

（一）确需调整的气象国家标准制修订计划项目，由负责起草单位填写气象国家标准计划项目调整申请表（见附表 2），经所在直属企事业单位或者省级气象主管机构以及标委会和政策法规司审核同意后，报送国务院标准化行政主管部门批准；

（二）确需调整的气象行业标准制修订计划项目，由负责起草单位填写气象行业标准计划项目调整申请表（见附表 3），经所在直属企事业单位或者省级气象主管机构以及标委会和政策法规司审核同意后，报送中国气象局批准。

标准计划项目调整申请未被批准的，仍按照原计划执行。

第十三条 对于计划外急需的气象标准项目，由相关职能司组织评审后提出立项建议。政策法规司根据标准体系及规划对立项建议进行审核。审核通过的，属于国家标准的，按照有关程序和要求报送国务院标准化行政主管部门申请立项；属于行业标准的，由政策法规司报送中国气象局批准后补充立项。

第三章 编 制

第十四条 气象标准制修订计划下达后，负责起草单位应当及时组织成立标准起草组，制订标准编制工作计划。

第十五条 起草组应当按照工作计划，在气象标准制修订计划下达之日起八个月内完成标准征求意见材料（包括标准征求意见稿、编制说明、征求意见单位和专家建议名单），并由负责起草单位报送给所在直属企事业单位或者省级气象主管机构。

第十六条 编制说明一般包括：

（一）任务来源、协作单位、主要工作过程、标准主要起草人及其所做的工作等工作简况；

（二）标准编制原则和确定标准主要内容（如技术指标、参数、公式、性能要求、试验方法、检验规则等）的论据（包括试验、统计数据）。修订标准时，应增加新旧标准水平的对比；

（三）主要试验（或者验证）的分析、综述报告，技术、经济论证，预期效果；

（四）采用国际标准和国外先进标准的程度，以及与国际、国外同类标准水平的对比情况，或者与测试的国外样品、样机的有关数据对比情况；

（五）与有关的现行法律、法规和强制性标准的关系；

（六）重大分歧意见的处理经过和依据；

（七）作为强制性标准或者推荐性标准的建议；

（八）贯彻标准的要求和措施建议，包括组织措施、技术措施、过渡办法等内容；

（九）废止现行有关标准的建议；

（十）其他应予说明的事项。

对需要有样品对照的标准，一般应在审查标准前制备相应的标准样品。

第四章 征求意见

第十七条 直属企事业单位或者省级气象主管机构应对收到的征求意见材料的齐全性、规范性及主要技术内容进行审核。符合要求的，报送标委会；不符合要求的，退回负责起草单位，解决问题后再行审核。时间周期为十个工作日。

第十八条 标委会应对收到的征求意见材料的齐全性、规范性及主要技术内容进行审核。符合要求的，确定征求意见范围并出具征求意见函；不符合要求的，退回报送单位，解决问题后再行审核。时间周期为十五个工作日。

第十九条 负责起草单位根据标委会出具的征求意见函组织征求意见，征求意见时间一般不少于一个月。

征求意见的对象应包括标委会全体委员以及相关的业务、服务、科研、教学、管理、产品生产等单位或专家。收回的反馈意见应不少于三十五件，其中来自气象部门外的单位或专家反馈意见一般不少于五件。

被征求意见的单位或专家应在规定期限内反馈意见，如没有意见也应复函说明。对比较重大的意见，还应说明论据或提出论证。

第二十条 负责起草单位应当在征求意见结束后，组织起草组对反馈意见进行归纳整理，逐条给出处理意见，并将标准送审稿、编制说明、征求意见汇总处理表(见附表4)等标准送审材料报送所在直属企事业单位或者省级气象主管机构。时间周期为两个月。

负责起草单位对存在争议的技术问题，应当进行专题调研和测试验证。

第五章 审 查

第二十一条 直属企事业单位或者省级气象主管机构应对收到的送审材料的齐全性、规范性及主要技术内容进行审核。符合要求的，报送标委会；不符合要求的，退回负责起草单位，解决问题后再行审核。时间周期为十个工作日。

第二十二条 标委会应当及时组织标准预审查。预审查采取会议形式，参加预审查会议的专家一般不少于五人。

预审查后，标委会应当将讨论修改后的标准送审材料报送政策法规司，由政策法规司会同相关职能司提出能否提交审查的意见。可以提交审查的，由政策法规司交由标委会组织审查；不能提交审查的，负责起草单位按照反馈的意见修改后重新报送。

标准预审查和审查应当在收到直属企事业单位或者省级气象主管机构报送的标准送审材料之日起五个月内完成。

第二十三条 标准审查应当符合国家有关规定和以下要求：

（一）标准审查一般采取会议形式，参加标准审查的专家应当具有广泛代表性和技术权威性。标准起草人不得作为审查专家；

（二）标委会应当提前将标准送审材料送达参加会议的专家；

（三）标准审查必须有不少于出席审查会专家人数的四分之三同意为通过。会议应审议通过审查会议纪要和审查会意见汇总处理表。

第二十四条 标准审查的内容包括：

（一）是否符合标准制定程序；

（二）是否符合国家有关法律法规的规定；

（三）是否与现行标准协调统一；

（四）主要技术内容是否具有科学性、合理性和可行性，重大分歧意见是否得到妥善处理；

（五）是否符合标准编写规则。

第二十五条 负责起草单位应当在标准通过审查后一个月内将标准报批稿、编制说明、审查会议纪要、审查会意见汇总处理表（见附表5）、审查会专家名单、标准送审稿、征求意见汇总处理表等标准报批材料报送直属企事业单位或者省级气象主管机构。

第六章 批准与发布

第二十六条 直属企事业单位或者省级气象主管机构应对收到的标准报批材料进行审核。符合要求的，报送标委会；不符合要求的，退回负责起草单位，解决问题后再行审核。时间周期为十个工作日。

标委会应对收到的标准报批材料进行审核。符合要求的，报送政策法规司；不符合要求的，退回报送单位，解决问题后再行审核。时间周期为十五个工作日。

第二十七条 气象标准由政策法规司委托中国气象局气象干部培训学院标准化与科技评估室对标准内容的合理性、标准间的协调性以及标准编写的规范性等进行复核。

标准化与科技评估室在收到报批材料之日起一个月内将复核意见告知起草组，并抄送标委会和直属企事业单位或者省级气象主管机构。起草组修改后及时将标准报批材料返回标准化与科技评估室。标准化与科技评估室将符合要求的标准报批材料以及复核意见汇总处理表（见附表6）报送政策法规司并抄送标委会和直属企事业单位或者省级气象主管机构。复核周期不超过三个月。

第二十八条 政策法规司对复核后的标准报批材料进行审核并会签相关职能司后，属国家标准的，按照有关程序和要求报送国务院标准化行政主管部门批准发布；属行业标准的，报送中国气象局批准、编号、发布。

第七章 复 审

第二十九条 气象标准实施后，标委会应当根据科学技术的发展和社会经济建设的需要适时组织复审，复审周期一般不超过五年。

第三十条 标准复审可采用会议审查或者函审的方式进行，一般要有相关职能司、标准应用单位以及参与该标准审查的专家参加。标准复审的主要内容包括：

（一）是否符合国家现行的法律法规；

（二）技术内容和指标是否能够反映当前的技术水平；

（三）是否符合实际需要，对规范气象技术、管理和服务工作，提高经济效益和社会效益是否有推动作用；

（四）是否与现行相关标准协调。

第三十一条 复审结果按照下列情况分别处理：

（一）不需要修改的标准确认继续有效。确认继续有效的标准不改动顺序号和年号。当标准再版时，在标准封面的标准编号下注明"××××年确认有效"字样；

（二）需作修改的标准，作为修订项目列入计划。标准修订程序与标准制定程序相同。修订后的标准顺序号不变，将年号改为重新发布时的年号；

（三）已无存在必要的标准，予以废止。

第三十二条 标委会应当在复审结束后一个月内向政策法规司提交复审报告，内容包括复审简况、处理意见、复审结论等。

政策法规司对复审结论进行审核并会签相关职能司后，属国家标准的，按照有关程序和要求报送国务院标准化行政主管部门批准发布；属行业标准的，报送中国气象局批准发布。

第八章　附　则

第三十三条 气象标准制修订过程中形成的有关资料，应当按照标准档案管理规定的要求及时归档。

第三十四条 本细则自发布之日起实施。

附表：1. 气象标准项目申请表（略）
2. 气象国家标准计划项目调整申请表（略）
3. 气象行业标准计划项目调整申请表（略）
4. 征求意见汇总处理表（略）
5. 审查会意见汇总处理表（略）
6. 标准复核意见汇总处理表（略）

气象部门审计结果整改情况跟踪检查办法

（气发〔2013〕125号）
2013年12月25日

第一章　总　则

第一条　为进一步规范气象部门审计结果整改情况跟踪检查工作，充分发挥内部审计监督服务作用，保证审计效果，根据《中华人民共和国审计法》和《中国内部审计准则》等有关规定，制定本办法。

第二条　本办法所称审计结果，是指气象部门内部审计机构依法作出的审计报告、审计决定书、审计建议书等业务文书中，需要被审计单位执行、采纳或有关机构配合落实的事项。

第三条　本办法适用于气象部门内部审计机构为跟踪检查被审计单位针对审计结果所采取的纠正措施及其改进效果而进行的审查和评价活动。

第四条　跟踪检查工作按照职责管理权限实行统一管理、分级负责，由内部审计机构纳入年度工作计划并组织实施。

第五条　被审计单位负责对审计中发现的问题和审计建议等采取纠正和改进措施。内部审计机构负责评价被审计单位采取的纠正和改进措施是否及时、合理、有效。

第二章　跟踪检查的程序、内容和方法

第六条　跟踪检查程序：

（一）成立检查组，编制检查方案；

（二）提前3日向被审计单位送达检查通知书，特殊情况可以在实施检查时送达；

（三）开展检查，反馈检查情况；

（四）形成检查报告，经分管领导审定后送达被审计单位并抄送相关机构。

第七条　按照重要性原则，内部审计机构应当采取下列方式开展跟踪检查：

（一）现场检查；

（二）取得并审阅相关书面反馈材料；

（三）其他方式。

第八条　跟踪检查的内容包括：

（一）被审计单位对审计发现问题的整改情况；

（二）被审计单位对审计意见、建议的采纳情况；

（三）被审计单位建立健全内部控制制度及执行情况；

（四）被审计单位落实上级有关批示意见情况；

（五）对责任单位和责任人的追究处理情况；

（六）未达到整改要求的原因和责任认定。

第九条　跟踪检查方法：

（一）调阅气象部门内部审计机构出具的审计报告、审计决定书、审计建议书等文书；

（二）听取被审计单位整改情况汇报；

（三）查阅被审计单位内部控制制度的建立情况，对制度执行

的有效性进行穿行测试；

（四）审核审计整改情况的相关证明材料；

（五）了解移送纪检、监察机构事项的后续处理情况。

第三章　跟踪检查的要求和责任追究

第十条　被审计单位应当在规定的期限内进行整改。整改时间一般为 30 日，特殊情况下经内部审计机构同意可适当延长，最长不超过 3 个月。

第十一条　被审计单位应当提供整改情况报告。整改情况报告的主要内容包括：

（一）对审计发现问题的整改情况；

（二）对审计意见、建议的采纳情况；

（三）健全规章制度及改进措施情况；

（四）落实上级有关批示意见情况；

（五）对有关责任部门和责任人的追究处理情况；

（六）未整改或未完全整改事项的原因，以及整改计划和时限等。

第十二条　内部审计机构应当对跟踪检查情况进行报告。内部审计机构在完成跟踪检查后 15 日内出具跟踪检查报告。跟踪检查报告的主要内容包括：

（一）检查工作开展情况，主要包括检查时间、范围、对象和方式等；

（二）被审计单位和其他有关单位的整改情况；

（三）未整改或未完全整改事项的原因和意见；

（四）对被审计单位整改情况的综合评价。

第十三条　被审计单位为审计整改工作责任单位，被审计单位主要负责人为审计整改工作的第一责任人。

第十四条 内部审计机构应当将跟踪检查结果纳入对被审计单位的年度内部审计工作考核。

第十五条 各相关职能机构应当加强对审计结果整改工作的协调和指导。人事、计财、法规、业务、纪检监察、审计等机构应当按照管理职能,针对审计发现的突出问题,完善相关管理制度,提出相应处理意见。

第十六条 对整改不力、屡查屡犯、弄虚作假、拒不整改的被审计单位,由内部审计机构给予通报批评;情节严重的,由人事、纪检监察机构依据有关规定追究主要负责人的责任。

第四章 附 则

第十七条 本办法由中国气象局审计室负责解释。各省(区、市)气象局应当根据本办法,结合实际情况,制定实施细则。

第十八条 本办法自 2014 年 1 月 1 日起施行。《气象部门落实审计结果整改情况跟踪检查暂行办法》(气纪函〔2008〕1 号)同时废止。

气象部门企业财务管理办法

（气发〔2013〕126 号）
2013 年 12 月 28 日

第一章　总　则

第一条　为了加强气象部门所属企业的财务管理，提高资金效益，规范财务行为，促进统筹集约，明确经济责任，促进气象部门企业的健康发展，根据《公司法》、《企业国有资产法》、《企业财务通则》、《企业内部控制基本规范》等制定本办法。

第二条　各级气象事业单位（包括地方机构编制部门批准的事业单位和自收自支事业单位，以下简称单位）和民间非盈利组织及社会团体设立的全资、控股或实际控制的企业（以下简称企业）适用本办法。

第三条　气象部门企业财务管理遵循以下原则：

（一）统一管理。企业管理应以投资者为主体。经营者对投资人负责，企业遵循自主经营的原则，但资金、资产、投资、担保、利润分配等重大事项，经营者应定期向投资者报告。

（二）统筹集约。企业应充分利用各类资源，形成资金和资产的良性循环和集约管理。

（三）经济效益。企业应在发挥社会效益的同时注重盈利性，提高整体实力和市场竞争力，确保国有资产保值增值。

（四）风险控制。企业应对实收资本增减、资金筹集、资本运营、资产处置、对外担保、利润分配、企业撤并重组等经营管理事项进行内部风险评估控制。

第四条 无论个人是否参与分红，单位不得以个人集资入股方式设立企业。单位党政领导干部和参公单位人员不得担任企业法定代表人，也不得在企业兼职并领取报酬。

第二章 管理职责

第五条 投资者以对企业投资占企业实收资本的比例或按《公司法》规定的其他方式确定对企业的管理权限。投资者财务管理职责主要包括：

（一）理顺投资关系，建立现代企业制度，对企业承担有限责任。

（二）审议企业章程、企业发展规划、经营战略，审批企业年度财务预算。

（三）决定企业购建、处置重大资产（如房屋、土地、车辆、大型仪器设备）、筹资、投资、担保、捐赠、重组、经营者报酬、利润分配等重大财务事项。

（四）决定企业聘请或者解聘会计师事务所、资产评估机构等中介机构事项。

（五）检查企业财务报告和资产评估报告，对经营成果和财务运行状况、财务会计信息质量进行监督。

（六）评价企业效益，考核经营者经营业绩。

（七）视情况向投资规模较大企业委派或推荐财务总监。规模较大企业指年营业额 10000 万元及以上或投资在 3000 万元及以上的全资或者控股企业。

第六条 投资者应当通过股东会、董事会或者其他形式的机构履行对企业的财务监管职责，也可以通过企业章程、内部制度、合同约定等方式将部分财务监管职责授予经营者。

第七条 经营者财务管理职责主要包括：

（一）依法开展独立经营，负责国有资产保值增值，加强企业内部管理等。

（二）拟订企业各项管理制度、发展规划、经营战略，编制年度财务计划。

（三）组织实施企业发展规划、经营战略和年度财务计划等。

（四）执行国家有关职工劳动报酬和劳动保护的规定，依法缴纳社会保险费、住房公积金等，保障职工合法权益。

（五）组织财务预测和财务分析，实施财务控制。

（六）编制并提供企业财务会计报告，如实反映财务信息等情况。

（七）配合有关机构进行依法审计、评估、检查等工作。

第三章　运营管理

第八条 企业应遵循《企业会计准则》，符合《中小企业划型标准规定》的企业遵循《小企业会计准则》。企业应合理选择会计政策。企业会计政策一经选定不得随意变更。因政策环境等因素发生变化确实需要变更的，应报投资者委托的管理机构或董事会批准，同时报当地税务主管部门备案。

第九条 企业应根据国家有关内部控制规范和部门规章，制定并实施财务人员内部牵制制度、审批报销制度、合同管理制度、资产管理制度、存货管理制度以及会计档案管理制度等内部控制制度。

第十条 企业应加强应收款项管理，评估客户信用风险，跟踪客户履约情况，落实收账责任，减少坏账、呆账损失。

第十一条 企业对外投资应进行可行性研究，按照审批权限的规定履行批准程序。企业对外投资应签订书面合同，明确企业投资权益，实施财务监管。依据合同支付投资款项，应按照企业内部审批制度执行。

第十二条 企业合并、分立、转让、公司制改建等，应当在做好可行性研究的基础上，对各项资产进行全面清查，编制清查日资产负债表、财产清册和债权债务清单，与债权银行依法订立债务保全协议，制定包括职工安置、债权债务承继、转让价款结算、企业重整等内容的方案。

第十三条 企业实行公司制改建，母体企业或者存续企业必须与公司制企业实行人、财、物和经营业务分开，防止国有资产流失。子公司实行公司制改建时，对没有纳入改建范围的国有资本，应当划转给母公司或者母公司其他全资子公司持有。

第十四条 企业应加强采购管理，建立完善有效的采购管理制度，达到限额标准的采购事项要在采购活动中严格遵守《中华人民共和国招标投标法》。

第十五条 企业对外担保应根据被担保单位的资信及偿债能力，按照内部审批制度采取相应的风险控制措施，并设立备查账簿登记，实行跟踪监督。

第十六条 企业对外捐赠应制定实施方案，明确捐赠范围和条件，落实执行责任，严格办理捐赠资产交接手续。

第十七条 企业从事期货、期权、证券、外汇交易等业务或者委托其他机构理财，应按规定审批权限报批，并建立交易报告制度。

第十八条 企业发生关联交易的，应按照独立企业之间的交易计价结算。投资者或者经营者不得利用关联交易非法转移企业经济利益或者操纵关联企业的利润。

第四章 资产管理

第十九条 企业应按照《企业国有资产监督管理条例》进行资产管理。

第二十条 企业应当制定存货管理制度，建立健全采购、验收、存储、发货等各个环节的内部控制制度。

（一）采购。企业应加强采购管理，建立完善有效的采购管理制度。企业应当建立合同的财务审核制度，明确业务流程和审批权限，实行财务监控。

（二）验收。由独立于采购人员、材料保管人员的验收人员对采购的材料进行验收入库，并签发材料入库单。采购人员凭采购材料的合法原始凭证和材料入库单到单位财务部门核销相关支出，财务部门对有关原始凭证与采购合同核对一致后予以核销，并按规格、型号等登记材料明细账。

（三）存储。材料保管人员应定期对库存材料进行盘点，并将库存材料盘点表与财务部门材料明细账核对。核对不一致的应当及时查明原因并做相应处置。

（四）发货。销售产品时应编制材料出库单送单位财务部门审核，并相应核销材料明细账；材料保管人员根据财务部门审核后的出库单发货。

第二十一条 企业通过自创、购买、接受投资等方式取得的无形资产，应依法明确权属，落实有关经营、管理财务责任。无形资产出现转让、租赁、质押、授权经营、连锁经营、对外投资等情形时，企业履行相关报批手续后，签订书面合同，明确权利义务，合理确定交易价格。

第二十二条 企业将产权属于自己的资产委托其他单位进行经营的，必须与受托方签订委托经营协议。企业应根据备案的合同定期对资产出租、出借有关单位收取的租金情况等进行检查。

第二十三条 企业在建工程项目交付使用后，应在交付后三个月内办理项目工程结算和竣工财务决算。

第二十四条 企业应建立各项资产损失或者减值准备管理制度。对可收回或者继续使用以及无证据证明实际损失的资产，企业不得核销。

第二十五条 企业发生的资产损失，应及时予以核实、查清责任，追偿损失，按照规定程序处理。

企业重组中清查出的资产损失，经批准后依次冲减未分配利润、盈余公积、资本公积和实收资本。

第二十六条 企业应建立固定资产购建、使用、处置制度。

企业所使用的固定资产要纳入企业财务和资产管理部门统一管理，并建立固定资产台账。对资产的报废、处置、出租、转让、调拨等应按照《企业国有资本与财务管理暂行办法》、《企业国有产权转让管理暂行办法》、《国资委 财政部关于企业国有产权转让有关事项的通知》等有关规定执行。

第五章 收入管理

第二十七条 企业应建立健全财务收支计划（预算）审批制度。企业应于每年年底或下年年初编制下一年度的收入、支出、成本、费用、税金、利润等计划（预算），报出资人审批，或由出资人委托董事会（股东会、其他形式机构）审批。

第二十八条 投资者、经营者及其他职工履行本企业职务或者以企业名义开展业务所得的收入，包括销售收入以及对方给予的销售折扣、折让、佣金、手续费、劳务费、提成、返利、业务奖励等收入，全部属于企业收入。

第二十九条 企业要制定相应的内部管理制度，确保收入的完整性。

第三十条 涉及某些科技服务收入的企业应当按照物价部门核定的收费项目和标准组织实施。

第三十一条 企业应建立发票管理制度和领取、使用、缴销管理办法，严禁向服务对象出具空白发票。

第三十二条 企业取得的收入必须及时、足额缴纳到财务部门，严禁私设“小金库”或“账外账”。

第三十三条 企业应遵守银行账户管理的有关规定，由财务部门统一办理银行账户开立、变更等手续，并由财务部门统一负责所有银行账户的使用和管理。

第六章 成本费用管理

第三十四条 企业应建立成本控制系统，强化成本预算约束，推行质量成本控制办法，实行成本定额管理、全员管理和全过程控制。

第三十五条 企业实行费用归口、分级管理和预算控制，建立必要的费用开支范围、标准和报销审批制度。

第三十六条 企业技术研发和科技成果转化项目所需经费，可通过建立研发准备金筹措，据实列入相关资产成本或者当期费用。

第三十七条 企业应严格按照国家和部门规定的成本费用开支范围、开支标准，以及内部成本费用管理制度规定，从严控制成本费用支出、准确核算成本费用。企业成本费用包括产品成本和期间费用。

(一)产品成本是指企业在生产产品过程中所发生的材料费用、职工薪酬等，以及不能直接计入而按一定标准分配计入的各种间接费用。具体包括：直接用于主营业务的材料消耗、人员工资及福利、劳务费、燃料和动力费、固定资产折旧、信息资源费、信息产品加工费、资料费、协作费、制作费、研发费、技术服务费、资产占用费、办公费、取暖费、水电费、物业费、通讯费、差旅费、车辆维持费、交通费、会议费、租赁费、运输费、仓储费等各项费用和应缴纳的各项税费。

（二）期间费用是指不计入产品成本的生产经营成本，包括营业费用、管理费用和财务费用。期间费用应当直接计入当期损益。

营业费用包括企业经营过程中发生的运输费、装卸费、包装费、保险费、展览费和广告费，以及为销售本企业商品发生的营销人员工资及福利费、类似工资性质的费用、业务费等。

管理费用包括企业的董事会和行政管理部门在企业的经营管理中发生的，或者应当由企业统一负担的公司经费，包括企业行政管理部门职工工资、修理费、物料消耗、低值易耗品摊销、办公费、差旅费、工会经费、待业保险费、劳动保险费、董事会费、聘请中介机构费、咨询费（含顾问费）、诉讼费、业务招待费、房产税、车船使用税、土地使用税、印花税、技术转让费、无形资产摊销、职工教育经费、研究与开发费、排污费、存货盘亏或盘盈（不包括应计入营业外支出的存货损失）、计提的坏账准备和存货跌价准备等。

财务费用包括应当作为期间费用的利息支出（减利息收入）、汇兑损失（减汇兑收益）以及相关的手续费等。

第三十八条　企业发生销售折扣、折让以及支付必要的佣金、手续费、劳务费、提成、返利、业务奖励等支出的，应依据国家相关管理规定，签订相关合同，履行审批手续。

第三十九条　企业成本核算应严格按照《企业产品成本核算制度（试行）》（财会〔2013〕17 号）规定执行。

第四十条　企业应按照劳动合同及国家、部门有关规定支付职工报酬，对经营者和技术骨干可实行与其他职工不同的薪酬办法。

第四十一条 企业应依法为职工支付基本医疗、基本养老、失业、工伤等社会保险费，所需费用直接作为成本（费用）列支。具有持续盈利能力和支付能力的，可以为职工建立补充医疗保险和补充养老保险，所需费用按照省级以上人民政府规定的比例从成本（费用）中提取，超出规定比例的部分，由税后利润支付或由职工个人负担。企业应为从事高危作业的职工缴纳团体人身意外伤害保险费，所需费用按规定直接作为成本（费用）列支。不得为非从事高危作业的职工缴纳商业保险。

第四十二条 企业为职工缴纳住房公积金以及职工住房货币化分配的财务处理，按照国家有关规定执行。职工教育经费按照国家规定的比例列支，专项用于企业职工职业教育和职业培训。工会经费按照国家规定比例提取并拨缴工会。有条件的企业可以为职工支付企业年金。

第四十三条 企业不得承担属于个人的下列支出：

（一）娱乐、健身、旅游、招待、购物、馈赠等支出。

（二）购买商业保险、证券、股权、收藏品等支出。

（三）个人行为导致的罚款、赔偿等支出。

（四）购买住房、支付物业管理费等支出。

（五）应由个人承担的其他支出。

第七章　收益分配

第四十四条 企业出售股权投资，应在获得批准之后按照规定的程序和方式进行。股权投资出售底价，参照资产评估或公允价值结果确定，并按照合同约定收取所得价款。在履行交割时，对尚未收款部分的股权投资，应按照合同约定结算，取得受让方提供的有效担保。

第四十五条 企业发生的年度经营亏损，依照税法的规定弥补。税法规定年限内的税前利润不足弥补的，用以后年度的税后利润弥补，或者经投资者审议后用盈余公积弥补。

第四十六条　企业年度净利润，除法律、行政法规另有规定外，按照以下顺序分配：

（一）弥补以前年度亏损。

（二）提取10%法定公积金。法定公积金累计额达到注册资本50%以后，可以不再提取。

（三）提取任意盈余公积金。任意盈余公积金提取比例由投资者决议。

（四）向投资者分配利润。企业以前年度未分配的利润，并入本年度利润，企业统筹考虑自身发展情况、任务完成情况、投资者资金需求情况等各方面因素后向投资者分配。

第四十七条　企业弥补以前年度亏损和提取盈余公积后，当年没有可供分配的利润时，不得向投资者分配利润，但法律、行政法规另有规定的除外。

第四十八条　企业其他国有资本收益，包括国有产权转让收入、企业清算收入、其他国有资本收益，由企业或者省级以下（含省级）国有资产管理部门授权的机构，据实向上级主管部门申报。

第八章　监督管理

第四十九条　全资企业及控股企业的会计账簿应实现财务电算化，各单位要充分利用财务信息平台，促进企业财务管理从核算型向管理型转化，进一步加强对所属企业财务统一监督与管理。

第五十条　全资企业及控股企业的会计核算应全部纳入各级财务部门或企业集团。控股但不参与经营的企业，会计核算可不纳入，但需报上级主管部门备案。

第五十一条　企业财务管理部门和财务会计人员不履行职

责，导致财务管理混乱，造成损失的，应追究其责任，并按相关规定处罚。财务人员涉嫌违纪或犯罪的，应移送纪检监察部门或司法机关处理。经营者授意财务会计人员不按国家、部门规定处理财务会计业务的，按照有关规定追究领导责任和财务管理部门领导及有关会计人员的责任。

经营者决策失误造成重大损失的，应追究领导决策失误责任。

第五十二条 企业应当完善各项内部财务控制制度和民主决策制度。重大支出事项必须集体研究决定。

第五十三条 企业财务情况必须定期公开，接受上级主管部门和群众监督。

第五十四条 加强对企业财务的监督。加强财务信息情况的动态管理，建立财务报告制度。中国气象局不定期对各企业的财务管理进行抽查；各省、自治区、直辖市和计划单列市气象局对所属企业财务信息至少每两年检查一次，不断规范气象部门企业财务管理。对检查中发现的问题，单位应及时整改。对涉嫌违纪或犯罪的，应移送纪检监察部门或司法机关处理，并视问题性质和情节轻重，按照有关规定追究单位领导的责任。

第九章　附　则

第五十五条 各省、自治区、直辖市气象局以及计划单列市气象局可按照本办法，结合实际情况制定实施细则。

第五十六条 气象部门实行企业化管理的事业单位参照本办法执行。

第五十七条 本办法自 2014 年 1 月 1 日起施行，原《气象部门企业财务管理暂行办法》（气办发〔2011〕53 号）同时废止。

气象部门事业单位科技服务财务管理办法

（气发〔2013〕127号）

2013年12月28日

第一章　总　则

第一条　为加强气象部门科技服务财务管理，根据国家有关规定和中国气象局《关于印发〈气象科技服务管理暂行办法〉的通知》（气发〔2007〕268号）的有关精神，结合气象部门财务管理工作实际情况，制定本办法。

第二条　气象科技服务，是指利用气象业务服务产品、科研成果和资产等国有资源，在确保公益性气象服务的前提下，根据经济社会发展和市场需求，依照国家有关政策和法规开展的各类服务。

第三条　各级气象事业单位（包括地方机构编制部门批准的事业单位和自收自支事业单位，以下简称单位），开展气象科技服务（以下简称科技服务）的财务管理活动，应当遵守此办法。

第四条　各级气象主管机构的计划财务管理部门负责对科技服务进行财务管理和监督。科技服务资金必须纳入单位财务部门统一管理，统一核算。

第五条　各单位主要负责人是科技服务财务管理的第一责任

人，对本单位科技服务管理制度的建立健全和有效实施负责。

第二章 预算管理

第六条 单位直接从事科技服务取得的各项收入，附属单位和企业上缴给单位的收入，以及发生的相关支出，应当按照中央部门预算管理规定、中央政府非税收入管理等规定全部纳入本单位部门预算，任何单位(或部门)不得以任何名义将科技服务资金截留在部门预算以外。在编制部门预算时，应按照综合预算的原则统筹考虑财政资金、气象科技服务资金和其他资金情况编制。未纳入部门预算的一律不得支出。

第七条 实行气象科技服务资金目标管理的单位，下达的目标应充分考虑事业发展的需求以及创收的可行性，并与预算编制相结合。

第八条 按本办法第六条规定纳入单位部门预算管理的科技服务收入和支出，应根据年度部门预算编制的要求编制预算。

(一)收入预算。单位从事科技服务取得的各项收入应根据收入性质分别在“事业收入”、“经营收入”和“其他收入”科目中编列；附属单位和企业上缴的收入在“附属单位上缴收入”科目中编列；取得上级单位对本单位的补助经费在“上级补助收入”科目中编列。

(二)支出预算。单位从事科技服务发生的各项支出，凡属于单位自身使用的部分，应视具体支出性质分别在“基本支出”、“项目支出”、“经营支出”中编列，“经营支出”应与“经营收入”配比。其中基本支出预算按照气象部门基本支出综合定额编制，项目支出预算按照批准的项目内容和建设标准编制。不属于单位自身使用的部分，应在“上缴上级支出”或“对附属单位补助支出”中编列。

第三章　投资管理

第九条　单位使用科技服务资金对外投资应按《气象部门国有资产使用管理暂行办法》的规定履行审批程序。

第十条　单位不得利用科技服务资金从事股票、期货、基金、企业债券等投资。

第十一条　单位以非货币性资产进行对外投资的，要按照《国有资产评估管理办法》（国务院令第 91 号）、《国有资产评估管理若干问题的规定》（财政部令第 14 号）、《事业单位国有资产管理暂行办法》（财政部令第 36 号）等有关规定，选择具有相应资质的中介机构进行资产评估。

第十二条　单位对外投资，应当视情况分别记入单位"短期投资"或"长期投资"科目，不得记入"其他应收款"等往来科目。对外投资取得的收益，应当记入单位"其他收入—投资收益"科目，不得直接冲减"短期投资"、"长期投资"科目或"其他应收款"等往来科目。

第四章　收入管理

第十三条　气象科技服务收入是指各级气象部门以气象科学技术为依托，在为国民经济各行业、各部门、各类社会经济组织及公民个人提供服务时取得的收入。具体包括："专业气象服务收入"、"电视信息广告收入"、"'12121'固定和移动电话收入"、"手机短信收入"、"防雷装置设计技术评价收入"、"雷电灾害风险评估收入"、"气候可行性论证收入"、"防雷装置检测（含新建防雷装置施工跟踪检测）收入"、"气象仪器计量检定收入"、"资产出租出借收入"等。

第十四条　单位应当按照物价部门核定的收费项目和标准组织科技服务收入;对属于市场行为,物价部门没有核定收费标准的科技服务收入项目,其收费标准由单位与服务对象自行协商确定,并在签订的科技服务合同中明确列示收费金额。

第十五条　单位向服务对象按标准收取费用时,需要减免的,应按照有关规定由服务对象出具减免批准文件或减免审批单,并按规定程序办理。

第十六条　单位在向服务对象收取费用时,应按照有关规定使用财政票据或税务部门统一印制的发票,由财务部门统一出具。特殊情况需要科技服务人员出具的,由科技服务人员提出申请,经单位负责人批准后方可领取整本票据或发票,并指定专人负责。单位应建立票据和发票管理制度,规范票据和发票的领用、缴销。严禁向服务对象出具空白票据或发票。

第十七条　单位开展科技服务取得的各项收入,必须按照国家有关税收法规规定,依法纳税。

第十八条　单位取得的科技服务收入必须及时、足额缴纳到单位财务部门,严禁私设"小金库"或"账外账"。以现金方式收取的气象科技服务收入,应在当天交财务部门,特殊情况下经批准后可适当延长,但最多不超过3个工作日。单位财务部门在入账时,应核对以下资料:

(一)所缴的现金或转账支票金额与所开具的票据或发票金额是否一致。

(二)所缴的现金或转账支票金额与物价部门核定的收费项目和标准所计算的应收金额是否一致,如涉及收费减免的,应提供收费减免批准文件或减免审批单。

(三)所缴的现金或转账支票金额与科技服务合同中明确列示的收费金额是否一致。

(四)服务对象以实物或服务抵扣费用的,应按合同执行,合同未明确的必须经批准，并以所开具的票据或发票金额确认收入，同时核对相关实物或服务内容。如服务对象暂未提供相关实物或服务的，应在“应收账款”中反映，并在提供相关实物或服务时相应冲抵“应收账款”。

（五）单位开出发票暂未收到服务对象资金的，科技服务人员应及时将发票记账联交单位财务人员入账，在“应收账款”科目反映。单位应定期对科技服务收入“应收账款”进行催收，避免长时间形成呆账。

第十九条 有条件的单位，应当实行科技服务收入收缴分离的办法。应当完善科技服务各项内部控制制度并严格执行。

第二十条 单位不得以任何名义将本单位资金违规转移到企业作为企业收入。

第二十一条 单位应遵守银行账户管理的有关规定，由财务部门统一办理银行账户开立、变更等手续，并由财务部门统一负责所有银行账户的使用和管理。

第二十二条 单位应完善收入内部控制机制。服务、开票、收费等不得由同一人员担任。对外提供的各类服务报告要统一印制、统一编号，报告应注明被服务对象的详细地址，服务内容，收费依据、标准等，其中收费合同一式四联，服务对象、服务部门、财务部门各一联，管理部门备案一联。单位应不定期对各类收入情况进行检查。

科技服务收入应及时上交财务部门。财务部门收到服务部门交来的款项后，应根据收费标准和相关报告及合同注明的事项，计算应收取的费用，并与实际收到资金、开具发票金额进行核对。实际收到的资金与应收取的费用不一致的，服务部门应书面说明原因。属于减免检测费的，应提供减免文件或其他依据；属于对方欠缴的，服务部门应书面说明原因。相关报告结论页、发票、服务部门的书面说明、减免文件或依据等应作为财务部门入账的原始凭证。

第二十三条 资产出租出借收入及管理。

单位将资产委托下属单位进行出租出借的，受托方取得的资产出租出借收入，应记入受托方“其他应付款”等往来科目，在扣除相关税费后，必须全额上缴委托方；委托方单位收到上缴款后，应记入“其他收入”等收入类科目，不得在“其他应付款”等往来类科目列收列支。受托方不得在受托经营资产取得的收入中开支其自身的支出，委托方不得以抵顶上缴收入等方式在受托方开支有关支出。

单位或受托方出租出借资产时，应与承租方或借入方签订资产租赁（借出）合同。合同应由单位统一编号，一式四份，承租方或借入方、单位或受托方资产经营部门、财务部门各一份，向资产出租出借审批单位备案一份。

资产经营部门收取租金等应及时交财务部门。财务部门收到承租方、借入方或资产经营单位交来的租金后，应核对合同约定租金、实际收到租金、开具发票金额三者的一致性。实际收到的租金与合同约定的租金不一致的，资产经营单位应书面说明原因。属于承租方、借入方欠缴的，承租方、借入方应出具欠条；属于合同变更的，应提供变更后的合同。合同（包括变更后的合同）、发票、资产经营单位的书面说明、承租方或借入方出具的欠条等应作为财务部门入账的原始凭证。

第五章　成本管理

第二十四条 科技服务成本是指单位为开展科技服务而发生的直接物化成本、工资、劳务成本及其他成本费用支出。具体包括：直接用于开展科技服务的材料消耗、固定资产折旧；支付给从事科技服务人员的工资及劳务支出；支付给从事公益气象事业单位和上级管理部门的信息资源费、资料费、协作费；发生的各项税费；开展科技服务所发生的办公费、取暖费、水电费、通讯费、差旅费、车辆维持费、交通费、会议费、招待费、租赁费、信息费、劳务费、广告费等各项费用。

第二十五条 单位科技服务成本核算，应按照收入与费用配比原则进行。

第二十六条 固定资产折旧按照规定的折旧方法足额计提，已列入事业支出的固定资产购置成本，其计提的折旧不允许再列入经营支出；发生的取暖费、水电费、通讯费、差旅费、车辆维持费、交通费、会议费、房屋租赁费等按照实际发生数如实计入成本，如与单位发生的相关费用无法分清的，按照分摊的原则计算分摊金额计入成本。

第二十七条 单位支付气象信息资源使用费的具体金额应根据客观量化的依据，与有关单位协商确定。支付气象信息资源使用费等有关资金，必须以单位与其他单位签订的合同为依据，不得以现金形式支付，不得将资金直接返回给个人或其他单位。

第二十八条 单位未从事科技服务的人员，其人员支出和其他支出不得挤占单位科技服务成本；应在企业成本中列支的支出不得挤占单位的支出。

第二十九条 严格控制科技服务活动中的现金使用。从事科技服务人员的工资和劳务应以银行卡形式发放；按要求使用公务卡和转账支票，严格控制零星现金支出。

第六章 资产和材料管理

第三十条 单位开展科技服务所使用的固定资产要纳入单位财务和资产管理部门统一管理，并建立固定资产台账。对资产的报废、处置、出租、转让、调拨等应按照《气象部门国有资产处置管理暂行办法》和《气象部门国有资产使用管理暂行办法》执行。

第三十一条 单位将产权属于自己的资产委托其他单位进行经营的，必须与受托方签订委托经营协议。资产出租出借审批单位应根据备案的合同定期对资产出租、出借有关单位收取的租金情况等进行检查。

第三十二条 因工作需要借用的备用金，应定期结账。备用金借用额度和时间由单位统一规定。

第三十三条 建立健全材料采购、验收、存储、发货等各个环节的内部控制制度。

(一)采购。材料的采购程序参照政府采购有关程序执行，并与供货方签订采购合同，有关采购合同应送财务部门备案。

(二)验收。由独立于采购人员、材料保管人员的验收人员对采购的材料进行验收入库，并签发材料入库单。采购人员凭采购材料的合法原始凭证和材料入库单到单位财务部门核销相关支出，财务部门对有关原始凭证与采购合同核对一致后予以核销，并按规格、型号等登记材料明细账。

(三)存储。材料保管人员应定期对库存材料进行盘点，并将库存材料盘点表与财务部门材料明细账核对。核对不一致的应当及时查明原因并做相应处置。

(四)发货。根据与服务对象签订的科技服务合同及施工图纸等材料，应编制材料出库单送单位财务部门审核，并相应核销材料明细账；材料保管人员根据财务部门审核后的出库单发货。

第七章 科技服务净收入的使用

第三十四条 单位科技服务净收入是指单位从事科技服务收入扣除相关成本、税费后的净结余。

第三十五条 科技服务净收入的分配，应当兼顾国家、集体和个人三方面利益。应当从气象事业发展、科技服务自身发展、职工激励机制等各方面统筹考虑科技服务净收入的使用。各气象主管部门要加强气象科技服务收入的统筹管理，并制定具体办法统筹使用。

第三十六条 单位科技服务净收入具体用途包括：弥补以前年度科技服务亏损；科技服务自身发展；人才引进和培训，职工补贴津贴及有关福利、奖励等基本支出；气象业务现代化建设，气象科研和技术开发，气象台站基础设施建设等项目支出。其中用于职工补贴津贴的部分必须严格执行国家补贴津贴有关规定。

第八章 监督检查

第三十七条 单位应当完善科技服务的各项内部财务控制制度和民主决策制度。重大支出事项必须集体研究决定。

第三十八条 科技服务财务情况必须定期公开，接受上级主管部门和群众监督。单位应将科技服务创收和支出的明细项目定期在内部公开。各级财务管理部门应将科技服务收入和支出情况作为局务公开的重要内容，分别在一定范围内公开。

第三十九条 单位应加强对科技服务财务收支情况的动态管理，建立科技服务财务报告制度。中国气象局计划财务司不定期组织对各单位的科技服务财务管理进行抽查；各省、自治区、直辖市和计划单列市气象局对所属单位科技服务资金至少每两年检查一次，不断规范气象科技服务财务管理。对检查中发现的问题，单位应及时整改。对涉嫌违纪的，应移送纪检监察部门处理，对涉嫌违法的，应移交司法机关处理，并视问题性质和情节轻重，按照有关规定追究单位领导的责任。

第四十条 财务管理部门和财务人员不履行职责，导致科技服务财务管理混乱，造成损失的，按照有关规定追究其责任。财务人员涉嫌违纪或违法的，应分别移送纪检监察部门或司法机关处理，并视问题性质和情节轻重，按照有关规定追究财务管理部门领导的责任。

第九章　附　则

第四十一条　各省、自治区、直辖市气象局以及计划单列市气象局可按照本办法，结合实际情况，制定科技服务财务管理实施细则，报中国气象局备案。

第四十二条　气象部门民间非盈利组织和社会团体参照本办法执行。

第四十三条　本办法由中国气象局负责解释。

第四十四条　本办法自 2014 年 1 月 1 日起执行。原《气象科技服务财务管理暂行办法》(气发〔2007〕302 号)和《气象科技服务财务管理补充规定》(气发〔2010〕15 号)同时废止。

气象部门会议费管理办法

（气发〔2013〕130 号）

2013 年 12 月 31 日

第一章　总　则

第一条　为进一步加强和规范气象部门会议费管理，精简会议，改进会风，提高会议效率和质量，节约会议经费开支，根据《关于印发〈中央和国家机关会议费管理办法〉的通知》（财行〔2013〕286 号）制定本办法。

第二条　气象部门会议的分类、审批和会议费管理等，适用本办法。

本办法适用于气象部门各级行政、事业单位，以下简称“各单位”。

第三条　各单位召开会议应当坚持厉行节约、反对浪费、规范简朴、务实高效的原则，严格控制会议数量，规范会议费管理。

第四条　各单位召开的会议实行分类管理、分级审批。

第五条　各单位应当严格会议费预算管理，控制会议费预算规模。会议费预算要细化到具体会议项目，执行中不得突破。会议费应纳入部门预算，并单独列示。

第二章 会议分类和审批

第六条 气象部门会议分类如下：

一类会议是指以党中央和国务院名义召开的，要求省、自治区、直辖市、计划单列市或中央部门负责同志参加的会议。

二类会议是指中国气象局召开的，要求各内设机构、各直属单位和省、自治区、直辖市、计划单列市气象局负责同志参加的会议。

三类会议是指中国气象局及其所属内设机构召开的，要求省、自治区、直辖市、计划单列市气象局、各直属单位和内设机构有关人员参加的会议以及省、自治区、直辖市、计划单列市召开的要求各地（州、盟）、县（旗）气象局负责同志参加的会议。气象部门三类会议主要包括全国性业务工作会议、各省气象工作会议等。

四类会议是指除上述一、二、三类会议以外的其他业务性会议，包括小型研讨会、座谈会、评审会等。

第七条 气象部门会议按以下程序和要求进行审批：

一类会议。应当报经党中央和国务院批准。会议总务、经费预算及费用结算等工作分别由中共中央直属机关事务管理局（以下简称中直管理局）和国家机关事务管理局（以下简称国管局）负责。

二类会议。中国气象局办公室（以下简称办公室）应当于每年10月底前，将下一年度会议计划（包括会议名称、召开的理由、主要内容、时间地点、代表人数、工作人员数、所需经费及列支渠道等）报中国气象局审议，审议通过后由中国气象局计划财务司（以下简称计财司）送财政部审核会签，按程序经中央办公厅、国务院办公厅审核。气象部门召开二类会议原则上每年不超过1次。

三类会议。中国气象局机关各内设机构应于每年11月底前将下一年度会议计划（包括会议数量、会议名称、召开的理由、主要内容、时间、地点、代表人数、工作人员数、所需经费及列支渠道等）报办公室审核，办公室将审核结果报中国气象局审议后批复执行。

各省、自治区、直辖市、计划单列市气象局应当建立会议计划编报和审批制度，年度会议计划（包括会议数量、会议名称、召开的理由、主要内容、时间、地点、代表人数、工作人员数、所需经费及列支渠道等）需经单位领导班子集体研究后执行。

四类会议。由单位分管领导审核并报主要领导批准后执行，并列入单位年度会议计划。

第八条 一类会议会期按照批准文件，根据工作需要从严控制；二、三、四类会议会期均不得超过 2 天；传达、布置类会议会期不得超过 1 天。

会议报到和离开时间，一、二、三类会议合计不得超过 2 天，四类会议合计不得超过 1 天。

第九条 各单位应当严格控制会议规模。

一类会议参会人员按照批准文件，根据会议性质和主要内容确定，严格限定会议代表和工作人员数量。

二类会议参会人员不得超过 300 人，其中，工作人员控制在会议代表人数的 15％以内；不请省、自治区、直辖市和中央部门主要负责同志、分管负责同志出席。

三类会议参会人员不得超过 150 人，其中，工作人员控制在会议代表人数的 10％以内。

四类会议参会人员视内容而定，一般不得超过 50 人。

第十条 各单位召开会议应当改进会议形式，充分运用电视电话、网络视频等现代信息技术手段，降低会议成本，提高会议效率。

传达、布置类会议优先采取电视电话、网络视频会议方式召开。电视电话、网络视频会议的主会场和分会场应当控制规模，节约费用支出。

第十一条 不能够采用电视电话、网络视频召开的会议实行定点管理。各单位会议应当到定点饭店召开,按照协议价格结算费用。未纳入定点范围,价格低于会议综合定额标准的单位内部会议室、礼堂、宾馆、招待所、培训中心,可优先作为本单位或本系统会议场所。

二、三、四类会议应当在四星级以下(含四星)定点饭店召开。

参会人员在 50 人以内且无外地代表的会议,原则上在单位内部会议室召开,不安排住宿。

第十二条 参会人员以在京单位为主的会议不得到京外召开。各单位不得到党中央、国务院明令禁止的风景名胜区召开会议。

第三章 会议费开支范围、标准和报销支付

第十三条 会议费开支范围包括会议住宿费、伙食费、会议室租金、交通费、文件印刷费、医药费等。

前款所称交通费是指用于会议代表接送站,以及会议统一组织的代表考察、调研等发生的交通支出。

会议代表参加会议发生的城市间交通费,按照差旅费管理办法的规定回单位报销。

第十四条 会议费开支实行综合定额控制,各项费用之间可以调剂使用。

会议费综合定额标准如下:

单位:元/人天

会议类别	住宿费	伙食费	其他费用	合　计
一类会议	400	150	110	660
二类会议	300	150	100	550
三、四类会议	240	130	80	450

综合定额标准是会议费开支的上限,各单位应在综合定额标准以内结算报销。

第十五条　一类会议费在部门预算专项经费中列支,二、三、四类会议费原则上在各单位部门预算公用经费中列支。

会议费由会议召开单位承担,不得向参会人员收取,不得以任何方式向下属机构、企事业单位转嫁或摊派。

第十六条　各单位在会议结束后应当及时办理报销手续。会议费报销时应当提供会议审批文件、会议经费预算表、会议通知及实际参会人员签到表、会议费结算表、定点饭店等会议服务单位提供的费用原始明细单据、电子结算单等凭证。财务部门要严格按规定审核会议费开支,对未列入年度会议计划,以及超范围、超标准开支的经费不予报销。

第十七条　各单位会议费支付,应当严格按照国库集中支付制度和公务卡管理制度的有关规定执行,以银行转账或公务卡方式结算,禁止以现金方式结算。

具备条件的,会议费应由单位财务部门直接结算。

第四章　会议费公示和年度报告制度

第十八条　各单位应当将非涉密会议的名称、主要内容、参会人数、经费开支等情况在单位内部公示,具备条件的应向社会公开。

第十九条 各二级预算单位应当于每年2月底前，将本单位及下属预算单位上年度会议计划和执行情况(包括会议名称、主要内容、时间地点、代表人数、工作人员数、经费开支及列支渠道等)汇总后报中国气象局。

第二十条 中国气象局应当于每年3月底前，将本级和下属预算单位上年度会议计划和执行情况(包括会议名称、主要内容、时间地点、代表人数、工作人员数、经费开支及列支渠道等)汇总后报财政部，同时抄送国管局。

第二十一条 中国气象局对各单位报送的会议年度报告进行汇总分析，针对执行中存在的问题，及时提出加强监管的措施。

第五章 管理职责

第二十二条 计财司会议费管理的主要职责是：

(一)会同办公室制定或修订会议费管理办法，并对执行情况进行监督检查；

(二)负责向财政部报送经中国气象局审议同意的二类会议年度计划；

(三)对各单位报送的会议年度报告进行汇总分析，提出加强管理的措施；

(四)按规定向财政部和国管局报送会议年度报告，加强对本单位会议费使用的内控管理。

第二十三条 办公室会议费管理的主要职责是：

(一)配合计财司制定或修订中央和国家机关会议费管理办法；

(二)负责中国气象局机关年度会议计划编制，向中国气象局报送中国气象局机关三类会议年度计划，管理机关四类会议；

(三)负责提出气象部门二类会议年度计划，报送中国气象局审议；

（四）负责中国气象局召开的二类会议的总务工作；

（五）配合计财司对会议费执行情况进行监督检查。

第二十四条 各单位会议费管理的主要职责是：

（一）负责制定本单位会议费管理的实施细则；

（二）各省、自治区、直辖市、计划单列市气象局负责单位年度会议计划的编制和三类、四类会议的审批管理；

（三）各直属事业单位负责单位年度会议计划的编制，和四类会议的审批管理；

（四）负责安排会议预算并按规定管理、使用会议费，做好相应的财务管理和会计核算工作，对内部会议费报销进行审核把关，确保票据来源合法，内容真实、完整、合规；

（五）按规定报送会议年度报告，加强对本单位会议费使用的内控管理。

第六章 监督检查和责任追究

第二十五条 计财司、办公室和审计室对各单位会议费管理和使用情况进行监督检查。主要内容包括：

（一）会议计划的编报、审批是否符合规定；

（二）会议费开支范围和开支标准是否符合规定；

（三）会议费报销和支付是否符合规定；

（四）会议会期、规模是否符合规定，会议是否在规定的地点和场所召开；

（五）是否向下属机构、企事业单位转嫁、摊派会议费；

（六）会议费管理和使用的其他情况。

第二十六条 严禁各单位借会议名义组织会餐或安排宴请；严禁套取会议费设立“小金库”；严禁在会议费中列支公务接待费。

各单位应严格执行会议用房标准，不得安排高档套房；会议用餐严格控制菜品种类、数量和分量，安排自助餐，严禁提供高档菜肴，不安排宴请，不上烟酒；会议会场一律不摆花草，不制作背景板，不提供水果。

不得使用会议费购置电脑、复印机、打印机、传真机等固定资产以及开支与本次会议无关的其他费用；不得组织会议代表旅游和与会议无关的参观；严禁组织高消费娱乐、健身活动；严禁以任何名义发放纪念品；不得额外配发洗漱用品。

第二十七条 违反本办法规定，有下列行为之一的，依照本规定追究会议举办单位和相关人员的责任：

（一）计划外召开会议的；

（二）以虚报、冒领手段骗取会议费的；

（三）虚报会议人数、天数等进行报销的；

（四）违规扩大会议费开支范围，擅自提高会议费开支标准的；

（五）违规报销与会议无关费用的；

（六）其他违反本办法行为的。

有前款所列行为之一的，由计财司会同有关部门责令改正，追回资金，并经报批后予以通报。同时，通知其上级主管单位，按照有关规定对直接负责的主管人员和相关负责人予以责任追究。涉嫌违法的，移交司法机关处理。

内部宾馆、招待所、培训中心有关工作人员违反规定的，按照财政部定点饭店管理的有关规定处理。

第七章　附　则

第二十八条 各单位应当按照本办法规定，结合本单位业务特点和工作需要，制定会议费管理具体实施细则。

第二十九条 气象部门民间非盈利组织和下属企业会议费管

理参照本办法执行。

第三十条 本办法由中国气象局负责解释，自2014年1月1日起施行。原《中国气象局全国性会议管理办法》（气发〔2007〕78号）同时废止。

气象部门项目咨询管理办法(试行)

(气发〔2013〕133 号)

2013 年 12 月 31 日

第一章 总 则

第一条 为加强气象部门项目咨询管理,促进气象工程咨询发展,提高项目决策和管理水平,依据国家投资、工程咨询有关政策及气象部门项目管理相关规定,制定本办法。

第二条 本办法适用于气象部门项目咨询活动和气象部门所属单位申请工程咨询资格管理工作。

第三条 本办法所称项目,是指全部或部分使用中央预算内资金,纳入中国气象局项目库管理,需履行项目审批程序的建设项目。

本办法所称咨询,是指具有工程咨询资格的单位(以下简称工程咨询单位)遵循独立、公正、科学的原则,综合运用多学科知识、工程实践经验、现代科学技术和管理方法,为气象项目决策与实施提供咨询的智力服务,包括项目建议书及可行性研究报告编制、工程设计、评估咨询、项目管理等。

第二章　气象部门项目咨询活动管理

第四条　气象部门项目建设实行“先咨询、后决策”制度，项目应委托工程咨询单位进行咨询。

第五条　总资金1000万元及以上的项目可行性研究报告须委托具有相应专业咨询资格的工程咨询单位编写，初步设计须由具有相应专业资质的设计单位编写；项目建议书和总资金1000万元以下项目的可行性研究报告现阶段可由项目建设单位或项目牵头单位组织编写，鼓励委托工程咨询单位编写。其中，气象业务类项目应委托具有气象工程咨询资格的工程咨询单位编写。

第六条　项目总资金在200万元以上的，项目建议书、可行性研究报告在审批前应委托工程咨询单位进行咨询评估。如无相应的工程咨询单位，则按照中国气象局有关项目评审规定进行评审。

第七条　承担咨询评估任务的工程咨询单位应按照有关规定，广泛听取各方面意见，形成客观、公正的咨询评估报告，重大分歧意见应在咨询评估报告中全面、如实反映，按规定时限提交咨询评估报告，并对咨询评估结论负责。

第八条　工程咨询单位可为同一项目提供一个或若干个阶段的咨询服务。但是，对可能影响其公正性的不同咨询服务，应采取回避措施。

工程咨询单位承担编制某一项目的项目建议书、可行性研究报告、初步设计文件的，不能再参与同一项目的项目建议书、可行性研究报告以及初步设计文件的咨询评估任务。

第九条　咨询收费应当按照有关规定，由当事人在咨询合同中约定。

第三章　气象部门工程咨询单位管理

第十条　按照《工程咨询单位资格认定办法》规定，工程咨询资格划分专业，申请单位可以按照条件申请一项或多项专业、一个或多个服务范围的咨询资格。

第十一条　气象部门所属单位申请工程咨询资格的，须为具有独立法人资格的企业、事业单位。

第十二条　工程咨询单位资格等级分为甲级、乙级、丙级，各级工程咨询单位资格申请标准按照《工程咨询单位资格认定办法》执行。

第十三条　中国气象局鼓励气象部门所属单位根据自身专业技术力量、技术水平和工程咨询业绩条件申请相应等级的气象工程咨询资格或其他专业咨询资格，并开展相应的咨询业务。

丙级工程咨询资格要求的工程咨询业绩条件较低，新申请工程咨询资格的单位，一般应从丙级资格做起。

第十四条　工程咨询单位可从事以下咨询业务：

（一）规划咨询：含行业、专项和区域发展规划编制、咨询；

（二）编制项目建议书（含项目投资机会研究、预可行性研究）；

（三）编制项目可行性研究报告、项目申请报告和资金申请报告；

（四）评估咨询：含项目建议书、可行性研究报告、项目申请报告与初步设计评估，以及项目后评价、概预决算审查等；

（五）工程设计；

（六）招标代理；

（七）工程监理、设备监理；

（八）工程项目管理：含工程项目的全过程或若干阶段的管理服务。

工程设计、招标代理、工程监理、设备监理资格，由国务院有关主管部门认定。

第十五条 根据国家规定，国家发展改革委是工程咨询单位资格认定的行政管理部门，中国气象局是气象部门所属单位申请工程咨询资格的初审部门。

中国气象局计划财务主管机构承担气象部门所属单位申请工程咨询资格初审的具体工作。

第十六条 气象部门所属单位初次申请工程咨询资格、资格升级、有效期满重新申报资格，先由中国气象局提出初审意见，再报国家发展改革委审定批准。

第十七条 申请单位应按照《工程咨询单位资格认定办法》要求，通过《中国工程咨询业务管理系统》填写申请材料。

省级气象部门负责对所属申请单位申请材料的真实性进行审查，并出具真实性审查意见，将申请材料和真实性审查意见文本文件报送中国气象局计划财务主管机构。

中国气象局直属单位申请材料直接报送中国气象局计划财务主管机构。

第十八条 中国气象局计划财务主管机构收到申请材料后，先进行材料合规性审查，聘请有关专家进行评审或进行实地考察，提出初审意见，将申请材料报国家发展改革委审定。符合条件的，由国家发展改革委批准，并颁发工程咨询单位资格证书。

第十九条 工程咨询单位资格升级、降级、变更和终止，按《工程咨询单位资格认定办法》规定执行。

第二十条 工程咨询资格认定每年定期集中受理，集中评审。受理时间由国家发展改革委提前向社会公告，中国气象局同时在部门内下发通知。

第二十一条 中国气象局支持成立气象工程咨询行业协会，鼓励获得气象工程咨询资格的单位加入气象工程咨询行业协会。

第四章 监督检查和法律责任

第二十二条 取得工程咨询资格的气象部门所属单位依法开展工程咨询活动,建立相应的自检制度,按照规定接受监督检查,对其咨询服务成果承担法律责任。

第二十三条 取得工程咨询资格的气象部门所属单位在开展工程咨询业务过程中违法违规的,气象部门所属单位未取得工程咨询资格而擅自从事工程咨询业务的,按照国家有关法律及《工程咨询单位资格认定办法》有关规定处理。

第二十四条 工程咨询单位在对气象部门项目进行咨询评估时弄虚作假或者咨询评估结论意见严重失实的,三年内不得聘请其从事气象部门项目的咨询评估工作;造成损失的,依法承担赔偿责任;构成犯罪的,提请司法机关依法追究刑事责任。

第二十五条 工程咨询资格初审工作人员违反规定的,按《工程咨询单位资格认定办法》有关规定处理。

第五章 附 则

第二十六条 本办法由中国气象局计划财务主管机构负责解释。

第二十七条 本办法自印发之日起施行。

地方性法规和地方政府规章

河北省气象灾害防御条例

（2013 年 5 月 30 日河北省第十二届人民代表大会常务委员会第二次会议通过）

第一章　总　则

第一条　为了加强气象灾害的防御，避免、减轻气象灾害造成的损失，保障人民生命财产安全，改善和保护生态环境，促进经济和社会科学发展，根据《中华人民共和国气象法》、《气象灾害防御条例》等法律、行政法规，结合本省实际，制定本条例。

第二条　本省行政区域内的气象灾害防御活动，适用本条例。

本条例所称气象灾害，是指干旱、暴雨（雪）、连阴雨、雷电、冰雹、高温、低温、寒潮、霜冻、冰冻、冻雨、大风（沙尘暴）、台风、龙卷风、大雾和霾等所造成的灾害。因气象因素引发的衍生、次生水旱灾害、地质灾害、海洋灾害、森林草原火灾等灾害的防御工作，法律、行政法规有规定的，从其规定。

第三条　气象灾害防御工作应当坚持以人为本、科学防御、政府主导、部门联动、社会参与的原则。

第四条　县级以上人民政府应当加强对气象灾害防御工作的领导，成立气象灾害防御指挥机构，完善气象灾害防御体系，建立健全气象灾害防御工作协调机制和责任制，将气象灾害防御纳入本级国民经济和社会发展规划，所需经费纳入本级财政预算。

第五条 县级以上人民政府气象主管机构负责本行政区域内气象灾害的监测、预报、预警和防御工作，依法组织管理气候可行性论证、气象灾害风险评估等工作，协助本级人民政府有关部门及时做好气象衍生灾害、次生灾害的监测、预报、预警和防御工作。

县级以上人民政府有关部门应当按照职责分工，共同做好气象灾害防御工作。

第六条 县级以上人民政府有关部门应当加强农村和边远贫困地区气象灾害预防、监测、信息传播等基础设施建设和防灾物资储备，做好农村和边远贫困地区气象灾害防御工作。

第七条 县级以上人民政府应当组织气象主管机构和有关部门，向社会宣传气象灾害防御法律法规，普及气象灾害防御知识，增强社会公众气象灾害防御意识，根据本地气象灾害的特点组织应急演练，提高社会公众避险、避灾、自救、互救能力。村民委员会、居民委员会、企业、事业单位应当协助本地人民政府做好气象灾害防御知识的宣传和气象灾害应急演练活动。

学校应当把气象灾害防御知识纳入教育内容，培养和提高学生的气象灾害防范意识与自救互救能力。

第八条 县级以上人民政府应当按照国家有关规定，对在气象灾害防御工作中做出突出贡献的组织和个人，给予表彰和奖励。

第二章 灾害预防

第九条 县级以上人民政府应当组织气象主管机构和有关部门对本行政区域内发生的气象灾害的种类、频次、强度和造成的损失等情况进行普查，建立气象灾害数据库，按照气象灾害的种类进行气象灾害风险评估，编制气象灾害风险区划，划定气象灾害风险区域，予以公告，并在气象灾害易发区域、重点防御区域设立警示标志。

第十条　县级以上人民政府应当根据上一级人民政府气象灾害防御规划，结合本行政区域经济和社会发展实际、气象灾害特点、风险区划，编制本行政区域的气象灾害防御规划，并组织实施。

第十一条　县级以上人民政府有关部门编制土地利用、区域建设、海域开发、环境保护、交通运输、农业、林业、水利、旅游、能源、通信等规划，应当适应气象灾害防御的要求。

第十二条　县级以上人民政府应当根据气象灾害防御规划和气象灾害防御需要，编制本行政区域的气象灾害应急预案，并报上一级人民政府、有关部门备案。

第十三条　县级以上人民政府有关部门在国家和省重大建设工程、重大区域性经济开发项目和大型太阳能、风能等气候资源开发利用项目以及城乡规划编制中，应当依法开展气候可行性论证，并将论证结果纳入项目可行性研究报告。

县级以上人民政府有关部门对前款规定的建设项目和规划编制依法进行审核时，应当将气候可行性论证结果纳入审查内容。

第十四条　县级以上人民政府应当根据本地实际需要，整合现有气象灾害防御救助资源，建立或者确定应急救援队伍，组织应急演练，提高气象灾害应急处置能力。

第十五条　省人民政府应当制定气象灾害应急准备工作标准。

县级以上人民政府气象主管机构应当指导乡、镇人民政府，街道办事处、村民委员会、居民委员会，企业、事业单位，社会团体按照标准做好气象灾害应急准备工作。

第十六条　学校、医院、商场、旅游景区、交通枢纽、文化体育场（馆）等人员密集场所，矿山、尾矿库、易燃易爆以及危险物品生产、存储场所和其他遭受气象灾害破坏易造成人员伤亡的重要设施，其产权单位或者管理单位应当考虑气象灾害的风险性，制定气象灾害应急预案，定期进行排查，采取措施消除隐患。

第十七条 县级以上人民政府有关部门和单位应当根据本地气象灾害特点，有针对性地组织修建抗旱、防洪、除涝工程，及时疏通河道和城市排水管网，加固病险水库，加强堤防、避风港、防护林、应急避难场所等工程设施的建设和维护，提高气象灾害防御能力。

第十八条 各级人民政府有关部门和单位应当根据暴雨（雪）、冰冻、冻雨、大风（沙尘暴）、台风、龙卷风等灾害性天气情况及预测，加强对山洪易发区、地质灾害易发区等地巡查，做好道路、通信、电力、供水、供气、供热设施的维护以及群众基本生活必需品储备、牲畜转移等工作。

有关产权单位和个人应当做好危旧房屋、临时建筑物、临时构筑物和户外宣传牌的除险加固。

第十九条 省、设区的市人民政府气象主管机构和环境保护行政主管部门应当建立空气质量监测信息共享、预报会商和信息发布制度，及时向公众发布大雾、霾灾害监测信息和空气质量监测信息。

县级以上人民政府有关部门和单位应当加强对机场、车站、港口、高速公路、航道、渔场等重要场所和交通要道的大雾、霾的监测，做好交通疏导、调度等工作。

县级以上人民政府有关部门应当加强对大气污染源的监管，做好大气污染物排放的控制工作，确保控制在国家规定的大气污染物排放标准之内。

第二十条 各级人民政府有关部门和单位应当在高温天气来临前做好供电、供水和防暑医药供应的准备工作，并合理调整工作时间。

各级人民政府有关部门和单位应当在低温、寒潮、霜冻天气来临之前，采取应对措施，做好农业生产防寒、防冻等工作。

第二十一条 县级以上人民政府气象主管机构应当加强对雷

电灾害防御工作的组织管理，提高雷电灾害监测、预报以及风险评估能力，依法参加、实施雷电防护装置设计审核和竣工验收。

应当安装雷电防护装置的新建、扩建、改建的建筑物、构筑物、场所和设施，建设单位应当将雷电防护装置的建设纳入主体工程或者整体项目，同时设计、同时施工、同时投入使用。县级以上人民政府住房和城乡建设主管部门应当将雷电防护装置竣工验收资料纳入建设项目档案，并加强监督管理。

本省行政区域内大型建设工程、重点工程、爆炸和火灾危险环境、人员密集场所等项目，应当进行雷电灾害风险评估。

第二十二条 县级以上人民政府有关部门应当加强农村雷电灾害防御工作，指导农村新建学校、民居、大型畜禽养殖场所安装雷电防护装置，提高农村雷电灾害防御能力。

第二十三条 县级以上人民政府气象主管机构应当在本级人民政府领导和协调下，根据实际情况组织开展人工增雨、防雹、防霜、消雾等人工影响天气作业，预防或者减轻气象灾害的影响。

第二十四条 县级以上人民政府应当增加经费投入，组织开展气象灾害防御科学技术研究，推广和应用气象灾害防御先进技术，积极开展区域合作与交流，制定气象灾害防御地方标准和技术规范，提高气象灾害防御的科技水平。

第三章 灾害监测预警

第二十五条 县级以上人民政府应当完善气象灾害监测体系，根据气象灾害防御需要，建设应急移动气象监测设施，在气象灾害易发区、农作物主产区加大气象灾害监测、预警设施建设密度。

重点矿区、林区、渔区、旅游区和重要交通、通信、电力、输油(气)线路沿线以及国家、省重点建设工程项目，应当根据气象灾害防御需要配套建设气象监测设施，配备气象灾害预警信息接收和播发设施，保证气象灾害预警信息接收与传播畅通。

气象监测设施应当符合气象标准和规范，并向省人民政府气象主管机构汇交所获得的气象探测资料。

第二十六条 县级以上人民政府应当建立跨地区、跨部门的气象灾害联合监测网络和气象灾害监测信息共享平台，完善气象灾害监测信息共享机制。

县级以上人民政府有关部门和单位应当及时、准确向气象灾害监测信息共享平台提供气象、水情、旱情、森林草原火险、地质灾害、植物病虫害、环境污染等与气象灾害有关的监测信息。

第二十七条 县级以上人民政府应当建立和完善气象灾害预警信息的发布、传播、接收体系，提高预警信息发布的时效性和覆盖面。

第二十八条 县级以上人民政府气象主管机构及其所属的气象台站应当提高公众气象预报的准确性、及时性和服务水平，完善灾害性天气监测、预报系统，提高灾害性天气预报、警报的准确率和时效性，做好灾害性、关键性、转折性天气预报、警报和灾害趋势预测。

第二十九条 县级以上人民政府气象主管机构所属的气象台站应当按照职责统一发布灾害性天气警报和气象灾害预警信息，及时向本级人民政府报告，并向有关气象灾害防御、救助部门和单位通报。其他任何组织和个人不得向社会发布灾害性天气警报和气象灾害预警信息。

第三十条 广播、电视、报纸、电信、网络等信息传播单位，应当及时、准确向社会播发或者刊登当地气象主管机构所属的气象台站提供的气象灾害预警信息，不得拒绝、延误传播或者擅自更改气象灾害预警信息。

第三十一条 县级以上人民政府有关部门和单位应当根据气

象灾害防御需要，在学校、医院、商场、旅游景区、交通枢纽、文化体育场（馆）、社区等人员密集场所以及气象灾害易发区域配备气象灾害预警信息接收和播发设施，保证气象灾害预警信息接收与传播畅通。

各级人民政府有关部门应当加强农村气象灾害预警信息接收终端建设，因地制宜的利用有线广播、高音喇叭等有效方式及时传播气象灾害预警信息。

第三十二条 乡、镇人民政府，街道办事处、村民委员会、居民委员会和学校、医院、商场、旅游景区、交通枢纽、文化体育场（馆）、社区等人员密集场所的管理单位应当确定气象灾害防御协理员、信息员或者联络员。

气象灾害防御协理员、信息员或者联络员应当协助开展气象灾害防御知识宣传、应急联络、信息传递、灾害报告和灾情调查等工作。

第三十三条 气象灾害监测、预警、信息播发等气象灾害防御专用设施受法律保护，任何单位和个人不得侵占、损毁或者擅自移动。

第四章 灾害应急

第三十四条 县级以上人民政府应当根据灾害性天气警报、气象灾害预警信息和气象灾害应急预案启动标准，及时做出启动相应应急预案的决定，向社会公布，并报告上一级人民政府。必要时，可以越级上报，并向当地驻军和可能受到危害的毗邻地区的人民政府通报。

第三十五条 气象灾害应急预案启动后，县级以上人民政府气象主管机构应当组织所属的气象台站对气象灾害进行跟踪监测，开展现场气象服务，及时向本级人民政府和有关部门报告灾害性天气实况、变化趋势，为组织防御气象灾害提供决策依据。

第三十六条 县级以上人民政府应当根据灾害性天气的性质、强度、危害程度和影响范围，将可能造成人员伤亡或者重大财产损失的区域临时确定为气象灾害危险区域，并及时予以公告。

第三十七条 县级以上人民政府可以根据气象灾害应急处置的需要，依法采取下列措施：

（一）实行交通管制；

（二）封闭危险区域；

（三）决定停工、停业、停课；

（四）组织人员疏散、撤离；

（五）控制或者限制容易导致危害扩大的公共场所的活动；

（六）组织有关部门和单位抢修损坏的道路、通信、供电、供水、供气、供热、排水等设施；

（七）对群众基本生活必需品和药品的生产、供应采取特殊管理措施；

（八）法律、行政法规规定的其他措施。

第三十八条 县级以上人民政府有关部门应当按照气象灾害应急预案的要求，做好相应的气象灾害应急处置工作。

气象灾害发生地的乡、镇人民政府，街道办事处、村民委员会、居民委员会和有关单位应当组织群众开展自救、互救，协助维护好社会秩序。

气象灾害发生地的有关单位和个人应当服从当地人民政府的决定、命令，配合政府和有关部门采取应急处置措施，做好应急避险工作。

第三十九条 县级以上人民政府气象主管机构所属的气象台站在气象灾害影响不再扩大或者趋于减轻时，适时变更或者解除气象灾害预警信息。

第四十条 县级以上人民政府应当根据气象主管机构提供的

灾害性天气发生、发展趋势以及灾情发展情况，按照有关规定适时调整气象灾害应急响应级别或者做出解除气象灾害应急措施的决定。

第四十一条 县级以上人民政府气象主管机构应当加强灾后气象监测和变化趋势的分析，为救灾减灾和灾后重建、恢复生产和生活秩序提供决策依据。

第四十二条 县级以上人民政府在气象灾害应急处置工作结束后，应当组织有关部门对气象灾害造成的损失进行调查评估，制定恢复重建计划，组织实施，并向上一级人民政府报告。

第五章 法律责任

第四十三条 违反本条例规定，各级人民政府、气象主管机构和有关部门及其工作人员，有下列行为之一的，由其上级机关或者监察机关责令改正；情节严重的，对直接负责的主管人员和其他直接责任人员依法给予处分；构成犯罪的，依法追究刑事责任：

（一）未按照规定编制气象灾害防御规划或者气象灾害应急预案的；

（二）未按照规定采取气象灾害预防措施的；

（三）隐瞒、谎报或者由于玩忽职守导致重大漏报、错报气象灾害预警信息的；

（四）未及时采取气象灾害应急措施的；

（五）不依法履行职责的其他行为。

第四十四条 违反本条例规定，有下列行为之一的，由县级以上人民政府或者有关部门责令改正；构成违反治安管理行为的，由公安机关依法给予处罚；构成犯罪的，依法追究刑事责任：

（一）未按照规定采取气象灾害预防措施的；

（二）不服从所在地人民政府及其有关部门发布的气象灾害应

急处置决定、命令，或者不配合实施其依法采取的气象灾害应急措施的。

第四十五条 违反本条例规定，有下列行为之一的，由县级以上人民政府气象主管机构责令改正，给予警告，可以处五万元以下罚款；构成违反治安管理行为的，由公安机关依法给予处罚：

（一）擅自向社会发布灾害性天气警报、气象灾害预警信息的；

（二）广播、电视、报纸、电信、网络等媒体单位未按照要求播发或者刊登灾害性天气警报和气象灾害预警信息的；

（三）编造、传播虚假的或者通过非法渠道获取的灾害性天气信息和气象灾害灾情的。

第四十六条 违反本条例规定，侵占、损毁或者未经批准擅自移动气象灾害监测设施，由县级以上人民政府气象主管机构责令停止违法行为，限期恢复原状或者采取其他补救措施；逾期拒不恢复原状或者采取其他补救措施的，由气象主管机构依法申请人民法院强制执行，并对违法单位处一万元以上五万元以下罚款，对违法个人处一百元以上一千元以下罚款；造成损失的，依法承担赔偿责任；构成违反治安管理行为的，由公安机关依法给予处罚；构成犯罪的，依法追究刑事责任。

第六章　附　则

第四十七条 本条例自 2013 年 7 月 1 日起施行。

邯郸市气象灾害防御条例

（2012 年 10 月 22 日邯郸市第十三届人民代表大会常务委员会第三十四次会议通过，2013 年 9 月 27 日河北省第十二届人民代表大会常务委员会第四次会议批准）

第一章　总　则

第一条　为加强气象灾害防御，避免、减轻气象灾害造成的损失，保障经济社会可持续发展和人民生命财产安全，根据《中华人民共和国气象法》、国务院《气象灾害防御条例》、《河北省气象灾害防御条例》等有关法律、法规的规定，结合本市实际，制定本条例。

第二条　本条例适用于本市行政区域内的气象灾害防御活动。

本条例所称气象灾害，是指台风、暴雨（雪）、寒潮、大风（沙尘暴）、低温、高温、干旱、雷电、冰雹和大雾等所造成的灾害。

第三条　气象灾害防御工作坚持以人为本、科学防御、预防为主、防治结合、分工合作、分级负责的原则，以政府为主导，全社会共同参与。

第四条　市、县级人民政府负责本行政区域内气象灾害防御工作的组织、协调、领导，设立气象灾害防御指挥机构，将气象灾害的防御纳入本级国民经济和社会发展规划，所需经费纳入本级财政预算，并根据经济社会发展和气象防灾减灾的需要逐步增加投入。

市、县级气象主管机构负责本行政区域内灾害性天气的监测、预报、预警以及气候可行性论证、人工影响天气、雷电灾害防御等日常工作。

发展与改革、规划、建设、国土资源、财政、民政、市政、城管、广电、农业、林业、水利、交通运输、公安、卫生、教育、环保、科技、安全生产监督管理等有关部门，通信、电力、保险等有关单位和乡（镇）人民政府、街道办事处，应当按照各自职责做好气象灾害防御的相关工作。

第五条 市、县级人民政府和乡（镇）人民政府、街道办事处及有关部门应当向社会宣传气象灾害防御知识，组织应急演练，提高全社会避险、避灾、自救、互救能力。

村（居）民委员会、企业、事业单位和其他社会组织应当协助政府及有关部门做好气象灾害防御宣传工作，在气象灾害发生后开展自救、互救。

学校应当将气象灾害防御知识纳入教育内容，组织开展气象灾害防御教育活动。

第二章 气象灾害预防

第六条 市人民政府应当组织开展全市气象灾害风险区域调查，建立气象灾害数据库，编制气象灾害防御规划并负责组织实施。

县级人民政府应当组织开展本行政区域内的气象灾害风险评估工作，划定气象灾害风险区域，编制气象灾害防御规划并负责组织实施。

乡(镇)人民政府、街道办事处应当组织开展本行政区域内的气象灾害隐患排查工作。

第七条 气象灾害防御规划应当包括下列内容:

(一)气象灾害防御的指导思想、原则、目标和任务;

(二)气象灾害现状、影响评估和发展趋势;

(三)气象灾害防御关键时段、重点防御区域和防御标准;

(四)气象灾害的分类防御要求;

(五)气象灾害防御系统及相关基础设施建设;

(六)气象灾害的防御、救援措施;

(七)法律、法规、规章规定应当纳入防御规划的其他内容。

第八条 编制土地利用和区域、流域开发规划,以及工业、农牧业、林业、水利、交通运输、航空、旅游、通信、能源、环境保护和自然资源开发利用等专项规划,应当与气象灾害防御规划相协调。

第九条 城乡规划编制和下列建设项目应当进行以气象灾害风险评估为重点的气候可行性论证:

(一)区域、流域建设和开发项目;

(二)国家、省重大建设工程和大型太阳能、风能等气候资源开发利用项目。

第十条 市、县级人民政府应当建设气象灾害监测、预警、信息传播、应急处置、紧急避难等气象灾害防御基础设施。

第十一条 市、县级人民政府应当建设人工影响天气基础设施,建立、健全人工影响天气应急作业机制,组织人工影响天气作业单位开展人工增雨(雪)、防雹作业,减轻气象灾害的影响。

第十二条 市、县级人民政府及其有关部门和单位应当根据大风、大雾、暴雨(雪)、冰冻的预警、发生情况,及时对供水、供电、燃气、供暖、通信等线路进行巡查,做好交通疏导、积水(雪、冰)清除、线路维护等工作。

第十三条 市、县级气象主管机构应当加强对雷电灾害防御工作的管理，加强雷电灾害的预警、防护、监查、鉴定。

第十四条 各类建(构)筑物、场所和设施安装雷电防护装置应当符合国家有关防雷标准的规定。

新建、改建、扩建建设项目，应当就雷电防护装置的设计征求市、县级气象主管机构意见；雷电易发区内的矿区、旅游景点或者投入使用的建(构)筑物、设施需要单独安装雷电防护装置的，市、县级气象主管机构应当自申请受理之日起十个工作日内作出准予核准或者不予核准的决定。

未经审核或者经审核不符合要求的设计方案，不得交付施工。

第十五条 建设单位申请防雷装置设计审核需要提供以下材料：

(一)防雷装置设计审核申请；

(二)设计单位、人员的资质和资格证明文件；

(三)防雷装置施工图设计说明书、施工图设计图纸及相关资料；

(四)设计中所采用的防雷产品相关资料；

(五)经当地气象主管机构认可的防雷专业技术机构出具的防雷装置设计技术评价报告；

(六)大型建设工程、重点工程、爆炸和火灾危险环境、人员密集场所等建设项目，还应提交雷电灾害风险评估报告，以确保公共安全。

第十六条 新建、改建、扩建建设项目竣工验收时应当同时验收雷电防护装置并有市、县级气象主管机构参加；雷电易发区内的矿区、旅游景点或者投入使用的建(构)筑物、设施需要单独安装雷电防护装置的，市、县级气象主管机构应当自竣工验收申请受理之日起十个工作日内作出竣工验收结论。

防雷装置未经验收或者经验收不合格的，不得投入使用。

第十七条 建设单位申请防雷装置竣工验收应当提交以下

材料：

（一）防雷装置竣工验收申请；

（二）防雷装置设计核准意见；

（三）施工单位、人员的资质和资格证明文件；

（四）取得防雷装置检测资质的单位出具的《防雷装置检测报告》；

（五）防雷装置竣工图纸等技术资料；

（六）防雷产品出厂合格证、安装记录和符合国务院气象主管机构规定的使用要求的证明文件。

第三章　监测、预报和预警

第十八条　市、县级人民政府应当组织气象、水利、农业、旅游、交通运输、电力等部门，在气象灾害易发区、气象灾害高危行业、重点区域加密建设气象灾害监测、预警设施，健全应急监测队伍，建设应急移动气象灾害监测设施，完善气象灾害监测体系。

尾矿库、排土场、重点林区和旅游区、交通和通信干线、重要输电线路沿线、重要输油（气）设施以及国家、省、市重点工程项目所在地应当建立气象灾害监测设施，其经营管理单位应当配备气象灾害预警信息接收、传播设备，确保及时获取气象信息。

第十九条　市、县级人民政府应当在学校、机场、车站、旅游景点等人员密集区和公共活动场所建设气象预警信息接收和传播设施，并保证设施的正常运转。

乡（镇）人民政府、街道办事处应当协助气象主管机构建立气象信息服务站，并指定专人负责气象灾害防御知识宣传、应急联络、信息传递、灾害报告和灾情调查等工作。

第二十条　村（居）民委员会和学校、医院、社区、工矿企业、建筑工地等应当明确一名以上气象信息员，并负责传递预警信息，上报灾情，组织群众防灾避险。市、县级应急主管机构应当将气象信息员纳入地方应急救援队伍，联合气象主管机构对气象信息员定期进行业务技能培训。

第二十一条 气象主管机构所属的气象台（站）应当及时发布气象灾害监测预报信息。

民政、国土资源、公安、交通运输、水利、农业、安全生产监督管理、林业、旅游、市政公用、电力、通信等部门应当与气象部门建立气象灾害监测、预报、预警联动机制，实现信息实时共享，及时研判预警信息对本行业领域的影响，科学安排部署防灾减灾工作。

第二十二条 市、县级人民政府应当组织有关部门制定气象探测环境和设施保护专项规划，划定气象探测环境保护范围并设立显著警示标志，将专项规划纳入城乡总体规划。

市、县级人民政府应当保证气象监测、预警信息的接收和播发等气象灾害防御专用设施的正常运行。

无人值守的自动气象站，由所在地县级人民政府或者其委托的社会团体、企事业单位或个人负责保护。

第二十三条 气象主管机构所属的气象台（站）应当按照职责向社会统一发布灾害性天气警报和气象灾害预警信号，并及时向有关灾害防御、救助部门通报。

其他任何组织或者个人不得向社会发布灾害性天气警报和气象灾害预警信号。

第二十四条 广播电台、电视台应当每天在固定时段播出由气象主管机构所属的气象台（站）制作的天气预报节目，变更播出时间应征得有关气象台（站）的同意。

第二十五条 广播、电视、报纸、互联网等社会媒体应当及时、准确、无偿播发或刊载灾害性天气警报和气象灾害预警信号，紧急情况下应当采用滚动字幕、加开视频窗口、中断正常播出等方式播报预警信息及有关防范知识。

灾害性天气警报和气象灾害预警信号应当直接从气象主管机构所属的气象台(站)获得,并标明发布气象台(站)的名称和发布时间。

基础电信运营企业应当根据气象灾害防御规划和防灾工作需要对手机短信平台进行升级改造,提高预警信息发送效率,在所在地气象灾害防御指挥机构要求的时间和范围内,及时向在网用户免费发布预警信息。

第四章　应急救援

第二十六条　市、县级人民政府应当根据气象灾害防御规划和防灾工作需要,制定本行政区域内的气象灾害应急预案,报上一级人民政府和有关部门备案。

市、县级人民政府应当根据气象灾害的严重和紧急程度,决定启动和终止相应级别的气象灾害应急预案,向社会公布,并报告上一级人民政府。

气象灾害易发区的基层组织和单位,应当根据气象灾害应急预案,制定具体的气象灾害应急措施,定期进行防御演练。

第二十七条　气象灾害应急预案应当包括下列内容:

(一)气象灾害的性质和等级;

(二)气象灾害应急组织指挥体系及有关部门职责;

(三)气象灾害预防与预警机制;

(四)气象灾害应急预案启动和响应程序;

(五)气象灾害应急处置和保障措施;

(六)灾害评估及灾后恢复、重建措施。

第二十八条　气象灾害应急预案启动后,对可能造成人员伤亡或者重大财产损失的区域,市、县级人民政府应当及时划定气象灾害危险区,向社会公告。

市、县级人民政府及有关部门应当根据气象灾害发生情况，及时采取停工、停业、停课、交通管制等气象灾害应急处置措施。

气象灾害发生地的村(居)民委员会和其他组织、单位应当按照所在地人民政府的决定、命令和气象灾害预警信息，进行宣传动员，组织群众开展自救和互救，协助维护社会秩序。

第二十九条 气象灾害发生后，所在地人民政府应当组织有关部门进行气象灾害情况调查评估。

公民、法人和其他组织发现气象灾情后，有义务向所在地人民政府和气象主管机构、民政部门报告，不得隐瞒、谎报气象灾害情况。

禁止传播虚假的气象灾害信息和灾情。

第三十条 市、县级人民政府应当将气象灾害防御工作纳入绩效考核。

第五章 法律责任

第三十一条 各级人民政府、气象主管机构和其他有关部门及其工作人员玩忽职守，致使国家利益和人民生命财产遭受损失的，依法给予行政处分；构成犯罪的，依法追究刑事责任。

第三十二条 违反本条例第九条规定，项目建设单位未进行气候可行性论证的，由市、县级气象主管机构按照权限责令限期改正，给予警告，可以处三万元以下罚款。

第三十三条 违反本条例第十四条第三款、第十六条第二款规定的，由市、县级气象主管机构按照权限责令改正，给予警告，可以处五万元以上十万元以下罚款。

第三十四条 违反本条例第二十三条第二款规定的，由市、县级气象主管机构按照权限责令改正，给予警告，可以并处一千元以上一万元以下罚款；情节严重的，处一万元以上五万元以下罚款；

造成损失的，依法承担赔偿责任。

第三十五条 违反本条例第二十五条第一款、第二十九条第三款规定的，由市、县级气象主管机构按照权限责令改正，给予警告，可以处五万元以下罚款。

第六章 附 则

第三十六条 本条例自 2014 年 1 月 1 日起施行。

辽宁省气象灾害防御实施办法

（2013年5月2日辽宁省第十二届人民政府
第4次常务会议审议通过）

第一条 为了加强气象灾害的防御，避免、减轻气象灾害造成的损失，保障人民生命财产安全，促进经济社会发展，根据《气象灾害防御条例》等法律法规，结合我省实际，制定本办法。

第二条 本办法适用于辽宁省行政区域内气象灾害监测、预报、预警、预防、应急和监督管理等气象灾害防御活动。

第三条 省、市、县（含县级市、区，下同）人民政府应当加强对气象灾害防御工作的组织领导，完善气象灾害防御工作协调机制，将气象灾害防御工作纳入国民经济和社会发展规划，所需经费纳入本级政府财政预算。

第四条 省、市、县气象主管机构负责本行政区域内气象灾害监测、预报、预警以及气候可行性论证、雷电灾害防护、人工影响天气等气象灾害防御工作。

发展改革、财政、住房和城乡建设、经济和信息化、国土资源、交通、农业、水利等部门应当按照各自职责分工，做好气象灾害防御工作。

第五条 省气象主管机构应当根据国家气象灾害防御规划和辽宁省实际情况，按照省人民政府关于国民经济和社会发展规划编制工作的有关要求，编制省气象灾害防御规划，由省发展改革部门会同有关部门提出意见，报省人民政府批准后组织实施。

市、县人民政府应当组织气象主管机构、有关部门，根据上一级人民政府的气象灾害防御规划，编制本行政区域的气象灾害防御规划。

第六条 气象灾害防御规划应当包括下列内容：

（一）灾害防御的原则、目标和任务；

（二）灾害现状和发展趋势预测；

（三）灾害易发区域、时段和重点防御区域；

（四）灾害的分类防御要求；

（五）防御工作的部门任务分工；

（六）防御工程设施的建设和管理；

（七）灾害防御的非工程保障措施；

（八）其他应当纳入规划的内容。

第七条 城市防灾工程应当符合气象灾害防御规划，其气象灾害防御的相关要求作为城市和镇总体规划的强制性内容。

编制区域、流域建设开发利用规划，以及工业、农业、林业、水利、交通、旅游、电力等专项规划，应当符合气象灾害防御规划的相关要求。

第八条 批准下列规划和项目时，审批部门应当征求气象主管机构的意见，由气象主管机构按照国家有关规定组织开展气候可行性论证：

（一）气象灾害多发地区的城市总体规划；

（二）重大区域性经济开发、区域农（牧）业结构调整项目；

（三）大型太阳能、风能等气候资源开发利用项目；

（四）法律、法规规定应当进行气候可行性论证的其他项目。

第九条 市、县人民政府应当将防雷减灾工作纳入公共安全监督管理的范围。气象主管机构应当依法加强对雷电灾害防御工作的管理，按照有关规定组织进行本行政区域内的雷电灾害风险评估工作。

大型建设工程、重点工程、爆炸和火灾危险环境、人员密集场所等项目应当进行雷电灾害风险评估，确保公共安全。

第十条 市、县人民政府应当加强人工影响天气作业设施和装备建设，健全人工影响天气作业体系、管理体系。

省、市、县气象主管机构应当根据防灾减灾需要，适时组织实施人工影响天气作业。

第十一条 市、县人民政府应当按下列规定建设气象灾害监测、预报、预警和防御的基础设施：

（一）在市区，根据需要配备应急移动气象灾害监测设施；

（二）在气象灾害易发区域和气象灾害重点防御区域，建立气象灾害监测站点；

（三）在农村暴雨和地质灾害易发区域，建设自动气象站；

（四）在气象灾害易发地段，设立警示标志；

（五）在学校、医院、车站、机场、港口、码头、高速公路、旅游景点等公共场所，根据需要建设气象灾害预警信息接收、播发设施。

第十二条 省、市、县人民政府建立气象灾害监测信息共享平台，完善气象灾害监测信息共享机制。

气象灾害监测信息共享平台由气象主管机构进行日常管理。国土资源、交通、农业、林业、水利、海洋与渔业、环境保护等部门，应当及时、准确、完整、无偿地向气象灾害监测信息共享平台提供气象、水情、旱情、森林火险、地质灾害险情、环境污染等与气象灾害有关的信息，保障信息资源共享。

气象信息资料的共享和使用应当保守国家秘密。

第十三条 气象台站应当按照法定职责和公共服务需要，向社会统一发布气象预报、灾害性天气警报、气象灾害预警信号，并根据天气变化情况及时补充、订正。

广播、电视、报纸、网络等媒体应当及时、准确、无偿向气象灾害影响区域传播当地气象主管机构所属气象台站提供的灾害性天气警报、气象灾害预警信号，并根据气象台站的要求及时增播、插播或者刊登。

医院、车站、机场、港口、码头、高速公路、旅游景点和户外广告经营单位，可以利用电子显示屏、广播等设施，向公众持续播发灾害性天气警报、气象灾害预警信号。

第十四条 乡（镇）人民政府、街道办事处和居民（村民）委员会，以及机场、车站、学校、医院等人员密集场所的管理单位应当建立气象灾害信息员制度，在收到气象主管机构所属气象台站发布的灾害性天气警报和气象灾害预警信号后，信息员应当及时向本辖区或者场所的公众传播，并采取相应防御措施。

第十五条 市、县人民政府应当根据气象灾害防御规划，组织气象主管机构和有关部门制定气象灾害应急预案。气象灾害应急预案应当包括下列内容：

（一）灾害的性质和等级；

（二）灾害应急组织指挥体系和有关部门职责；

（三）灾害预防与预警机制；

（四）应急预案启动和响应程序；

（五）应急处置和保障措施；

（六）灾后恢复、重建措施。

第十六条 市、县人民政府及其有关部门应当建立气象灾害应急救援机制，组织其所属的综合性救援队伍、专业应急救援队伍，开展气象灾害防御应急救援培训和应急演练，承担气象灾害的抢险救援工作。

第十七条 市、县人民政府应当根据台风、暴雨（雪）、大风（沙尘暴）、干旱、雷电、冰雹、大雾和霾等实际情况，及时启动相应气象灾害应急预案。

市、县人民政府可以根据气象灾害应急处置需要，组织有关部门采取下列应急措施：

(一)划定气象灾害危险区域,组织人员撤离危险区域;

(二)划定警戒区域,实行交通管制;

(三)决定停工、停业、停课;

(四)关闭或者限制使用易受气象灾害危害的场所,控制可能导致危害扩大的公共场所的活动;

(五)抢修损坏的道路和通信、供水、供热、供电、供气设施,保障运行安全;

(六)启用应急救援物资储备,调用救灾设备、设施和工具;

(七)法律、法规规定的其他应急处置措施。

第十八条 市、县人民政府及有关部门、气象主管机构的工作人员违反本办法规定的,按照《气象灾害防御条例》的规定给予行政处分;构成犯罪的,依法追究刑事责任。

第十九条 本办法自 2013 年 7 月 1 日起施行。

抚顺市气象灾害防御实施办法

（2013 年 10 月 15 日抚顺市人民政府
第 5 次常务会议审议通过）

第一条　为了防御气象灾害，避免、减轻气象灾害造成的损失，保障人民生命财产安全，促进经济社会发展，根据《中华人民共和国气象法》、国务院《气象灾害防御条例》、《辽宁省气象灾害防御实施办法》等法律法规、规章的有关规定，结合本市实际，制定本办法。

第二条　本市行政区域内的气象灾害防御活动，适用本办法。

本办法所称气象灾害，是指台风、暴雨（雪）、寒潮、大风（沙尘暴）、低温、寒冷、高温、干旱、雷电、冰雹、霜冻和大雾等所造成的灾害。

本办法所称气象灾害防御，是指气象灾害的预防、监测、预报、预警、调查评估、应急处置和监督管理等活动。

第三条　气象灾害防御工作实行以人为本、政府领导、部门联动、社会参与、科学防御的原则。

第四条　市、县（含区、开发区，下同）人民政府应当组织、领导和协调本地区气象灾害防御工作，将气象灾害防御工作纳入本级国民经济和社会发展规划，所需经费纳入本级财政预算。

第五条　市、县气象主管机构负责管理本行政区域内气象灾害的监测、预报、预警、评估以及雷电灾害防御、气候可行性论证和人工影响天气等工作。

发展改革、财政、城乡建设、经济和信息化、国土资源、交通、农业、水务、教育、民政、规划、卫生、环保等部门应当按照各自职责分工，共同做好气象灾害防御工作。

第六条 鼓励和支持气象灾害防御的科学技术研究。科技主管部门应当优先安排气象灾害防御创新项目资金，推广先进的气象灾害防御技术，提高气象灾害防御科技水平。

第七条 公民、法人和其他组织有义务参与气象灾害防御工作，在气象灾害发生后开展自救、互救。鼓励公民、法人和社会组织依法参加气象灾害防御志愿服务活动。

鼓励通过参加保险防御气象灾害风险。

市、县人民政府对在气象灾害防御工作中做出突出贡献的单位和个人，应当给予表彰和奖励。

第八条 市气象主管机构应当根据省气象灾害防御规划，会同有关部门，按照市人民政府国民经济和社会发展规划编制工作的要求，编制市气象灾害防御规划，报市人民政府批准后组织实施。

县人民政府应当组织气象主管机构、有关部门，根据市人民政府的气象灾害防御规划，编制本行政区域的气象灾害防御规划。

气象灾害防御规划应当包括下列主要内容：

（一）气象灾害防御的指导思想、原则、目标和任务；

（二）气象灾害现状及发展趋势的预测、预估和评估；

（三）气象灾害易发区域和重点防御区域；

（四）气象灾害防御标准；

（五）气象灾害防御项目、措施和实施方案；

（六）气象灾害防御设施建设和管理；

（七）气象灾害应急处置措施；

（八）法律、法规规定的其他内容。

第九条 气象灾害防御规划的相关要求应当作为城市和镇总

体规划的强制性内容。

区域、流域建设开发利用规划，以及工业、农业、林业、水利、交通、旅游、电力等专项规划，应当符合气象灾害防御规划的相关要求。

城市防灾工程应当符合气象灾害防御规划。

第十条 与气候条件密切相关的下列规划和建设项目应当进行气候可行性论证：

（一）城乡规划、重点领域或者区域发展建设规划；

（二）重大区域性经济开发、区域农（牧）业结构调整建设项目；

（三）大型太阳能、风能等气候资源开发利用建设项目；

（四）重大基础设施、公共工程、大型工程建设项目；

（五）其他依据法律、法规和规章应当进行气候可行性论证的规划和建设项目。

第十一条 建设项目选址规划应当符合气象灾害防御的要求，申请核发选址意见书时，应当提交气象主管机构依法出具的意见书。

气象主管机构出具意见书主要包括下列内容：

（一）气象防灾减灾内容是否符合要求；

（二）建设项目及附属设施是否影响或破坏气象探测环境；

（三）应当进行气象灾害风险评估或气候可行性论证的项目是否开展了评估或论证等；

（四）大气环境影响评价所用气象资料是否符合有关规定。

第十二条 下列新建、改建、扩建建（构）筑物建设项目应当进行雷电灾害风险评估：

（一）易燃易爆物品、危险化学品等危险物品的生产、经营、储存场所；

（二）体育场馆、影剧院、大型商场、宾馆、医院、学校、车站等人员密集场所；

（三）供水、供气、供电、供热等市政公用工程；

（四）高层建筑、各类发射塔和观测塔、通信枢纽、计算机信息系统、广播电视设施等重点工程；

（五）法律、法规规定的其他应当进行雷电灾害风险评估的工程项目。

第十三条 市、县气象主管机构负责本行政区域内防雷装置的设计审核和竣工验收工作。

防雷装置设计未经审核同意的，不得交付施工。防雷装置竣工未经验收合格的，不得投入使用。

新建、扩建、改建工程的防雷装置应当与主体工程同时设计、同时施工、同时投入使用。

申请防雷装置设计审核、竣工验收的程序及要求和防雷装置施工监督按照国家有关规定执行。

第十四条 投入使用后的防雷装置实行定期检测制度。防雷装置应当每年检测一次，对爆炸和火灾危险环境场所的防雷装置应当每半年检测一次。

已安装防雷装置的单位或个人应当主动委托有相应资质的防雷检测机构进行定期检测，并接受当地气象主管机构和当地人民政府安全生产管理部门的管理和监督检查。

第十五条 防雷减灾工作应当纳入安全生产监督管理。安全生产、气象等有关部门应当定期组织对本行政区域内的防雷减灾工作进行监督检查，并通报检查结果。

第十六条 市、县气象主管机构应当会同有关部门，根据气象灾害防御需要，编制本行政区域气象灾害应急预案，报本级人民政府批准实施，并报上级人民政府备案。

气象灾害应急预案应当包括下列内容：

（一）灾害的性质和等级；

（二）灾害应急组织指挥体系和有关部门职责；

（三）灾害预防与预警机制；

（四）应急预案启动和响应程序；

（五）应急处置和保障措施；

（六）灾后恢复、重建措施。

市、县人民政府所属各相关部门、乡（镇）人民政府、街道办事处应当根据本部门、本地区实际情况编制气象灾害防御应急预案。

第十七条 市气象主管机构会同有关部门，根据本地气象灾害特点，制定年度气象灾害应急演练计划，报市人民政府批准实施。

县人民政府根据本地气象灾害特点，组织开展气象灾害应急演练，提高应急救援能力。

居（村）民委员会、企事业单位应当协助本地人民政府做好气象灾害防御知识的宣传和气象灾害应急演练工作。

第十八条 县人民政府应当加强人工影响天气作业设施和装备建设，健全人工影响天气作业体系、管理体系。

市、县气象主管机构应当会同有关部门，编制人工影响天气工作计划，报本级人民政府批准后组织实施。

第十九条 市、县气象主管机构应当会同农业、水务、国土资源等有关部门根据本地区气象灾害防御的需要，编制气象设施建设规划，报本级人民政府批准后组织实施。

编制气象设施建设规划应当遵循布局合理、有效利用、兼顾当前与长远需要的原则避免重复建设。

建设气象设施应当符合气象设施建设规划和气象设施建设标准规范，并向当地气象主管机构备案。

第二十条 根据气象设施建设规划，县人民政府应当按照下列规定建设气象灾害监测、预报、预警和防御的基础设施：

（一）在城区，根据需要配备应急移动气象灾害监测设施；

（二）在气象灾害易发区域和气象灾害重点防御区域，建立气象灾害监测站点；

（三）在农村暴雨和地质灾害易发区域，建设自动气象站；

（四）在气象灾害易发地段，设立警示标志；

（五）在学校、医院、车站、码头、高速公路、旅游景点等公共场所，以及乡（镇）、村（屯），布设气象灾害预警大喇叭、手摇警报器等气象灾害预警信息接收、播发设施。

第二十一条　乡（镇）人民政府、街道办事处应当建立气象信息服务站，设立气象助理员。

气象信息服务站承担气象防灾减灾任务和气象预警信息的有效传播工作；承担农村气象科普和防灾减灾知识的宣传、咨询工作；承担气象灾情收集上报工作；承担本地自动气象站、土壤水分站、乡（镇）气象信息服务站业务平台和气象预警信息接收和播发设施的日常运行维护工作。

第二十二条　居（村）民委员会，以及学校、医院、车站、工矿企业、建筑工地、旅游景点等人员密集场所的管理单位应当设立气象信息员。

气象信息员负责气象灾害预警信息接收和播发设施的运行维护，以及气象灾害防御知识宣传、应急联络、信息传递、灾害报告和灾情调查等工作。

第二十三条　市、县人民政府建立气象灾害监测信息共享平台，完善气象灾害监测信息共享机制。

市、县气象主管机构负责气象灾害监测信息共享平台的管理和协调工作。国土资源、交通、农业、林业、水务、环保等部门，应当及时、准确、完整、无偿地向气象灾害监测信息共享平台提供气象、水情、旱情、森林火险、地质灾害险情、环境污染等与气象灾害有关的信息，保障信息资源共享。

气象信息资料的共享和使用应当保守国家秘密。

第二十四条　市、县气象主管机构所属气象台（站）应当及时将气象灾害预报预警信息报告本级人民政府，通报相关部门，并根据法定职责向社会统一发布。

其他组织和个人不得向社会发布气象灾害预警信息。

第二十五条 广播、电视、报纸、网络等媒体应当及时、准确、无偿向社会刊播当地气象主管机构所属气象台（站）提供的气象灾害预警信息，并根据当地气象台（站）的要求及时增播、插播或者刊登。

气象助理员、气象信息员收到气象主管机构所属气象台（站）提供的气象灾害预报预警信息后，应当及时向本辖区或者场所的公众传播。

医院、车站、码头、高速公路、旅游景点和户外广告经营单位，应当利用电子显示屏、广播等设施，向公众持续播发气象灾害预警信息。

第二十六条 县人民政府应当根据当地气象主管机构所属气象台（站）发布的气象灾害预警信息，及时启动和终止相应的应急预案。

气象灾害应急预案的启动和终止，应当及时向社会公布，并向市人民政府报告。

市、县人民政府所属各相关部门、乡（镇）人民政府、街道办事处应当根据气象灾害预警信息，及时启动和终止气象灾害防御应急预案。

第二十七条 县人民政府应当根据气象灾害应急处置需要，组织有关部门采取下列应急措施：

（一）划定气象灾害危险区域，组织人员撤离危险区域；

（二）划定警戒区域，实行交通管制；

（三）决定停工、停业、停课；

（四）关闭或者限制使用易受气象灾害危害的场所，控制可能导致危害扩大的公共场所的活动；

（五）抢修损坏的道路和通信、供水、供热、供电、供气设施，保障运行安全；

（六）启用应急救援物资储备，调用救灾设备、设施和工具；

（七）法律、法规规定的其他应急处置措施。

第二十八条 任何单位和个人发现气象灾情，有义务向当地人民政府和气象主管机构、民政部门报告。

第二十九条 气象灾害应急处置工作结束后，县、乡（镇）人民政府应当组织有关部门对气象灾害造成的损失进行调查、核实、评估，组织受灾地区尽快恢复生产、生活、工作和社会秩序，制定恢复重建计划，并向上一级人民政府报告。

第三十条 国家机关工作人员违反本办法规定的，按照《气象灾害防御条例》的规定给予行政处分；构成犯罪的，依法追究刑事责任。

第三十一条 单位和个人违反本办法规定的，按照有关法律法规和规章的规定给予行政处罚；构成犯罪的，依法追究刑事责任。

第三十二条 本办法自2013年12月1日起施行。

吉林省气候可行性论证若干规定

（2013年9月10日吉林省人民政府
第9次常务会议审议通过）

第一条 为了加强对气候可行性论证的管理，规范气候可行性论证活动，避免或减轻规划和建设项目实施后可能受气象灾害、气候不利因素以及可能对局地气候产生的不利影响，根据《中华人民共和国气象法》、《气象灾害防御条例》等法律、法规的规定，结合本省实际，制定本规定。

第二条 本规定所称气候可行性论证，是指对与气候条件密切相关的规划和建设项目进行气候适宜性、气象灾害风险性以及项目实施后可能对局地气候产生影响的分析、评估活动。

第三条 在本省行政区域内开展气候可行性论证活动，应当遵守本办法。

第四条 县级以上气象主管机构在上级气象主管机构和本级人民政府的领导下，负责本行政区域内的气候可行性论证的组织、管理工作。

其他有关部门和单位应当配合气象主管机构做好气候可行性论证的相关工作。

第五条 与气候条件密切相关的城市规划、国家重点建设工程、重大区域性经济开发项目，大型太阳能、风能等气候资源开发利用项目，核、化工等项目应当由气象主管机构组织进行气候可行性论证。

气候可行性论证项目范围，由县级以上气象主管机构会同发展改革、住房与城乡建设、交通运输以及其他有关部门依法确定。

第六条 气候可行性论证的具体实施，应当由符合国务院气象主管机构规定条件、具备相应论证能力的机构（以下称论证机构）承担。

论证机构进行气候可行性论证时应当编制气候可行性论证报告，并保证报告的真实性、科学性和前瞻性，对论证结论负责。

第七条 论证机构应当根据地方政府规划项目需要以及项目建设单位的委托，开展气候可行性论证。

论证机构应当根据地方政府规划项目需要或者自收到委托之日起 20 个工作日内完成论证工作。因需要开展现场气象探测，20 个工作日内不能完成论证的，论证完成时间由论证机构根据现场气象探测所需时间确定。

第八条 论证机构进行气候可行性论证，应当使用省气象主管机构直接提供或者经省气象主管机构审查通过的气象资料。

需要开展现场气象探测的，应当按照国家有关气象探测法律法规和标准、规范进行。所获取的气象资料应当实时向省气象主管机构汇交，经省气象主管机构审查通过方可使用，并遵守国家安全和国家秘密的规定。

第九条 气候可行性论证的技术方法和论证报告编写，应当遵守国家、行业和地方标准以及有关技术业务规范。

第十条 气候可行性论证报告应当包括下列内容：

（一）规划或者建设项目概况；

（二）气象基础资料来源及其代表性、可靠性说明。通过现场探测所取得的资料，还应当对探测仪器、探测方法和探测环境进行说明；

（三）气候可行性论证所依据的标准、规范和方法；

（四）暴雨、暴雪、道路冰雪、大风、寒潮、雷电、冰雹、大雾、高温、干旱、沙尘(霾、扬沙、浮尘、沙尘暴)、严寒、霜冻、低温冷害和台风等一种或多种极端气象灾害对项目可能造成的风险评估，避免或者减轻气象灾害的措施和方法；

(五)规划或者建设项目所在区域的气候背景分析,极端天气气候事件出现概率,气候适宜性评估；

(六)规划或者建设项目可能对局地气候产生影响的分析、预测和评估；

(七)规划或者建设项目应对气候变化、预防或者减轻影响的对策和建议；

(八)论证结论和适用性说明；

(九)其他有关内容。

第十一条 县级以上气象主管机构应当组织专家评审组,在15个工作日内对规划或者建设项目的气候可行性论证报告进行评审,出具书面评审意见。

第十二条 境外组织、机构和个人在本省行政区域内从事气候可行性论证活动,应当与国务院气象主管机构确认的论证机构合作进行,并经国务院气象主管机构批准。

经批准并在本省行政区域内从事气候可行性论证活动的境外组织、机构和个人,应当向省气象主管机构备案并接受监督管理。

第十三条 在气候可行性论证中,有下列情形之一的,由县级以上气象主管机构责令限期改正,给予警告;逾期不改正的,处1000元以上1万元以下罚款;情节严重的,处1万元以上3万元以下罚款;造成损失的,依法承担赔偿责任;构成犯罪的,依法追究刑事责任。所涉及的气象资料、虚假论证报告等,禁止使用:

(一)使用本规定要求以外气象资料的；

(二)伪造气象资料或者其他原始资料的；

(三)出具虚假论证报告的；

(四)涂改、伪造气候可行性论证报告书面评审意见的。

第十四条　违反本规定，项目建设单位有下列行为之一的，由县级以上气象主管机构责令限期改正，给予警告；逾期不改正的，处1000元以上1万元以下罚款；情节严重的，处1万元以上3万元以下罚款；造成损失的，依法承担赔偿责任；构成犯罪的，依法追究刑事责任：

（一）应当进行气候可行性论证的建设项目，未经气候可行性论证的；

（二）委托未经国务院气象主管机构确认的论证机构进行气候可行性论证的。

第十五条　气象主管机构以及论证机构的工作人员，在气候可行性论证中玩忽职守、滥用职权、徇私舞弊，尚不构成犯罪的，按有关规定给予处理；构成犯罪的，依法追究刑事责任。

第十六条　本规定自2013年11月1日起施行。

吉林省气象灾害防御条例

（2013 年 9 月 27 日吉林省第十二届人民代表大会常务委员会第四次会议通过）

第一章　总　则

第一条　为了加强气象灾害防御，避免、减轻气象灾害造成的损失，保障人民生命财产安全，根据《中华人民共和国气象法》、《气象灾害防御条例》以及其他有关法律、法规，结合本省实际，制定本条例。

第二条　在本省行政区域内从事气象灾害防御活动，应当遵守本条例。

第三条　本条例所称气象灾害，是指暴雨、暴雪、大风、雷电、冰雹、雾（霾）、高温、干旱、沙尘（扬沙、浮尘、沙尘暴）、寒潮、严寒、霜冻、低温冷害和台风等所造成的灾害。

第四条　气象灾害防御工作实行政府主导、部门联动、分类指导、社会参与的工作机制。

第五条　县级以上人民政府应当加强对气象灾害防御工作的组织、领导和协调，将气象灾害防御工作纳入国民经济和社会发展规划，所需经费列入本级财政预算，并根据经济社会发展和气象灾害防御工作的需要逐步加大投入。

第六条　县级以上气象主管机构负责本行政区域内气象灾害

的监测、预报、预警、风险评估、气候可行性论证、雷电防护及人工影响天气作业等气象灾害防御工作。

县级以上人民政府有关部门应当按照职责分工，共同开展本行政区域内的气象灾害防御工作。

第七条 各级人民政府、有关部门应当采取多种形式，宣传防御气象灾害的法律、法规，普及预防气象灾害和减少灾害损失的知识，组织开展应急演练，提高公众的防灾减灾意识和能力。

公民、法人和其他组织有义务参与气象灾害防御工作，在气象灾害发生后开展自救互救。

第二章 预 防

第八条 县级以上人民政府应当组织气象等有关部门，对本行政区域内气象灾害的种类、次数、强度和造成的损失等情况开展普查，建立气象灾害数据库，按照气象灾害的种类进行气象灾害风险评估，并根据气象灾害分布情况和气象灾害风险评估结果，划定气象灾害风险区域，设立警示标志并予以公告。

第九条 气象灾害风险评估应当包括以下内容：

(一)气象灾害历史与现状的分析；

(二)气象灾害风险以及危险程度的评估；

(三)预防或者减轻气象灾害影响的对策与措施；

(四)气象灾害风险评估结论。

第十条 县级以上人民政府应当组织有关部门，根据上一级人民政府的气象灾害防御规划，结合本地气象灾害特点和风险评估结果，编制本行政区域的气象灾害防御规划，并根据气象灾害变化情况及时修订。

气象灾害防御规划主要包括以下内容：

(一)气象灾害防御的指导思想、原则、目标和任务；

（二）气象灾害现状及发展趋势的预测、预估和评估；
（三）气象灾害易发区域和重点防御区域；
（四）气象灾害防御标准；
（五）气象灾害防御项目、措施和实施方案；
（六）气象灾害防御设施的建设和管理；
（七）法律、法规规定的其他内容。

第十一条　县级以上气象主管机构应当会同同级人民政府有关部门，根据气象灾害防御规划和实际需要，制定气象灾害应急预案，报同级人民政府批准后发布实施，并报上级气象主管机构备案。

气象灾害应急预案主要包括以下内容：
（一）气象灾害应急组织指挥体系及其职责；
（二）气象灾害预防与预警机制；
（三）气象灾害应急预案启动和响应程序；
（四）气象灾害应急处置和保障措施；
（五）灾后恢复、重建措施等。

第十二条　县级以上人民政府有关部门在国家重大建设工程、重大区域性经济开发项目和大型太阳能、风能等气候资源开发利用项目以及城乡规划编制中，应当进行气候可行性论证，统筹考虑气候可行性和气象灾害的风险性，避免、减轻气象灾害的影响。

第十三条　县级以上气象主管机构在上级气象主管机构和本级人民政府的领导下，组织管理本行政区域内的气候可行性论证工作。

气候可行性论证办法由省人民政府另行制定。

第十四条　县级以上人民政府应当加强气象灾害防御基础设施的建设，将该设施的建设纳入城乡建设总体规划。

第十五条　县级以上人民政府应当组织有关部门按照气象灾害防御规划，建设和完善气象灾害综合监测、预报预警、信息发布等防御设施。

第十六条 新建、改建、扩建建设项目，应当避免影响气象灾害防御设施的使用。确实无法避免的，建设单位应当与该设施管理机构协商一致，采取迁移重建或者其他必要的措施，保证设施正常使用。

第十七条 任何单位和个人不得侵占、破坏或者擅自移动气象灾害防御设施。

第十八条 省气象主管机构应当根据本省气象灾害的特点和分布情况，统筹全省气象技术装备的配置，保障技术装备的供给。

县级以上气象主管机构应当建立气象信息传输系统，保证专用信道和网络的畅通。

第十九条 各级人民政府以及有关部门和单位应当根据当地气象主管机构所属气象台提供的暴雨、暴雪、严寒、大风等气象灾害预警信息，及时组织开展各种排水设施、电力、通信线路检查，加强对地质灾害易发区、洪涝易发区等的巡查；及时组织开展冰雪清除、交通疏导等工作，保证水、电、气、暖和交通道路、通信线路的安全畅通；及时组织开展江河、湖泊、水库、港口、工地、建(构)筑物防灾避险的监督检查。

教育主管部门应当根据气象灾害预警信息及时调整幼儿园、中小学校的教学安排。

第二十条 县级以上气象主管机构应当根据农业抗旱、森林草原防火等需要，经本级人民政府批准，适时开展人工增雨(雪)作业，减轻灾害造成的损失。

第二十一条 各级人民政府以及有关部门和单位应当根据冰雹预警信息，组织做好应急准备工作，适时开展人工防雹作业。

第二十二条 各级人民政府以及有关部门应当组织有关单位和个人，采取覆盖、深灌水、喷撒抗低温制剂等措施，做好农作物预防霜冻、低温冷害的工作。

第二十三条　县级以上人民政府应当根据气象灾害防御工作的需要，配备必要的人员和人工影响天气设备、设施，建立统一协调的指挥和作业体系。

第二十四条　县级以上气象主管机构应当加强对雷电灾害防御工作的组织管理，会同有关部门指导对可能遭受雷击的建（构）筑物和其他设施安装的雷电防护装置的检测工作。

第二十五条　各类建（构）筑物、场所和设施应当按照国家规定安装雷电防护装置，雷电防护装置要符合国家有关标准，并与建设项目同时设计、同时施工、同时投入使用。

新建、改建、扩建建（构）筑物雷电防护装置的设计审查、竣工验收，雷电易发区内的矿区、旅游景点或者投入使用的建（构）筑物、设施需要单独安装雷电防护装置的，应当按照国家有关规定执行。

第二十六条　从事雷电防护装置设计、施工、检测的单位，应当依法取得国家规定的资质，并在核准的资质范围内从事建设工程雷电防护装置的设计、施工、检测。

第二十七条　县级以上人民政府应当组织有关部门，加强人员密集场所、易燃易爆场所、雷电易发区和其他雷电灾害重点防御区域的公共防雷设施建设。

第三章　监测、预报和预警

第二十八条　县级以上人民政府应当根据气象灾害防御工作的需要，建设应急移动气象灾害监测设施，建立健全气象灾害监测队伍和气象灾害监测信息共用平台。

第二十九条　县级以上气象主管机构和县级以上人民政府有关部门，应当在城市社区和农村，组织建立气象信息员队伍和气象灾害调查收集网络，及时收集发生气象灾害的时间、地点、受灾对象、损失情况等信息，上报本级人民政府。

第三十条 气象主管机构所属的气象台按照各自的职责向社会统一发布气象灾害预警信息，并及时向有关灾害防御、救助部门通报。其他组织和个人，不得向社会发布气象灾害预警信息。

第三十一条 县级以上人民政府及其有关部门，应当在学校、医院、机场、港口、车站、旅游景点以及其他人员密集场所，设置或者利用现有的电子显示屏以及其他能够接收和传播气象灾害预警信息的手段，及时接收和传播气象灾害预警信息。

第三十二条 乡（镇）人民政府应当在乡（镇）、村委会、中小学校设置气象灾害预警信息接收终端，指定专人负责气象灾害预警信息接收传递工作。村委会、中小学校收到预警信息后，应当通过有线广播、高音喇叭等方式及时传递气象灾害预警信息。

第三十三条 广播、电视、报纸、电信等媒体应当及时向社会播发或者刊登当地气象主管机构所属气象台提供的适时气象灾害预警信息，并根据当地气象台的要求及时增播、插播或者刊登。

第四章 应急处置

第三十四条 各级气象主管机构所属的气象台应当及时向本级人民政府和有关部门报告气象灾害预警信息。

县级以上人民政府应当根据气象主管机构所属气象台提供的气象灾害预测和预报、预警信息以及气象灾害的严重性、紧急程度和灾情变化情况，及时作出启动相应级别应急预案的决定，向社会公布，并报告上一级人民政府。

第三十五条 县级以上人民政府启动气象灾害应急预案后，有关部门、单位应当按照相关的预案和规定的职责分工，做好气象灾害发生和受影响区域的各项应急处置工作。

气象灾害危险区域内的单位和个人，应当服从当地人民政府的指挥和安排，不得妨碍气象灾害救助活动。

第三十六条　气象灾害发生时，当地人民政府应当根据需要，采取下列应急处置措施：

（一）组织营救和救治受灾人员，疏散、安置受到威胁的人员；

（二）标明危险区域、划定警戒区域，安排交通管制；

（三）抢修被破坏的交通、通信、供水、排水、供电、供气、供热等公共设施；

（四）向受到危害的人员提供避难场所和生活必需品，实施医疗救护和卫生防疫等保障措施；

（五）启用本级人民政府的财政预备资金和应急救援物资储备，调用救灾设备、设施、工具；

（六）组织公民参加应急救援活动；

（七）保障食品、饮水、燃料等基本生活必需品的供应；

（八）采取措施防止次生、衍生灾害的发生；

（九）其他有关的应急处置措施。

第三十七条　县级以上人民政府应当及时、准确地向社会发布与公众有关的气象灾情和应急处置信息。其他组织和个人不得发布气象灾情和应急处置信息，不得编造、传播虚假信息。

广播、电视、报纸、电信等媒体应当及时、准确地向社会传播气象灾害的发生、发展和应急处置情况。

第三十八条　县级以上人民政府及其有关部门应当根据气象主管机构提供的灾害性天气发生、发展趋势信息以及灾情发展情况，按照有关规定适时调整气象灾害级别或者作出解除气象灾害应急措施的决定。

第五章　法律责任

第三十九条　有关单位未按照本条例规定进行气候可行性论

证和制定、实施气象灾害应急预案的，由县级以上气象主管机构责令限期改正；逾期未改正的，对直接负责的主管人员和其他直接责任人员，由本单位、上级机关或者主管部门按照有关规定处理。

第四十条 违反本条例规定，有下列行为之一的，由县级以上气象主管机构责令改正，给予警告，可以处一万元以上三万元以下罚款；给他人造成损失的，依法承担赔偿责任；构成犯罪的，依法追究刑事责任：

（一）应当安装防雷装置而拒不安装的；

（二）安装、使用不符合国家标准的防雷装置或者产品的。

第四十一条 违反本条例规定，有下列行为之一的，由县级以上气象主管机构或者其他有关部门，按照职责权限责令停止违法行为，处五万元以上十万元以下罚款；有违法所得的，没收违法所得；给他人造成损失的，依法承担赔偿责任：

（一）在雷电防护装置检测中弄虚作假的；

（二）无资质或者超越资质许可等级范围，进行雷电防护装置设计、施工、检测的。

第四十二条 违反本条例规定，有下列行为之一的，由县级以上气象主管机构责令改正，给予警告，可以处五万元以下的罚款；构成违反治安管理行为的，由公安机关依法给予处罚：

（一）擅自向社会发布气象灾害预警信息的；

（二）广播、电视、报纸、电信等媒体未按照要求播发、刊登气象灾害预警信息的；

（三）传播虚假的或者通过非法渠道获取的灾害性天气信息和气象灾害灾情的。

第四十三条 违反本条例规定，有下列行为之一的，由县级以上地方人民政府或者有关部门责令改正；构成违反治安管理行为的，由公安机关依法给予处罚；构成犯罪的，依法追究刑事责任：

（一）未按照规定采取气象灾害预防措施的；

（二）不服从所在地人民政府及其有关部门发布的气象灾害应急处置决定、命令，或者不配合实施其依法采取的气象灾害应急措施的。

第四十四条 违反本条例规定，各级人民政府、气象主管机构和其他有关部门及其工作人员有下列行为之一的，由其上级机关或者主管部门按照有关规定处理；构成犯罪的，依法追究刑事责任：

（一）隐瞒、谎报气象灾害信息和灾情，造成后果的；

（二）隐瞒、谎报或者由于玩忽职守导致重大漏报、错报气象灾害预警信息的。

第六章 附 则

第四十五条 本条例自 2013 年 11 月 1 日起施行。

江苏省气象灾害评估管理办法

（2012 年 9 月 24 日江苏省人民政府第 101 次常务会议讨论通过）

第一条 为规范气象灾害评估行为，保障人民生命财产安全，避免和减轻气象灾害造成的损失，根据《中华人民共和国气象法》《气象灾害防御条例》等法律、法规的规定，结合本省实际，制定本办法。

第二条 本省行政区域内的气象灾害评估及其监督管理，适用本办法。

第三条 本办法所称气象灾害评估，是指对本行政区域内可能或者已经发生的，对人民生命财产安全、经济社会发展产生明显影响的台风、暴雨（雪）、寒潮、连阴雨、大风、低温、高温、干旱、雷电、冰雹、霜冻和大雾等气象灾害进行评估，以及对城乡规划、重点领域或者区域发展建设规划和与气象条件密切相关的建设项目进行气候适宜性、气象灾害风险性、局地气候影响等分析、评估的活动。

水旱灾害、地质灾害、海洋灾害等因气象因素引发的次生、衍生灾害的评估、防御工作，适用有关法律、法规的规定。

第四条 县级以上地方人民政府应当加强对气象灾害评估管理工作的组织、领导和协调。

县级以上气象主管机构（以下称气象主管机构）在上级气象主管机构和本级人民政府领导下，具体负责本行政区域内气象灾害评估的组织和监督管理工作。

县级以上地方人民政府发展改革、民政、城乡规划、建设、交通运输、农业、水利、安监、海洋渔业等有关部门在各自职责范围内做好气象灾害评估的相关工作。

第五条 气象灾害评估应当遵守国家和省有关主管部门制定的气象灾害评估标准、规范和规程。

鼓励、支持气象灾害评估科学技术研究，推广应用先进的科学技术成果，提高气象灾害评估的科学技术水平。

第六条 县级以上地方人民政府应当组织气象主管机构和有关部门，对本行政区域内发生的气象灾害种类、次数、强度和造成的损失等情况开展普查，建立气象灾害基础数据库并及时更新补充。按照气象灾害种类和有关评估结果，编制气象灾害风险区划，划定气象灾害风险区域，并向社会发布。

第七条 气象主管机构应当结合本行政区域经济社会发展要求和人民生产生活需求，组织所属气象台站等专业机构对气象灾害的种类、特点、发生和影响的时间、范围以及危害程度和趋势等进行分析、评估，定期编制报告报送本级人民政府，并提供给有关防灾减灾部门。

第八条 气象主管机构应当对可能发生或者已经发生的重大气象灾害，组织专业机构开展灾前、灾中、灾后评估，并将评估报告报送本级人民政府和上一级气象主管机构，为组织防御和应急处置提供决策依据。

前款所称重大气象灾害是指因天气气候事件造成或者可能造成重大人员伤亡、财产损失和其他重大社会影响的灾害。

第九条 县级以上地方人民政府应当根据重大气象灾害灾前评估报告，临时确定气象灾害危险区，及时向社会公告，发布预警信息，并采取避险减灾措施。

第十条 发生重大气象灾害时，所在区域的县级以上地方人民政府应当根据重大气象灾害发展变化情况，组织气象、国土资源、水利、环保、海洋渔业等有关部门及其所属的观（监）测站点，适时开展跨区域、跨部门的联合加密观测，为气象灾害评估和防灾减灾提供基础数据。

第十一条 重大气象灾害结束后，所在区域的县级以上地方人民政府应当组织有关部门对气象灾害的影响程度、造成的损失进行分析、评估，为救灾和恢复重建工作提供决策依据。

第十二条 县级以上地方人民政府应当组织气象主管机构开展气候可行性论证，对气象灾害风险作出评估，相关评估结论以及气象资料作为编制城乡规划、重点领域或者区域发展建设规划的基础资料。

第十三条 在农业生产关键时期，或者气象灾害可能对农业生产造成影响和危害时，气象主管机构、农业等有关部门应当及时组织开展气象灾害影响分析、评估工作。

第十四条 气象主管机构应当根据本级人民政府的要求，及时组织开展对重大活动、突发事件和其他重大公共事件的气象因素影响分析、评估工作。

第十五条 大型太阳能、风能等气候资源开发利用项目，农业开发、生命线工程等受气候及气象灾害影响可能产生严重后果的重大建设工程项目，爆炸和火灾危险环境、人员密集场所等受气象灾害影响可能引发次生灾害的特定项目，以及法律、法规、规章及产业政策明确规定的需要进行气象灾害评估的其他建设项目，应当根据项目所处的气象灾害风险区域，结合气象灾害的种类、特点进行气象灾害评估。省气象主管机构应当会同省投资主管部门制定气象灾害评估项目分类名录。

第十六条 建设单位应当委托具有从事气象灾害评估能力的气象灾害评估单位（以下称评估单位）开展建设项目气象灾害评估，或者委托具有从事气象灾害评估能力的工程咨询单位在项目可行性研究报告、项目申请报告中编制气象灾害评估专章。

第十七条 评估单位开展气象灾害评估活动，应当组织技术人员对评估项目进行现场勘察、资料收集、分析整理，按照有关标准、规范、规程的要求和方法编制评估报告。

评估单位应当使用国家规定的气象资料。现有资料不能满足气象灾害评估需要的，应当开展现场气象探测。探测仪器、探测方法和探测环境应当符合气象探测法律、法规、规章和有关标准、规范、规程的要求。

现场气象探测所获取的气象资料应当按照国家有关规定向气象主管机构汇交，并严格遵守有关国家安全和保守国家秘密的规定。

第十八条 建设项目气象灾害评估报告、气象灾害评估专章应当包括下列内容：

（一）基础资料来源、代表性、可靠性和评估所依据的标准、规范、规程、方法的说明；

（二）建设项目周边的气候地理概况和各类气象灾害发生概率；

（三）主要气象灾害对建设项目可能造成的影响分析；

（四）建设项目对局地气候、气象灾害的发生可能造成的影响分析；

（五）气象灾害防御措施及其技术、经济可行性论证；

（六）建设单位根据建设项目需要提出的其他气象评估内容；

（七）防御和减轻气象灾害的建议、对策和措施；

（八）评估结论。

评估单位、工程咨询单位对评估报告、评估专章的真实性、科学性负责。

第十九条 建设单位应当将评估报告报送当地气象主管机构。当地气象主管机构应当自收到评估报告之日起 3 个工作日内，按照有关规定报送设区的市以上气象主管机构。

第二十条 设区的市以上气象主管机构应当自收到评估报告之日起1个月内，组织专家对评估单位出具的评估报告进行评审，并出具书面评审意见。评估单位应当根据评审意见修改评估报告。

评审专家应当坚持公正、科学、诚信的工作原则，遵守法律、法规、规章，恪守职业道德。

第二十一条 有关部门对需要进行气象灾害评估的建设项目，应当统筹考虑气候可行性和气象灾害的风险性。

建设单位应当提交建设项目气象灾害评估报告和评审意见，或者在项目可行性研究报告、项目申请报告中有气象灾害评估专章内容。

第二十二条 经专家评审通过的气象灾害评估报告作为建设项目设计的依据。对经评估认为可能遭受气象灾害危害、对局地气候产生不利影响或者引发气象灾害的建设项目，应当依照气象灾害评估报告的结论意见，配套设计、建设相应的气象灾害防御工程，或者采取其他相应的防御措施。

第二十三条 省气象主管机构应当向社会公布在本行政区域内开展气象灾害评估活动的单位名录。

省气象主管机构应当会同有关部门建立评估单位信用信息征集和评价制度，健全评估单位信用档案和奖惩机制，并根据评估单位的评估能力、信用等级变化等情况调整评估单位名录。

第二十四条 省气象主管机构应当会同有关部门组织对评估单位工作人员开展培训，加强监督管理。

第二十五条 县级以上地方人民政府、各级气象主管机构和其他有关部门违反本办法规定，未编制气象灾害风险区划，或者未根据重大气象灾害评估报告采取避险减灾措施的，由其上级机关或者监察机关责令改正；情节严重的，对直接负责的主管人员和其他直接责任人员依法给予处分;涉嫌犯罪的,移送司法机关依法追究刑事责任。

第二十六条 建设单位违反本办法规定,对需要进行气象灾害评估的建设项目未开展评估的,由气象主管机构责令其改正,拒不改正的,按照国家有关规定予以处理。

第二十七条 评估单位出具虚假评估报告或者涂改、伪造专家评审意见的,应当记入信用档案,由气象主管机构责令改正,给予警告,并可以处3000元以上3万元以下罚款;给建设单位造成损失的,依法承担赔偿责任;涉嫌犯罪的,移送司法机关依法追究刑事责任。

第二十八条 气象主管机构及其工作人员违反本办法规定,在气象灾害评估管理工作中玩忽职守、滥用职权、徇私舞弊的,依法给予处分;涉嫌犯罪的,移送司法机关依法追究刑事责任。

第二十九条 本办法自2013年3月1日起施行。

无锡市气象灾害预警信息发布与传播管理办法

（2013年4月26日无锡市人民政府第14次常务会议审议通过）

第一条 为了规范气象灾害预警信息发布与传播，防御气象灾害，避免和减轻气象灾害损失，维护公共安全和社会秩序，根据《中华人民共和国气象法》、国务院《气象灾害防御条例》等法律法规，结合本市实际，制定本办法。

第二条 本市行政区域内气象灾害预警信息的发布、传播以及相关管理活动，适用本办法。

第三条 本办法所称气象灾害包括台风、暴雨、暴雪、寒潮、大风、高温、干旱、雷电、冰雹、霜冻、大雾、霾、道路结冰、连阴雨（雪）等灾害。

本办法所称气象灾害预警信息包括：

（一）气象灾害的种类、强度、发生时间、持续时间、发展趋势、影响区域、防御指南；

（二）气象灾害预警信号的名称和图标，预警信息级别；

（三）气象灾害预警信息的发布单位名称、发布时间。

第四条 气象灾害预警信息发布与传播遵循政府主导、社会参与、统一发布、快速传播原则。

第五条 市、市（县）、区人民政府应当加强气象灾害预警信息发布与传播基础设施建设，畅通发布与传播渠道，扩大气象灾害预警信息覆盖范围。

第六条 市、市(县)气象主管机构负责本行政区域内气象灾害预警信息的发布与传播工作。

市、市(县)、区人民政府应急管理机构以及公安、安监、国土、住保房管、建设、农业、水利、交通运输、旅游、教育、市政园林等部门应当根据各自职责,共同做好气象灾害预警信息发布与传播及应急工作。

广播电视、信息化和无线电、新闻出版等主管部门应当在各自职责范围内,组织电视、广播、报纸、网络等媒体以及通信运营商等单位(以下统称信息传播机构)做好气象灾害预警信息传播工作。

市、市(县)气象主管机构所属的气象台站具体负责本行政区域内气象灾害预警信息的制作与发布。

第七条 市气象主管机构应当组织编制气象灾害防御指南,并向社会公众发布。

第八条 气象灾害预警信息发布采取分级管理原则。

气象灾害预警信息分为Ⅳ级(一般)、Ⅲ级(较重)、Ⅱ级(严重)、Ⅰ级(特别严重)四级,在预警信号图标上分别采用蓝色、黄色、橙色和红色表示。

Ⅳ级(一般)和Ⅲ级(较重)气象灾害预警信息由气象台站主要负责人或者其授权人签发。

Ⅱ级(严重)和Ⅰ级(特别严重)气象灾害预警信息由气象主管机构主要负责人或者其授权人签发。

第九条 气象台站应当将气象灾害预警信息报送市、市(县)、区人民政府应急管理机构和有关职能部门,同时通过信息传播机构和官方微博等渠道向社会公众发布。

其他公民、法人或者组织不得制作和向社会发布气象灾害预警信息。

第十条 应急管理机构收到气象灾害预警信息后,应当根据气象灾害应急预案要求，向同级人民政府报告，启动相应级别应急响应，并按照规定报告上一级人民政府。

相关部门收到气象灾害预警信息后，应当研判气象灾害对本部门的影响，通知所属部门和单位，做好气象灾害防御工作。

社区居民委员会、村民委员会应当及时传递气象灾害预警信息，并组织防灾避险。

第十一条 信息传播机构应当承担社会责任，及时、准确、无偿播发或者刊载气象灾害预警信息，并标明发布时间和发布单位。

未经气象主管机构同意，信息传播机构不得更改气象灾害预警信息发布内容。

第十二条 学校、社区、商场、机场、港口、车站、高速公路、旅游景点等场所的管理单位，应当利用电子显示装置以及其他有效设施，适时传播气象主管机构发布的气象灾害预警信息。

第十三条 气象灾害敏感单位应当建立气象灾害预警信息接收责任制度，设置接收终端。收到气象灾害预警信息后，应当按照应急预案的要求采取有效措施做好气象灾害防御工作。

前款所称气象灾害敏感单位是指根据其地理位置、气候背景、工作特性，在遭受灾害性天气时，可能造成较大影响的单位。

第十四条 台风、暴雨、暴雪、寒潮、霾、道路结冰等气象灾害达到Ⅰ级（特别严重）、Ⅱ级（严重）、需要向社会强化预警的，市气象主管机构应当向市应急管理机构提出建议，由市应急管理机构报市政府同意后发布。

第十五条 需要向社会强化预警的气象灾害预警信息，信息传播机构应当通过下列方式发布：

（一）电视采用挂角、滚动字幕、加开视频窗口或者中断其他节目等方式播发；

（二）手机短信全网发布；

（三）电台滚动发布；

（四）网站在显著位置发布；

（五）电子显示屏滚动发布；

（六）其他可以强化的预警方式。

第十六条 气象台站经过监测和预测，认定产生气象灾害的天气已经或者即将发生变化时，应当按照发布和传播范围，及时更新或者解除预警信息。

第十七条 违反本办法规定，有下列行为之一的，由气象主管机构责令改正、处以罚款；违反《中华人民共和国治安管理处罚法》的，由公安机关依法给予处罚：

（一）擅自向社会发布强化预警气象灾害信息的，处以 3 万元以上 5 万元以下罚款；

（二）擅自向社会发布其他气象灾害预警信息的，处以 1 万元以上 3 万元以下罚款；

（三）信息传播机构未按照要求播发或者刊载气象灾害预警信息的，处以 1 万元以上 2 万元以下罚款；

（四）传播虚假或者通过非法渠道获取气象灾害预警信息的，处以 2 万元以上 3 万元以下罚款。

第十八条 违反本办法规定，有关部门工作人员未按照要求传播气象灾害预警信息，导致社会公众生命财产遭受严重损失的，由主管部门对直接责任人员和负责的主管人员给予行政处分；构成犯罪的，依法追究刑事责任。

第十九条 违反本办法规定，法律法规已有处罚规定的，从其规定。

第二十条 因气象灾害引发的次生、衍生灾害预警信息，由相关职能部门和单位制作并按照预警级别分级发布，并参照本办法规定进行传播。

第二十一条 本办法自 2013 年 6 月 1 日起施行。

福建省气象灾害防御办法

（2013年10月16日福建省人民政府第11次常务会议通过）

第一条 为了加强气象灾害的防御，避免、减轻气象灾害造成的损失，保障人民生命财产安全，促进经济社会发展，根据有关法律、法规，结合本省实际，制定本办法。

第二条 在本省行政区域及其毗邻海域从事气象灾害防御活动，应当遵守本办法。

本办法所称气象灾害，是指台风、暴雨、雪、寒潮、大风、低温、高温、干旱、雷电、冰雹、霜冻、冰冻、大雾、霾、沙尘等所造成的灾害。

第三条 气象灾害防御工作应当遵循以人为本、科学防御、政府主导、部门联动、社会参与的原则。

第四条 县级以上人民政府应当加强对气象灾害防御工作的组织领导，建立健全气象灾害防御工作协调机制，将气象灾害防御纳入本级国民经济和社会发展规划，所需经费纳入本级财政预算。

县以上气象主管机构和有关部门应当建立健全部门应急联动机制，按照各自职责做好气象灾害防御工作。

第五条 县级以上人民政府应当建立气象灾害防御工作考核制度，将气象灾害防御职责的落实情况纳入政府绩效考核内容。

第六条 公民、法人和其他组织有义务参与气象灾害防御工作，开展自救互救。

第七条 鼓励和支持气象灾害防御的科学技术研究和推广应用,加强闽台气象灾害防御科技交流与合作。

鼓励建立灾害风险保险体系,公民、法人和其他组织可通过保险形式防御气象灾害风险。

第八条 县级以上人民政府应当组织气象主管机构及有关部门,对本行政区域内发生的气象灾害及其引发的次生、衍生灾害的种类、次数、强度、造成损失等情况进行普查,按照气象灾害的种类进行气象灾害风险评估,并根据气象灾害分布情况和气象灾害风险评估结果编制气象灾害风险区划,划定气象灾害风险区域,确定气象灾害防御重点区域,并依法向社会公布。

第九条 县级以上人民政府应当组织气象主管机构及有关部门,根据上一级人民政府气象灾害防御规划,编制本行政区域气象灾害防御规划。

气象灾害防御规划应当包括气象灾害防御工作的现状和形势,指导思想、原则和目标,战略布局重点,主要任务和重大工程,保障措施及其他内容。

第十条 县级以上人民政府依法制定的本行政区域气象灾害应急预案应当包括下列内容:

(一)气象灾害应急工作原则;

(二)气象灾害应急组织指挥体系与职责;

(三)气象灾害监测和预警机制;

(四)气象灾害应急预案启动标准;

(五)气象灾害应急处置措施;

(六)灾后恢复与重建;

(七)气象灾害应急保障措施;

(八)气象灾害应急的其他有关内容。

第十一条 县以上气象主管机构和有关部门应当根据本级人民政府气象灾害防御规划和气象灾害应急预案,结合本部门工作实际，制定部门气象灾害应急预案，并报上一级主管部门和本级人民政府备案。

乡（镇）人民政府、街道办事处应当结合实际情况制定气象灾害应急预案，报县级人民政府备案。

易受气象灾害影响的企事业单位应当根据气象灾害应急预案，制定气象灾害应急实施方案，并开展演练。

第十二条　县级以上人民政府应当根据当地气象灾害特点和风险评估结果，按照下列规定，加强基础设施抗灾能力建设：

（一）台风、大风多发区域应当加强海塘、堤防、避风港、防护林、避风锚地、紧急避难场所等建设；

（二）暴雨易发区域应当加强堤防、河道、闸坝、泵站和排水设施等建设，定期检查各种防洪排涝设施的运行情况，加固病险水库，做好地质灾害易发区和堤防等重要险段的巡查；

（三）干旱、冰雹易发区域应当加强水利、供水、人工影响天气等设施建设，并适时组织人工增雨和防雹作业；

（四）雨雪、冰冻易发区域应当加强道路、通信、电力、燃气等基础设施维护管理，做好交通疏导，保证安全畅通；

（五）大雾、霾易发区域应当加强对人口密集场所及机场、港口、高速公路、航道、铁路等交通要道的有关监测设施建设，及时向公众发布监测信息，保障交通安全；

（六）雷电易发区域应当加强建（构）筑物、设施的防雷装置建设，督促做好防雷装置定期检测和日常检查、维护工作。

有关部门在制定基础设施工程建设标准时，应当充分考虑气象灾害的影响。

第十三条　各级人民政府应当按照下列规定，开展农村气象灾害防御体系建设，建立健全农村气象灾害防御制度：

（一）建立政府领导、部门负责、有效联动的农村应急减灾组织体系，实现县（市、区）、乡（镇）有分管领导，乡（镇）有气象信息服务平台，村有气象信息员，预警信息发布到户，灾害防御责任到人；

（二）建立健全农村气象灾害监测预警网络，建设覆盖全省农村的雷达观测网、自动气象站观测网和雷电监测网，建设县（市、区）、乡（镇）、村气象预警信息发布系统，提高灾害性天气的监测预警能力；

（三）利用现有的机构和人员，加强乡（镇）气象信息服务站和基层气象信息员队伍建设。

第十四条 气象信息员应当协助各级人民政府及有关部门开展气象灾害防御知识宣传、气象灾害应急联络、气象灾害预警信息传递以及气象灾情收集、调查和报告等工作。

第十五条 重大基础设施、产业开发、公共服务和大型气候资源开发利用项目在可行性研究阶段，项目单位应当一并开展气候可行性论证和气象灾害风险评估。项目审核或者核准部门在对项目进行可行性研究审查时，应当将气候可行性论证和气象灾害风险评估内容一并组织审查。

第十六条 县级以上人民政府应当加强人工影响天气的组织领导，建立统一协调的指挥和作业体系，制定气象灾害人工影响天气应急预案，根据需要适时启动人工影响天气作业。

气象主管机构应当加强与军队以及公安、民航等部门协作配合，建立人工影响天气联席会议制度，做好人工影响天气作业服务。

第十七条 县级以上人民政府应当加强气象灾害监测和预警系统建设，并组织有关单位按照下列规定，完善气象灾害综合监测、预警等设施建设：

（一）在气象灾害易发区域和气象灾害重点防御区域，建立气象灾害监测站（点）；

（二）在气象灾害预警信息难以传递的偏远区域，建立应急广播体系，实现与气象灾害预警信息发布体系的有效衔接；

（三）在社区、学校、广场、机场、港口、车站、旅游景点以及其他人员密集的公共场所，根据需要建立广播、电视、电子显示屏等气象灾害预警信息接收和播发设施，并保证其正常运转。

第十八条 县以上气象主管机构应当加强对本行政区域内气象台站的行业管理和业务指导，组织各部门所属气象台站或者气象监测站（点）以及与灾害性天气监测有关的单位，对灾害性天气或者气象灾害实施联合监测。监测单位应当将监测信息报告同级人民政府和气象主管机构。

县以上气象主管机构及有关部门应当根据防灾减灾需要，在县级以上人民政府的领导下建立和完善专业气象监测和预警系统。

第十九条 县以上气象主管机构所属气象台站应当做好气象灾害的监测、预报预警和突发公共事件的气象应急保障，加强城市、乡村、江河流域、水库库区等重点区域的气象灾害监测和预警，及时向县级以上人民政府报告，并通报有关部门。

第二十条 重大气象灾害预警信息实行紧急发布制度。县以上气象主管机构应当会同有关单位建立快速发布通道，及时向社会发布台风、暴雨、雪等气象灾害红色预警和局地暴雨、雷雨大风、冰雹、龙卷风等突发性气象灾害预警。

第二十一条 广播、电视、报纸、通信、互联网等媒体或者单位应当及时、准确、无偿地播发或者刊登当地气象主管机构所属气象台站直接提供的适时气象灾害预警信息，并根据当地气象台站的要求及时增播、插播或者刊登，不得擅自更改气象灾害预警信息的内容。

基础电信运营企业应当根据应急需求对手机短信平台进行升级改造，提高气象灾害预警信息发送效率。

第二十二条 县级人民政府及其有关部门、乡（镇）人民政府以及学校、医院、社区、工矿企业、建筑工地等应当指定专人负责气象灾害预警信息接收传递工作，建立县—乡—村—户直通的气象灾害预警信息传播渠道。

村（居）民委会应当及时传递气象灾害预警信息，迅速组织群众防灾避险。

第二十三条　气象主管机构与有关单位，应当建立气象灾害监测预报预警联动机制，沟通预警联动情况，会商重大气象灾害预警工作，协调解决气象灾害监测预警及信息发布中的重大问题。

第二十四条　县级以上人民政府启动气象灾害应急预案后，有关单位应当按照相关预案和职责分工，做好气象灾害发生和受影响区域的各项应急处置工作。

有关单位和个人应当服从各级人民政府发布的气象灾害应急处置决定、命令，配合实施县级以上人民政府有关部门、气象主管机构依法采取的气象灾害应急措施。

第二十五条　县级以上人民政府应当加强气象灾害应急救援队伍建设。学校、医院、车站、体育场馆等场所的管理单位应当指定气象灾害应急救援联系人，定期开展相关知识和技能培训。

鼓励志愿者组织参与气象灾害应急救援，帮助群众做好防灾避险工作。

第二十六条　县级以上人民政府有关部门、气象主管机构及其工作人员违反本办法规定，在气象灾害防御工作中，滥用职权、玩忽职守、徇私舞弊的，由其上级机关或者监察机关责令改正；情节严重的，对直接负责的主管人员和其他直接责任人员依法给予处分；构成犯罪的，依法追究刑事责任。

第二十七条　违反本办法第二十一条第一款规定，未按照要求播发、刊登气象灾害预警信息的，由县以上气象主管机构责令改正；逾期不改正的，予以通报批评，并可以依法予以处罚。

第二十八条　违反本办法第二十四条第二款规定，不服从气象灾害应急处置决定、命令或者不配合实施气象灾害应急措施的，由县级以上人民政府或者有关部门、气象主管机构责令改正；构成违反治安管理行为的，由公安机关依法给予处罚；构成犯罪的，依法追究刑事责任。

第二十九条 本办法自2014年1月1日起施行。

武汉市气象灾害防御办法

（2013年5月21日武汉市人民政府第50次常务会议审议通过）

第一条　为了加强气象灾害的防御，避免或者减轻气象灾害造成的损失，保障人民生命财产安全，根据《中华人民共和国气象法》、《中华人民共和国突发事件应对法》、《气象灾害防御条例》和《湖北省气象灾害防御条例》等法律、法规的规定，结合本市实际，制定本办法。

第二条　本市行政区域内气象灾害的预防、监测、预警和应急处置等防御活动，适用本办法。

本办法所称气象灾害，是指暴雨（雪）、寒潮、大风、低温、高温、干旱、雷电、大雾、霜冻、冰雹、台风和霾等造成的灾害。

地质灾害、森林火灾、植物病虫害、环境污染、流行疫情等因气象因素引发的衍生、次生灾害的防御工作，法律、法规有规定的，从其规定。

第三条　气象灾害防御是基础性公共安全事业。

气象灾害防御工作坚持以人为本、预防为主、科学防御、统筹协调的原则，实行政府主导、部门联动、公众参与的工作机制。

第四条　市人民政府及区人民政府（包括武汉东湖新技术开发区、武汉经济技术开发区、市东湖生态旅游风景区、武汉化学工业区管委会，下同）应当加强气象灾害防御工作的组织领导，建立健全气象灾害防御工作综合协调机制，建立气象灾害防御工作责任制，将气象灾害防御工作有关经费列入财政预算。

气象灾害防御工作实行行政首长负责制，行政主要负责人为第一责任人。

第五条 市、区气象主管机构负责本辖区内气象灾害的监测、预报、预警及气象灾害风险评估、气候可行性论证、人工影响天气作业等活动的管理和气象灾害防御工作的监督、指导。

未设立气象主管机构的区，其气象灾害防御工作由市气象主管机构负责。

第六条 发展改革、国土规划、城乡建设、公安、交通运输、水务、安全生产监督、民政、卫生计生、环境保护、城市管理、林业、农业、旅游、文化新闻出版广电等部门应当按照各自职责，做好气象灾害防御相关工作。

第七条 乡（镇）人民政府、街道办事处应当明确气象灾害防御工作人员，落实气象灾害防御措施，组织辖区内的村（居）民委员会和企事业单位开展气象灾害防御工作。

村（居）民委员的气象信息员协助乡（镇）人民政府、街道办事处和有关部门，积极开展气象灾害防御知识宣传、预警信息传播、灾情信息收集和报告等活动。

第八条 市、区气象主管机构应当在本级人民政府的组织领导下，会同有关部门对本辖区内易发的气象灾害种类、次数、强度和造成的损失等情况开展气象灾害普查，建立气象灾害数据库，按照气象灾害种类进行气象灾害风险评估，划定气象灾害风险区域，设立警示标志并予以公告。

第九条 市、区气象主管机构应当会同有关部门，根据上一级人民政府的气象灾害防御规划，结合本辖区气象灾害的特点、风险评估结果以及经济社会发展趋势，编制本级气象灾害防御规划，经本级人民政府批准后实施，并作为编制城乡规划、区域（流域）建设开发利用规划和土地利用总体规划的重要依据。

重大基础设施项目的选址和建设，应当符合气象灾害防御规划的要求。

第十条 市、区人民政府按照气象灾害防御规划，加强气象灾害防御设施和应急设施建设。

国土规划部门应当保障气象灾害防御设施和应急设施的建设用地，并将其纳入城乡公用设施用地范围。

第十一条 城市规划、国家重点建设工程、重大区域性经济开发项目和大型太阳能、风能等气候资源开发利用项目，应当按照国家有关规定进行气候可行性论证。

第十二条 气象主管机构应当依法做好防雷装置设计、安装的监督检查工作，发现有违法行为的，应当责令建设单位限期整改；逾期不整改的，依法予以处罚。

第十三条 已投入使用的防雷装置实行定期检测制度。依法必须安装防雷装置的一、二、三类建（构）筑物每年检测一次，其中易燃易爆物品和化学危险物品的生产、储存设施和场所的防雷装置每半年检测一次。

防雷装置使用单位和个人应当依法委托具有相应资质的防雷检测机构进行定期检测。住宅小区由该小区的物业服务企业委托开展防雷装置检测；未实行物业管理的，可由社区居民委员会委托开展防雷装置检测。

第十四条 气象主管机构开展人工影响天气工作，应当会同有关部门编制人工影响天气工作计划，报本级人民政府批准后实施。

组织实施人工影响天气作业，应当具备适宜的天气条件，充分考虑当地防灾减灾的需要和作业效果。

第十五条 气象主管机构应当在本级人民政府的组织领导下，会同国土规划、民政、农业、林业、水务、环境保护、交通运输、城市管理等有关部门和单位开展对气象灾害的联合监测，建立气象灾害信息共享平台。

气象主管机构及其所属气象台（站）负责气象灾害的气象要素的监测；其他有关部门所属的气象台（站）和与灾害性天气监测、预报有关的单位按照各自职责负责相关气象次生灾害、衍生灾害的监测，及时、无偿向气象灾害信息共享平台提供各类气象监测信息。

第十六条 气象主管机构所属气象台（站）负责本级责任区内气象灾害监测、预警信息的发布、更新、解除工作。

第十七条 气象灾害信息发布后，广播、电视、互联网、报纸、声讯等媒体和电信营运商及信息服务单位，应当及时按照相关法律、法规规定向社会公众播发、传播或者刊登气象灾害监测、预警信息；在播发、传播和刊登气象灾害监测、预警信息时，应当标明提供信息的气象台（站）名称及时间，不得删改信息内容。

禁止利用或者虚拟气象灾害监测、预警信息，开展各类商业宣传活动。

第十八条 学校、医院、商场、体育场馆、机场、车站、港口、码头、旅游景区（点）、集市等公共场所和人员密集场所，应当做好气象灾害预警信息接收与传播工作。

村（居）民委员会应当利用广播、高音喇叭等多种方式，及时将气象灾害预警信息传递给受影响人员。

气象信息员收到气象灾害预警信息后，应当及时向受影响的公众传播。

第十九条 市、区人民政府建立由政府主导、部门分工负责的气象灾害应急处置机制，成立气象灾害专项应急委员会。气象灾害应急委员会下设办公室，办公室设在气象主管机构，负责日常管理工作。

第二十条 市、区人民政府应当组织有关部门和单位，根据本级气象灾害防御规划，制定本辖区的气象灾害防御应急预案，报上一级人民政府、有关部门备案，并向社会公布。

第二十一条 气象主管机构和有关部门应当根据本级人民政府气象灾害防御应急预案，制定本部门气象灾害防御应急处置预案，报本级气象灾害专项应急委员会备案。

气象灾害专项应急委员会各成员单位，应当在本级气象灾害专项应急委员会的统一协调指挥下，按照《中华人民共和国突发事件应对法》的规定，履行各自职责和分工，开展应急处置工作。

第二十二条 气象灾害发生地的村(居)民委员会和其他组织应当按照所在地人民政府的决定、命令，进行宣传动员，组织群众开展自救和互救，做好应急避险，协助维护社会秩序。

第二十三条 对人民生产、生活造成重大影响的气象灾害发生后，市、区人民政府应当组织气象、国土资源、林业、水务、农业、民政、安全生产监督等部门，及时对气象灾害的影响程度、受灾规模、经济损失和可能存在的安全隐患进行调查评估，分析气象灾害的起因、影响以及应急处置工作的经验和教训，完善气象灾害防御规划和应急预案。

单位和个人应当配合气象灾害灾情调查和评估工作，为调查评估提供便利条件。

第二十四条 违反本办法规定的行为，由气象主管机构和有关部门按照法律、法规、规章的规定予以处理。

第二十五条 气象主管机构和其他行政管理部门及其工作人员，有下列情形之一的，由所在单位或者上级行政主管部门、监察机关视情节轻重给予问责或者行政处分；情节严重，构成犯罪的，依法追究相关单位和人员的刑事责任：

(一)未按照规定采取应急响应或者处置不当，导致人员伤亡或者重大财产损失的；

(二)未按照规定及时发布、传播气象灾害预警信息，导致重大损害发生的；

（三）不服从气象灾害应急处置工作的统一领导和指挥，导致重大气象灾害未能有效防御的。

第二十六条 本办法自 2013 年 9 月 1 日起施行。

广西壮族自治区实施《气象灾害防御条例》办法

（2012 年 12 月 21 日广西壮族自治区第十一届人民政府第 114 次常务会议审议通过）

第一章　总　则

第一条　根据国务院《气象灾害防御条例》，结合本自治区实际，制定本办法。

第二条　在本自治区行政区域内以及本自治区管辖海域内从事气象灾害预防、监测、预报、预警和应急处置活动的单位和个人，应当遵守本办法。

第三条　县级以上人民政府应当加强对气象灾害防御工作的组织、领导和协调，建立健全气象灾害防御组织体系和应急指挥机制，将气象灾害防御纳入本级国民经济和社会发展规划，完善气象灾害预防和应急设施，并将气象灾害防御所需经费纳入本级财政预算。

第四条　县级以上气象主管机构负责本行政区域内气象灾害监测、预报、预警、风险评估和人工影响天气等工作；指导开展气象灾害防御活动；协助有关部门做好气象因素引发的衍生、次生灾害的监测、预报、预警和减灾等工作。

县级以上人民政府有关部门应当按照职责分工，做好气象灾害防御工作。

第五条 县级以上人民政府应当完善气象灾害防御工作制度和措施，明确有关部门在防御气象灾害工作中的具体职责，并将气象灾害防御工作纳入目标考核体系。

第六条 县级以上人民政府及其有关部门和乡镇人民政府，应当通过广播、电视、报纸、互联网、墙报、电子显示屏等多种形式，向社会宣传普及气象灾害防御知识，提高公众的防灾减灾意识和能力。

学校应当将气象灾害防御知识纳入有关课程和课外教育内容，培养和提高学生的气象灾害防范意识和避灾、避险、自救互救能力。

新闻单位、企业事业单位、村民委员会、居民委员会应当协助开展气象灾害防范和避灾、避险、自救互救知识的宣传教育。

气象主管机构应当会同有关部门对学校、企业事业单位、村民委员会、居民委员会等开展气象灾害防御教育进行指导和监督。

第二章 预 防

第七条 县级以上人民政府应当组织气象主管机构和有关部门对气象灾害的种类、次数、强度和损失等情况开展气象灾害普查，建立气象灾害数据库，分类进行气象灾害风险评估，并根据气象灾害分布情况和气象灾害风险评估结果，划定气象灾害风险区域。

气象灾害风险评估应当包括气象灾害危险性分析、易损性分析、直接和间接损失分析、防御措施等主要内容。

第八条 县级以上人民政府应当组织气象主管机构和有关部门，根据气象灾害防御需要，按照国家气象灾害风险评估规定，对气象灾害高危区域涉及公共安全的项目或者场所进行气象灾害风险评估，划定气象灾害风险等级，制定风险管理措施。

第九条 县级以上人民政府应当组织气象主管机构和有关部门，编制本行政区域的气象灾害防御规划及其实施办法。

编制城乡规划，区域、流域建设开发利用规划和土地利用总体规划，应当与气象灾害防御规划相衔接。

第十条 县级以上人民政府应当组织气象主管机构和有关部门，编制气象灾害应急预案。

各级人民政府应当根据本地气象灾害特点，组织开展气象灾害应急演练。学校、企业事业单位、村民委员会、居民委员会应当协助本地人民政府做好气象灾害应急演练工作。

第十一条 县级以上人民政府及其有关部门应当加强海塘、堤防、避风港、防护林、避风锚地、防洪排涝设施、避灾安置场所等气象灾害防御设施建设和维护，提高气象灾害防御能力。

第十二条 县级以上人民政府应当将农村气象灾害防御设施建设纳入农村公共服务体系。雷电多发易发区的村屯、学校等人员密集场所应当建设雷电防护装置。

第十三条 气象主管机构应当会同农业、林业等部门建立农业气象灾害早期预警与防范联动机制，制定农业气象灾害预警标准和灾情调查规范，开展重大农业气象灾害监测预警，划定农业气象灾害风险区域，减轻气象灾害的影响。

第十四条 各类建(构)筑物、场所和设施的防雷装置设计、审核和竣工验收资料应当纳入建设项目档案。

第十五条 县级以上人民政府应当加强对人工影响天气工作的领导和协调，配备人工影响天气必需的人员和设备、设施，完善指挥和作业体系。

县级以上人民政府应当根据高温、干旱、冰雹、森林火险、环境污染等情况，组织气象主管机构适时开展增雨、消雹等人工影响天气作业。

第十六条　有关部门和单位应当根据本地台风、暴雨（雪）、寒潮、大风、低温、高温、干旱、雷电、冰雹、霜冻、大雾等灾害性天气监测预报情况，加强对气象灾害易发区域的机场、道路、航道、电力、通信、病险水库、危旧房屋、易倒物、应急物资储备等设施和场所的巡查、维护和除险加固。

第三章　监测、预报和预警

第十七条　县级以上人民政府应当根据气象灾害防御需要，整合完善跨地区、跨部门的气象灾害监测网络和气象灾害监测信息共享平台，建设应急移动气象灾害监测设施，配备应急监测队伍，完善气象灾害监测体系。

第十八条　县级以上人民政府应当组织气象主管机构在人口密集区、农产品主产区、地质灾害易发多发区、重要江河流域、森林、渔场等气象灾害监测重点区域以及气象站稀疏区增加设置气象灾害监测站点。

第十九条　有关部门和单位根据防灾减灾需要设置气象监测设施的，应当征求气象主管机构意见。设置的气象监测设施应当遵守国家制定的气象技术标准、规范和规程。

第二十条　气象主管机构应当根据气象灾害防御的需要组织开展跨地区、跨部门的气象灾害联合监测。

有关部门和单位应当按照各自职责开展气象灾害及衍生、次生灾害的监测工作，并及时、准确向气象主管机构提供雨情、水情、风情、旱情等与气象灾害有关的监测信息，实现气象灾害监测信息共享。

第二十一条　县级以上人民政府应当根据气象灾害预警信息快捷发布需要，组织有关部门在学校、医院、社区、集市、机场、码头、车站、旅游景点等人员密集场所和气象灾害易发多发的高速公路、河流、水库、渔场、矿区、林区、农产品主产区等区域设置和完善气象灾害预警信息接收和播发设施。

第二十二条 县级以上人民政府应当加强农村、山区、海上等信息传递薄弱地区的气象灾害预警信息接收和播发设施建设。

乡镇人民政府(街道办事处)、村民委员会、居民委员会应当分别确定气象信息员,协助有关部门开展气象灾害防御知识宣传、应急联络、预警信息的接收与传递、灾害报告和灾情调查收集报告等工作,并给予必要的工作补贴。

第二十三条 县级以上人民政府应当组织气象主管机构和有关部门建立、完善气象灾害预警信息以及气象因素引发的海啸、洪水、泥石流、山体滑坡、道路交通安全等次生、衍生灾害信息制作和统一发布制度,为公众生活、防汛抗旱、森林火险、工农业生产、突发环境污染事件的应急处置、灾害防治、应急救援等提供及时保障服务。

气象主管机构所属气象台站应当加强灾害性天气监测预报工作,按照职责统一发布灾害性天气预报、预警信息,并根据天气变化情况及时补充、订正。

第二十四条 广播、电视、报纸、互联网、电信等媒体在收到气象主管机构所属气象台站提供的气象灾害预警信息后,应当及时向社会播发(含增播、插播)或者刊登,并标明提供气象灾害预警信息的气象台站名称及时间。不得拒绝、延误或者传播虚假、过时的气象灾害预警信息;不得更改、删减气象灾害预警信息内容。

电信运营企业应当按照县级以上人民政府和气象主管机构的要求,实时向气象灾害预警区域内的手机用户发布气象灾害预警信息。

第二十五条 县级以上人民政府有关部门和机场、码头、车站、集市、旅游景点、公路、铁路、河流、水库、渔场、林场、自然保护区的管理机构以及学校、医院、矿区、企业事业等单位,收到气象主管机构所属气象台站提供的气象灾害预警信息后，应当因地制宜地利用有线广播、喇叭等工具及时向受影响的公众播报。

乡镇人民政府（街道办事处）和村民委员会、居民委员会的气象信息员收到气象主管机构所属气象台站提供的气象灾害预警信息后，应当及时向本乡镇、街道社区、村（屯）的人员传播。

第四章　应急处置

第二十六条　县级以上人民政府应当根据气象灾害预警信息和气象灾害应急预案启动标准，及时启动相应级别的应急预案，并根据灾害性天气的性质、强度、危害程度和影响范围，将气象灾害可能造成人员伤亡或者重大财产损失的区域临时确定为气象灾害危险区，及时向社会公告并采取应急处置措施。

第二十七条　气象灾害发生地的民政、卫生、国土资源、交通运输、水利、教育、住房和城乡建设、农业、林业、公安、海洋、渔业、海事、铁路、通信、电力等有关部门和单位应当根据本级人民政府的决定、命令，开展应急动员和灾情巡查，做好应急救援队伍、装备、物资等准备工作；情况紧急时，组织受到灾害威胁的人员转移、疏散，开展自救互救。

第二十八条　学校、社区、村民委员会、居民委员会、企业事业单位以及个人应当按照当地人民政府的决定、命令，进行宣传动员，协助维护社会秩序；受到灾害威胁时，应当及时组织人员转移、疏散，进行自救互救。

第二十九条　气象灾害发生后，气象主管机构应当组织有关气象台站对灾害性天气进行跟踪监测和评估，及时向本级人民政府报告灾害性天气实况、发展趋势和评估结果，并适时调整预警级别或者解除预警。

第三十条　县级以上人民政府应当根据气象主管机构提供的

灾害性天气发生、发展趋势信息以及灾情发展情况，按照有关规定适时调整气象灾害应急级别或者作出解除气象灾害应急措施的决定。

第三十一条 气象灾害应急处置工作结束后，灾害发生地县级以上人民政府应当组织有关部门、单位对气象灾害造成的损失进行调查，总结分析气象灾害应急处置工作的经验和教训，完善气象灾害防御规划和应急预案，制定恢复重建计划，并向上一级人民政府报告。

第五章 法律责任

第三十二条 违反本办法规定的行为，法律、法规已有处罚规定的，从其规定。

第三十三条 违反本办法规定，气象主管机构和有关部门有下列行为之一的，由其上级机关或者行政监察机关责令改正；情节严重的，对直接负责的主管人员和其他直接责任人员依法给予行政处分：

（一）不及时提供气象灾害及其衍生、次生灾害监测信息；

（二）未按照规定采取气象灾害预防措施和应急处置措施；

（三）瞒报、谎报或者因玩忽职守错报气象灾害预警信号；

（四）其他玩忽职守、滥用职权、徇私舞弊的。

第三十四条 违反本办法规定，广播、电视、报纸、互联网、电信等媒体未按照要求播发或者刊登灾害性天气警报和气象灾害预警信息的，由县级以上气象主管机构责令改正，给予警告，可以处1万元以上5万元以下的罚款。对直接负责的主管人员和其他直接责任人员依法给予处分。

第六章　附　则

第三十五条　本办法自 2013 年 3 月 1 日起施行。

陕西省气象灾害监测预警办法

（陕西省人民政府2013年第5次常务会议通过，
2013年4月20日公布）

第一条 为加强气象灾害监测预警，提高气象灾害防御和应急救援能力，保障人民生命财产安全，依据《中华人民共和国气象法》和《陕西省气象灾害防御条例》、《陕西省实施〈中华人民共和国突发事件应对法〉办法》等有关法律法规，结合本省实际，制定本办法。

第二条 本省行政区域内气象灾害的监测、预报和预警活动，适用本办法。

第三条 气象灾害监测预警坚持政府主导、统筹规划、部门联动、分级负责、社会参与的原则，做到监测到位、预报准确、预警及时、应对高效。

第四条 县级以上人民政府应当加强对气象灾害监测预警工作的领导，组织有关部门建立气象灾害信息共享和气象灾害监测预警联动机制，将气象灾害监测预警体系建设纳入当地经济社会发展规划，所需费用列入本级财政预算。

第五条 县级以上气象主管机构负责本行政区域内的气象灾害监测、预报、预警及其信息管理工作。

县级以上人民政府农业、水利、国土资源、环境保护、新闻出版、广播电视、通信等部门应当按照各自职责，做好气象灾害的监测预警工作。

通信运营商、媒体以及其他相关单位应当依法做好气象灾害预警信息的传播工作。

第六条 县级以上气象主管机构应当利用气象探测网络，组织所属气象台站对可能影响当地的灾害性天气进行监测，开展气象灾害风险评估。会同发展和改革、农业、水利、国土资源等部门编制气象灾害监测站网分布规划，报同级人民政府批准实施。

第七条 县级以上人民政府应当加强气象灾害监测设施的建设，根据气象灾害风险评估结果和气象灾害防御的需要，建立健全覆盖城乡的气象灾害监测网，并保障设施的正常运转。

第八条 县级以上气象主管机构应当加强对本行政区域内气象台站的行业管理和业务指导，组织所属气象台站、有关部门所属气象台站或者气象监测站点，以及水文、地质、环境等与灾害性天气监测有关的单位，对灾害性天气和气象灾害实施联合监测。

县级以上气象主管机构应当加强对监测设施的计量监督，保证监测数据真实、准确。

农业、水利、国土资源、环境保护等部门应当及时督促所属气象台站或者气象监测站点以及与灾害性天气监测有关的单位，向本级人民政府和气象主管机构及时提供准确的雨情、水情、风情、旱情等监测信息。

第九条 依法设立的气象灾害预警队伍及其协理员、信息员，负责气象灾害信息的收集和预警信息的传播。

鼓励、支持气象志愿者参与气象灾害信息的收集和预警信息的传播，有关单位应当做好组织培训工作。

第十条 各级人民政府、气象主管机构以及其他有关部门和单位，应当按照有关规定即时报送或者通报气象灾害信息。

气象协理员、信息员应当即时向气象主管机构和有关单位如实报告气象灾害信息。

第十一条 县(市、区)、乡(镇)、街道办事处、村民委员会和相关单位应当加强对气象协理员和信息员的管理，提供必要的装备和经费保障。

气象主管机构应当加强对气象协理员和信息员的业务指导和气象灾害防御知识培训。

第十二条 县级以上人民政府应当将收集到的气象灾害信息及时纳入本地区统一的突发事件信息系统，实现互联互通、信息共享。

第十三条 县级以上气象主管机构所属气象台站依据气象监测信息，预测气象灾害即将发生或者发生的可能性增大时，应当根据有关规定，发布灾害性天气预报、预警信息或者气象灾害预警信号。当同时出现或者预报出现多种气象灾害时，可以同时发布多种预警信号。

其他单位或者个人不得向社会发布灾害性天气预报、预警信息和气象灾害预警信号。

第十四条 根据气象灾害发生的紧急程度、发展势态和可能造成的危害程度，气象灾害的预警级别按照国家规定分为一级、二级、三级和四级，分别用红色、橙色、黄色和蓝色标示。一级预警即红色预警为最高级别。

第十五条 县级以上气象主管机构应当根据气象灾害预警，对发生气象灾害的可能性及其造成的影响进行评估。可能发生重大或者特别重大气象灾害的，应当立即报告本级人民政府，并向上级气象主管机构和可能受到危害地区的气象主管机构通报。

第十六条 发布气象灾害预警的气象台站应当根据灾害性天气发展势态，按照有关规定适时调整预警级别并重新发布或者终止、解除预警。

调整预警级别，重新发布或者终止、解除预警，应当及时报告当地人民政府及气象主管机构，并通报有关部门和媒体。

第十七条 广播、电视、报纸、网络等媒体和通信运营单位（以下简称传播单位）应当具备气象预警信息接收与传播的条件，无偿承担预警信息传播工作。

气象台站发布气象灾害预警后，应当即时将预警信息或者预警信号传送至传播单位。

第十八条 传播单位收到当地气象台站直接提供的预警信息或者预警信号后，应当按照有关规定即时播发或者刊登。

第十九条 县级以上人民政府和有关部门应当在学校、医院、社区、机场、港口、车站、旅游景点、大型商场等公共场所，建设电子显示屏等预警信息接收与传播设施，完善预警信息传播手段。

第二十条 县（市、区）、乡（镇）人民政府、街道办事处应当加强气象工作机构建设，完善信息接收终端设施，提升基层和偏远地区的预警信息传播能力。

第二十一条 气象台站应当向下列防御气象灾害的重点单位及其管理部门（以下简称防灾重点单位）即时传送预警信息：

（一）高速公路、铁路；

（二）输油、输气管线；

（三）供电、供热、供水管线；

（四）通信干线；

（五）大型水利工程、机场、矿山；

（六）化工企业、加油加气站等易燃易爆产品储存场所；

（七）重点文物。

防灾重点单位应当完善信息接收终端设施和气象灾害预警设施，指定专人负责气象灾害预警信息接收传递工作，保证接收畅通，并将预警信息即时告知本单位工作人员。

第二十二条 乡（镇）人民政府、街道办事处、村（居）民委员会收到预警信息后，应当组织气象协理员、信息员和志愿者通过广播、电话、鸣锣吹哨等多种手段向公众即时传播。

第二十三条 县级以上人民政府及有关部门在收到预警信息

后，应当即时传播预警信息并根据预警级别和防御指南的要求，适时启动应急预案，组织有关单位和人员做好气象灾害防御工作，避免或者减轻气象灾害。

第二十四条 各级人民政府及相关部门应当做好气象灾害监测预警和灾害防御知识的宣传工作，增强公众防灾减灾意识，提高公众自救互救能力。

广播、电视、报纸、网络等媒体应当做好气象灾害预警知识宣传的相关工作。

第二十五条 防灾重点单位违反本办法第二十一条第二款规定的，由气象主管机构责令限期改正。

第二十六条 违反本办法规定的其他行为，法律法规已有处罚规定的，从其规定。

第二十七条 国家工作人员玩忽职守，导致监测预警和信息发布工作出现重大失误的，对直接负责的主管人员和其他直接责任人员给予行政处分；构成犯罪的，依法追究刑事责任。

第二十八条 本办法自 2013 年 6 月 1 日起施行。

西安市雷电灾害风险评估管理办法

（2012 年 10 月 23 日西安市人民政府第 27 次常务会议通过）

第一条 为了规范雷电灾害风险评估活动，防御和减轻雷电灾害，保护人民生命财产和公共安全，依据《气象灾害防御条例》和《陕西省气象灾害防御条例》等法规的规定，结合本市实际，制定本办法。

第二条 本办法所称雷电灾害风险评估，是指以实现系统防雷为目的，根据大气雷电环境、地理地质条件等参数，对防护对象可能遭受雷击的概率及雷击后产生后果的严重程度进行分析计算，为防雷工程设计提供依据的专业技术活动。

第三条 本办法适用于本市行政区域内的雷电灾害风险评估活动。

第四条 市气象主管机构负责本市行政区域内雷电灾害风险评估活动的监督管理。

长安区、临潼区及市辖县气象主管机构在市气象主管机构的指导下具体负责本行政区域内雷电灾害风险评估活动的监督管理。

发展改革、规划、建设、安监、民政、公安等行政管理部门应当按照职责，协同做好雷电灾害风险评估工作。

第五条 气象主管机构应当组织民政等部门，对本行政区域内发生的雷电灾害和造成的损失等情况开展普查，建立雷电灾害基础数据库，编制雷电灾害风险区划，并向社会公布。

第六条 下列建(构)筑物、场所和设施应当在防雷装置设计前，进行雷电灾害风险评估：

(一)国家、省和本市确定的大型建设工程、重点工程和重点文物保护工程；

(二)新建、改建、扩建的危险化学品、民爆物品和易燃物品生产、输送、储存工程；

(三)高度超过50米或者单体建筑面积超过2万平方米或者群体面积超过30万平方米的建(构)筑物；20层(不含20层)以上居住建筑；

(四)大型体育场馆、医院、学校、商场和旅游景点等人员密集场所；

(五)其他需要进行雷电灾害风险评估的建(构)筑物、场所和设施。

第七条 雷电灾害风险评估应当由建设单位委托防雷减灾专业机构(以下简称"评估机构")进行，并签订服务协议。

第八条 评估机构应当在接受委托后按照国家、省相关规定和技术标准编制建设工程雷电灾害风险评估报告，并对评估结论负责。

第九条 评估机构进行雷电灾害风险评估，应当使用气象主管机构所属气象台站直接提供的气象资料或者经过当地气象主管机构审查的气象资料。

第十条 雷电灾害风险评估报告应当包括下列内容：

(一)建设工程概况；

(二)评估所依据的标准、规范、规程和方法；

(三)评估所用数据代表性、可靠性说明；

(四)建设工程所在区域的气候背景、雷电环境分析；

（五）雷电灾害风险性分析，极端雷击事件出现概率；

（六）预防或者减轻影响的措施和建议；

（七）其他需要报告的事项。

第十一条 市气象主管机构应当组织专家对雷电灾害风险评估报告进行评审。评审可以采取书面评审或者会议评审的方式进行。

长安区、临潼区及市辖县行政区域内雷电灾害风险评估报告的评审工作，由所在地区县气象主管机构组织实施。

雷电灾害风险评估报告应当经过专家评审后方可使用。经评审通过的雷电灾害风险评估报告不得随意更改。

第十二条 需要进行雷电灾害风险评估的建设项目，建设单位在申请防雷设计审核时应当提供符合规定的雷电灾害风险评估报告。

雷电灾害风险评估报告作为建设工程防雷装置设计审核的依据。不能提供符合规定的雷电灾害风险评估报告的，气象主管机构不予受理防雷设计审核申请。

第十三条 建设单位应当配合气象主管机构和评估机构做好雷电灾害风险评估工作，自觉接受当地气象主管机构的监督管理。

第十四条 建设单位违反本办法规定，应当进行雷电灾害风险评估而拒不评估的，由所在地气象主管机构给予警告并限期责令改正。

第十五条 气象主管机构和评估机构工作人员在雷电灾害风险评估工作中滥用职权、徇私舞弊、玩忽职守的，由所在单位依法给予行政处分；构成犯罪的，依法追究刑事责任。

第十六条 本办法自 2013 年 2 月 11 日起施行。

西安市气象灾害监测预警办法

（2013 年 11 月 4 日西安市人民政府
第 70 次常务会议通过）

第一条 为了规范气象灾害监测预警管理，提高气象灾害防御和应急处置能力，保护人民生命财产安全。依据《中华人民共和国气象法》、国务院《气象灾害防御条例》和《西安市气象灾害防御条例》等法律法规，结合本市实际，制定本办法。

第二条 本市行政区域内从事气象灾害监测、预报和预警活动的单位和个人，应当遵守本办法。

第三条 气象灾害监测预警坚持政府主导、统筹规划、部门联动、分级负责、社会参与的原则，做到资源共享、监测到位、预报准确、预警及时、应对高效。

第四条 市、区、县人民政府应当加强气象灾害监测预警工作的领导，组织有关部门建立气象灾害监测信息共享和气象灾害监测预警联动机制，将气象灾害监测预警体系建设纳入经济社会发展规划，所需资金列入本级财政预算。

第五条 市气象主管机构负责本市气象灾害监测、预报、预警和信息发布的组织管理工作。

区、县气象主管机构负责本行政区域内气象灾害监测、预报、预警和信息发布的组织管理工作，并接受市气象主管机构的业务指导。未设立气象主管机构的区，由市气象主管机构负责相关工作。

发展和改革、农业、水务、国土资源、规划、建设、环境保护、工信、财政、教育、林业、公安、交通、文广新、安监、市政、旅游等行政管理部门应当按照各自职责，做好气象灾害监测预警工作。

第六条 气象主管机构应当组织气象防灾减灾和应对气候变化知识的教育普及和宣传工作，编印气象灾害预警知识宣传材料，增强社会公众的防灾减灾意识，提高公众自救、互救能力。

第七条 媒体和通信运营单位（以下简称传播单位）应当做好气象灾害监测预警信息的传播工作，以及气象灾害预警知识的宣传工作。

第八条 市气象主管机构应当会同发展和改革、农业、水务、国土资源、环保等部门组织编制本市气象灾害监测站点和预警信息传播设施设置规划，并报市人民政府批准。

区、县人民政府和开发区管委会应当在市气象主管机构的指导下，按照规划要求设置气象灾害监测站点和预警信息传播设施，并纳入全市气象灾害监测预警体系。

乡（镇）人民政府、街道办事处应当完善气象灾害预警信息接收终端，逐步提升基层和偏远地区的预警信息接收传播能力。

第九条 气象主管机构应当会同规划、国土资源等行政管理部门，依据气象灾害监测站点和预警信息传播设施设置规划，组织编制气象探测设施和气象探测环境专项保护规划，报本级人民政府批准后，纳入城乡总体规划和土地利用总体规划。

第十条 任何单位和个人都有保护气象灾害监测和预警信息传播设施，对破坏行为进行举报的义务。

第十一条 气象主管机构应当加强对人口密集区、农业主产区、秦岭生态保护区和气象衍生、次生灾害易发区等敏感地区的监测，重点监测暴雨、暴雪、大雾、霾、雷电、大风、沙尘暴、高温、干旱、冰雹、霜冻等气象灾害。

第十二条 气象主管机构应当加强对本行政区域内气象台

站、气象监测站点的业务管理和技术指导，做好监测设施的计量监督，保证监测数据真实、准确，并可以根据需要组织本行政区域内的气象台站、气象监测站点，以及防汛、地质、环境等与灾害性天气监测有关的单位，对灾害性天气和气象灾害实施联合监测。

水务、环保、国土资源、农业等行政管理部门以及其他与气象灾害监测有关的单位，应当督促所属监测站点与气象主管机构及其所属气象台站传输和共享雨情、水情、风情、旱情、大气环境监测、地质灾害隐患点数据等监测信息。

第十三条 区、县人民政府应当健全气象灾害预警队伍，并提供必要的装备和经费保障。未设气象主管机构的区，可以根据需要，在市气象主管机构的指导下建立气象工作站、气象信息站等气象灾害预警队伍。

气象灾害预警队伍的气象协理员、气象信息员由乡（镇）人民政府、街道办事处和相关单位确定。

气象灾害预警队伍应当做好气象灾害信息的收集，即时向气象主管机构和有关单位如实报告，收到预警信息后应当及时传播。

第十四条 鼓励、支持气象志愿者参与气象灾害信息的收集和预警信息的传播，气象主管机构应当做好组织工作。

气象主管机构应当加强对气象协理员、气象信息员、气象志愿者的业务技术指导和气象灾害防御知识培训。

第十五条 气象灾害的预警级别根据气象灾害发生的紧急程度、发展势态和可能造成的危害程度，分为一级、二级、三级和四级，分别用红色、橙色、黄色和蓝色标示。一级预警即红色预警为最高级别。

第十六条 灾害性天气预报、预警信息和气象灾害预警信号，应当由气象主管机构所属气象台按照有关规定向社会发布、更新和解除。其他单位或者个人不得向社会发布。

第十七条 区、县人民政府应当将收集到的气象灾害预警信息及时纳入突发事件应急响应信息系统，实现互联互通、信息共享。

第十八条 气象台站发布气象灾害预警后，应当即时将预警信息或者预警信号传送至传播单位。

传播单位应当完善气象灾害预警信息接收与传播的条件，建立气象灾害预警信息接收责任制度，无偿承担气象灾害预警信息传播工作，及时传播气象灾害预警信息。紧急情况下，广播、电视媒体应当立即采用滚动字幕、加开视频窗口或者中断正常播出等方式迅速播报气象灾害预警信息。

第十九条 市级相关部门和区、县人民政府以及开发区管委会，应当在交通枢纽、公共活动场所等人口密集区域、气象灾害高敏感区域和易发区域设立气象灾害预警信息播发设施，并保障其正常运转。

学校、医院、车站、旅游景点、商场等公共场所的管理单位和户外广告经营单位应当按照气象主管机构的要求，利用设立的电子显示屏、广播或者其他设施，向公众播发气象灾害预警信息。

第二十条 市级相关部门和区、县人民政府以及开发区管委会收到气象灾害预警信息后，应当适时启动相应的应急预案，组织有关单位和人员做好气象灾害防御工作。

乡（镇）人民政府、街道办事处、村（居）民委员会收到气象灾害预警信息后，应当组织气象协理员、气象信息员和气象志愿者向公众即时传播，并采取有效措施防灾避险。

第二十一条 法律、法规和规章确定的防御气象灾害重点单位，应当按照气象主管机构的要求建立和完善气象灾害预警制度，制定气象灾害防御应急预案和防御措施，定期组织演练，完善气象灾害预警信息接收终端设施和播发设施，指定专人负责信息接收传递工作。

第二十二条 传播单位违反本办法规定，未建立气象灾害预警信息接收责任制度或者未设置气象灾害预警信息接收终端的，由气象主管机构责令限期整改。

第二十三条 违反本法规定的其他行为，由相关部门按照法律、法规的规定予以处理。

第二十四条 国家工作人员玩忽职守，导致气象灾害监测预警和信息发布工作出现重大失误的，对直接负责的主管人员和其他直接责任人员给予行政处分；构成犯罪的，依法追究刑事责任。

第二十五条 本办法自 2013 年 12 月 15 日起施行。

新疆维吾尔自治区实施《人工影响天气管理条例》办法

（2013年1月15日新疆维吾尔自治区第十一届人民政府第36次常务会议讨论通过）

第一条 根据国务院《人工影响天气管理条例》和有关法律、法规，结合自治区实际，制定本办法。

第二条 在自治区行政区域内从事人工影响天气及其管理活动，应当遵守本办法。

第三条 人工影响天气工作应当遵循统一、科学、规范、安全和服务的原则。

第四条 县级以上人民政府应当加强对人工影响天气工作的领导，将人工影响天气事业发展纳入国民经济和社会发展规划。

第五条 县（市）以上气象主管机构负责本行政区域内的人工影响天气工作。

发展和改革、财政、经济和信息化、公安、农业、畜牧、林业、水利、环境保护、民航等部门按照各自法定职责，负责人工影响天气相关工作。

第六条 县（市）以上气象主管机构应当组织开展人工影响天气在防灾减灾、气候变化、生态环境保护、保障农牧业生产安全和空中云水资源开发利用等方面的研究。

第七条 开发利用空中云水资源实施人工影响天气作业的，自治区气象主管机构应当依照国家有关规定，对空中云水资源利用潜力、气候适宜性、风险性以及可能对局地气候产生的影响等进行分析、评估。

第八条 县(市)以上气象主管机构应当会同发展和改革、财政、农业、畜牧、林业、水利、环境保护等有关部门编制本行政区域人工影响天气工作年度计划，报本级人民政府批准后实施。

实施人工影响天气工作计划所需基本建设经费、事业经费、作业经费和科学研究经费列入本级财政预算。

第九条 县(市)气象主管机构应当根据本行政区域气候特点、地理条件等，提出人工影响天气作业地点布设方案，经州、市(地)气象主管机构初审后，报自治区气象主管机构会同有关飞行管制部门确定。

经确定的人工影响天气作业地点不得擅自变动；确需变动的，应当按照前款规定办理。

第十条 人工影响天气作业设备库房、弹药库房、发射平台等设施建设，应当符合国家和自治区有关标准。

第十一条 从事人工影响天气作业的单位(以下简称作业单位)，应当具备法人资格，并符合下列条件：

(一)作业高射炮、火箭发射装置、焰弹发射装置符合国家有关强制性技术标准；

(二)炮库、弹药库等基础设施符合有关安全管理规定；

(三)指挥人员和作业人员须经自治区气象主管机构培训考核合格，并达到规定人数；

(四)具有与人工影响天气作业指挥平台和飞行管制部门保持联系的通信设备。

第十二条 申请从事人工影响天气作业的单位，应当向州、市(地)气象主管机构提出申请，并提交下列材料：

(一)单位法人机构代码证；

(二)作业设备合格证；

（三）作业人员培训考核合格证；

（四）有关安全作业管理制度。

州、市（地）气象主管机构应当自收到申请之日起 20 日内提出初步审核意见，报自治区气象主管机构认定；自治区气象主管机构应当自收到审核意见之日起 20 日内，对符合条件的，颁发人工影响天气作业单位认定证书；对不符合条件的不予认定，并向申请人说明理由。

第十三条 有下列情形之一的，县（市）以上气象主管机构应当组织作业单位实施人工影响天气作业：

（一）已经出现干旱，预计旱情将会加重；

（二）可能出现严重冰雹天气；

（三）发生森林、草原火灾或者者森林、草原长期处于高火险时段；

（四）因水资源严重短缺导致生态环境恶化；

（五）其他需要实施人工影响天气作业的情形。

跨行政区域联合实施人工影响天气作业的，由其共同的上一级气象主管机构协调组织实施。

第十四条 利用飞机实施人工影响天气作业的，自治区气象主管机构应当向飞行管制部门提出申请；利用高射炮、火箭发射装置、焰弹发射装置实施人工影响天气作业的，直接管理作业单位的气象主管机构应当向飞行管制部门提出申请。

前款规定的申请内容应当包括作业地点的名称、代号、经纬度、海拔高度和作业人员代号、作业设备、作业时限等。

第十五条 自治区气象主管机构应当与有关飞行管制部门和机场管理机构协商，在空域调配、飞机起降、备降和地勤保障等方面协同、配合，保障人工影响天气作业的实施。

第十六条 人工影响天气作业所用雷达、电台等设备及频率，由直接管理作业单位的气象主管机构依法向无线电管理机构申请办理，报自治区气象主管机构备案。

人工影响天气作业使用的无线电频率和信道受法律保护，任何单位和个人不得挤占和干扰。

第十七条 实施人工影响天气作业前，直接管理作业单位的气象主管机构应当向社会公告作业期限和作业区域。

第十八条 实施人工影响天气作业，应当在飞行管制部门批准的作业空域和作业时限内，按照国家或者行业技术标准进行操作，并遵守空中交通管制规定。

第十九条 实施人工影响天气作业后，作业单位应当将作业时间、方位、高度、弹药种类和用量、作业执行情况等如实记录存档；直接管理作业单位的气象主管机构应当及时将作业情况报上一级气象主管机构。

第二十条 作业单位应当建立健全人工影响天气作业安全管理制度，制定安全事故应急预案。

实施人工影响天气作业发生事故的，作业单位应当启动应急措施，并报告本级人民政府、气象主管机构和安全生产监督管理部门。

作业单位应当为作业人员办理人身意外伤害保险。

第二十一条 任何单位和个人不得侵占人工影响天气作业场地，不得损毁、移动人工影响天气专用设备、设施，或者实施其他对人工影响天气作业有不利影响的行为。

人工影响天气作业地点的乡（镇）人民政府和村（居）民委员会，对人工影响天气作业设备负有协助保护的义务。

第二十二条 自治区气象主管机构应当依法对人工影响天气作业设备进行年检。年检不合格的，应当立即进行检修；经检修仍达不到规定标准和要求的，予以报废。年检合格以及检修后合格的，颁发作业设备合格证。

禁止使用不合格、超过有效期或者报废的设备实施人工影响天气作业。

第二十三条 违反本办法规定，侵占人工影响天气作业场地，损毁、移动人工影响天气专用设备、设施的，按照国务院《气象设施和气象探测环境保护条例》第二十四条规定予以处罚。

第二十四条 违反本办法规定，不符合本办法规定的条件，或者使用不合格、超过有效期或者报废的设备实施人工影响天气作业的，由县(市)以上气象主管机构责令改正，可以并处一万元以上十万元以下罚款；造成损失的，依法承担赔偿责任；构成犯罪的，依法追究刑事责任。

第二十五条 气象主管机构及有关部门的工作人员，在人工影响天气工作中滥用职权、玩忽职守、徇私舞弊的，依法给予处分；构成犯罪的，依法追究刑事责任。

第二十六条 违反本办法规定的其他行为，应当承担法律责任的，依照有关法律、法规的规定执行。

第二十七条 本办法自2013年3月1日起施行。1998年7月13日自治区人民政府颁布的《新疆维吾尔自治区人工影响天气工作管理办法》(政府令第82号)同时废止。

新疆维吾尔自治区实施《气象灾害防御条例》办法

（2013 年 9 月 9 日新疆维吾尔自治区第十二届人民政府第 10 次常务会议讨论通过）

第一章 总 则

第一条 根据国务院《气象灾害防御条例》和有关法律、法规，结合自治区实际，制定本办法。

第二条 本办法适用于自治区行政区域内的气象灾害防御活动。

第三条 县级以上人民政府应当加强对气象灾害防御工作的组织和领导，将气象灾害防御工作所需经费列入本级财政预算，建立健全气象灾害防御工作协调机制，完善气象灾害防御体系建设，并将气象灾害防御工作纳入国民经济和社会发展规划以及政府绩效考核。

第四条 县（市）以上气象主管机构负责本行政区域内气象灾害的监测、预报、预警、风险评估和气候可行性论证等气象灾害防御工作。

国土资源、农业、水利、林业、畜牧、住房和城乡建设、交通运输、环境保护、广播电视、教育、民航空管等有关部门和单位按照职责分工，负责气象灾害防御的相关工作。

第五条 乡（镇）人民政府、街道办事处和社区应当确定气象灾害防御协理员、气象灾害信息员，协助气象主管机构负责气象灾害预警信息传递、应急联络、灾害报告、气象科普宣传等工作。

第六条 县级以上人民政府及有关部门应当加强气象科普和防灾减灾知识宣传，增强社会公众气象灾害防御意识，并根据本地气象灾害的特点组织应急演练，提高防灾避险、自救互救的应急能力。

第七条 鼓励和支持社会力量参与气象灾害防御工作；鼓励单位和个人参加气象灾害保险。

生产经营单位应当落实气象灾害安全生产责任制，加强气象灾害防御工作，防范因气象灾害引发的安全生产事故。

第二章 预 防

第八条 县级以上人民政府应当组织气象和有关部门开展气象灾害普查，建立气象灾害数据库，按照气象灾害种类进行气象灾害风险评估，并根据气象灾害发生的分布情况和风险评估结果，划定气象灾害风险区域，设立警示标志并予以公告。

气象灾害风险评估应当包括下列内容：

（一）气象灾害历史、现状分析；

（二）气象灾害风险预估；

（三）预防或者减轻气象灾害影响的对策和措施；

（四）气象灾害风险评估结论。

第九条 县级以上人民政府应当组织气象和有关部门，根据上一级人民政府的气象灾害防御规划，结合本地气象灾害特点以及经济社会发展要求，编制本行政区域的气象灾害防御规划并组织实施。

气象灾害防御规划应当包括下列内容：

（一）气象灾害发生发展规律和现状；

（二）气象灾害防御工作的指导思想、原则、目标和任务；

（三）气象灾害易发区域、时段和重点防御区域；

（四）气象灾害防御措施和保障机制；

（五）气象灾害防御设施建设和管理；

（六）气象灾害应急处置措施；

（七）法律、法规、规章规定的其他内容。

第十条 县级以上人民政府应当将气象灾害防御设施建设纳入城乡规划。

有关部门编制区域、流域规划、土地利用总体规划以及农业、林业、水利、交通运输、旅游等专项规划，应当与气象灾害防御规划相协调。

第十一条 与气候条件密切相关的下列规划和建设项目，应当依照国家有关规定，进行气候可行性论证：

（一）城乡规划、重点领域或者区域发展建设规划；

（二）重大基础设施建设、公共工程和大型工程建设项目；

（三）重大区域性经济开发、区域农（牧）业结构调整建设项目；

（四）大型太阳能、风能等气候资源开发利用建设项目；

（五）法律、法规、规章规定应当开展气候可行性论证的规划和建设项目。

有关部门批准前款所列事项，应当听取同级气象主管机构的意见。

第十二条 县级以上人民政府及其有关部门应当根据本地寒潮、降雪和低温冷害发生情况，加强道路、电力设施、通信线路的巡查、维护，做好交通疏导和农业种植、牲畜、家禽、水产动物、特色林果的防寒保暖等准备工作。

第十三条 县级以上人民政府及其有关部门应当根据本地旱情灾害特点，修建中小型蓄水、引水和调水等抗旱工程，储备必要的抗旱物资，适时启动人工影响天气增水作业，保障干旱期城乡居民生活供水。

第三章　监测、预报预警和应急处置

第十四条　县级以上人民政府应当加强气象灾害监测网络建设，并做好下列工作：

（一）建设移动应急观测系统、应急通信保障系统；

（二）建立气象灾害观测网，加强偏远山区、地质灾害多发点、监测站点稀疏区的监测；

（三）对大风（沙尘暴）、暴雨（雪）、雷电易发地，增加气象监测网络布点的密度；

（四）加强粮食、棉花、特色林果主产区、生态保护重点区、水资源开发利用和保护重点区的冰雹、旱情监测。

县级以上人民政府应当加强交通和通信干线、重要输电线路沿线、重要输油（气）设施、重要水利工程、重点林区、旅游区等的气象监测设施建设。

第十五条　县级以上人民政府应当组织气象、公安、民政、国土资源、住房和城乡建设、水利、农业、林业、畜牧、环境保护、交通运输、铁路、电力、通信管理等部门建立气象灾害监测、预警信息共享平台。

有关部门应当按照各自职责，及时、准确、无偿地向灾害信息共享平台提供气象、水情、旱情、森林火险、地质险情、环境污染等与气象灾害有关的监测信息，预防气象灾害和次生灾害的发生。

第十六条　气象主管机构所属气象台（站）应当提高气象灾害预报、警报的准确性、时效性，组织跨区域预报会商和监测联防，并根据天气变化情况，按照职责和公共服务需要及时向社会统一发布灾害性天气预报和气象灾害预警信号。

第十七条 有关部门和单位应当根据气象灾害防御的需要，在学校、医院、社区、机场、车站、旅游景点等公共场所和气象灾害易发区域，建立电子显示屏等气象灾害预警信息接收与传播设施。

第十八条 广播、电视、报纸、通信、互联网等媒体，应当及时、准确、无偿地向公众播发或者刊登当地气象主管机构所属气象台(站)提供的实时灾害性天气预报和气象灾害预警信号，并根据当地气象台(站)的要求及时增播、插播或者刊登；不得拒绝传播、延误传播、更改、删减灾害性天气预报和气象灾害预警信号；不得传播虚假的灾害性天气预报和气象灾害预警信号。

第十九条 县级以上人民政府应当组织气象主管机构、有关部门编制气象灾害应急预案。

第二十条 气象灾害发生地的机关、企事业单位、社区、村(居)民委员会应当按照本级人民政府的决定进行宣传动员，组织群众开展自救和互救，协助维护社会秩序。

第二十一条 气象灾害应急处置工作结束后，县级以上人民政府应当组织气象主管机构和民政、国土资源、农业、水利、安全生产监督管理等有关部门对气象灾害造成的损失及气象灾害的起因、性质、影响等问题进行调查、评估和分析，制定恢复重建计划，并向上一级人民政府报告。

第四章 法律责任

第二十二条 违反本办法规定，县(市)以上气象主管机构和其他有关部门有下列情形之一的，由其上级机关或者监察机关责令改正，对直接负责的主管人员和其他直接责任人员依法给予处分；构成犯罪的，依法追究刑事责任：

(一)未向气象灾害监测信息共享平台提供相关监测信息的；

(二)未建设气象灾害防御设施和气象灾害预警信息接收与传

播设施，造成严重后果的；

（三）未根据天气变化情况，及时发布灾害性天气预报和气象灾害预警信号的；

（四）对应当进行气候可行性论证的规划、建设项目审批立项时，未征求同级气象主管机构的意见，造成严重后果的；

（五）未及时采取应急处置措施或者处置不当的；

（六）其他玩忽职守、滥用职权、徇私舞弊行为的。

第二十三条 违反本办法规定的其他行为，应当承担法律责任的，依照有关法律、法规的规定执行。

第五章 附 则

第二十四条 本办法自 2013 年 11 月 1 日起施行。

青岛市气象灾害防御条例

（2013年8月29日青岛市第十五届人民代表大会常务委员会第十三次会议通过，2013年9月29日山东省第十二届人民代表大会常务委员会第四次会议批准）

第一条 为了防御气象灾害，避免、减轻气象灾害造成的损失，根据有关法律、法规，结合本市实际，制定本条例。

第二条 本市管辖区域内的气象灾害防御活动，适用本条例。

第三条 市、区（市）人民政府应当加强对气象灾害防御工作的领导，建立气象灾害防御工作协调机制，组织开展气象灾害应急处置工作。

市、区（市）人民政府应当将气象灾害防御工作纳入国民经济和社会发展规划、计划，所需经费纳入本级财政预算。

第四条 市、区（市）气象主管机构按照规定职责，负责辖区内的气象灾害防御工作。

其他有关部门和镇人民政府、街道办事处应当按照各自职责，共同做好气象灾害防御工作。

第五条 市、区（市）人民政府应当组织气象主管机构和有关部门，向社会宣传普及气象常识、气象灾害防御知识。

教育行政主管部门应当将气象灾害防御知识纳入中小学教学内容，培养和提高学生的气象灾害防范意识和自救互救能力。

第六条 市、区（市）人民政府应当组织气象主管机构和有关部门开展气象灾害普查和风险评估，划定气象灾害风险区域，根据上一级气象灾害防御规划，结合本地气象灾害特点，编制本辖区气象灾害防御规划，并向社会公布。

市、区（市）人民政府和有关部门、单位应当加强气象灾害防御基础设施建设，根据本地气象灾害的特点和风险评估结果，组织建设防风、防洪、抗旱等防御工程、设施和紧急避难场所，并定期组织巡查。

第七条 市、区（市）人民政府应当组织气象主管机构和有关部门，根据气象灾害防御规划，制定本辖区气象灾害应急预案。

气象主管机构和有关部门应当根据本级人民政府的气象灾害防御规划和应急预案，制定本部门的气象灾害应急预案，报本级人民政府备案。

易受气象灾害影响的场所和重点工程项目的产权单位或者管理单位应当制定气象灾害应急预案，报主管部门或者有管辖权的部门备案。

第八条 编制城乡规划和进行与气候条件密切相关的项目建设，应当进行气候可行性论证。气候可行性论证应当对规划或者项目所在区域的气候状况进行分析，作出气候适宜性、风险性以及气候环境影响、气象灾害风险评估，提出应对措施，形成气候可行性论证结论。

大型项目、人员密集场所和易燃易爆物品生产、储存、经营场所的建设，应当按照国家规定进行雷电灾害风险评估。

第九条 气象主管机构应当会同有关部门编制气象灾害防御的综合监测、预测预报、预警信息发布和应急气象服务等设施建设规划，报本级人民政府批准后，组织实施。

气象主管机构应当会同有关部门在气象灾害易发区域、人口密集区、农牧渔业主产区、产业聚集区和机场、港口、高速公路、航道等气象灾害监测的重点区域，统一规划设置气象灾害监测设施。

第十条 气象探测环境和气象灾害监测、预测预报、预警信息发布等气象设施受法律保护。任何组织和个人不得危害气象探测环境，不得侵占、损毁或者擅自移动气象设施。

气象设施因不可抗力或者其他因素遭到破坏时，市、区（市）人民政府应当及时组织修复，确保气象设施正常运行、使用。

按照城乡规划进行建设时，影响气象探测环境或者需迁移气象设施的，应当依法报经有审批权的气象主管机构批准。建设单位应当与气象主管机构商定保护或者迁建方案，并确保符合气象探测和监测要求。

第十一条 市、区（市）人民政府应当在交通枢纽、旅游景区、海岸游览区等人员密集的公共场所和气象灾害易发区域，建立气象灾害预警信息和海洋潮汐信息播发设施，设立警示标志。

广播、电视、报纸、网络等媒体和基础电信运营企业，应当及时、准确、无偿地播发或者刊载当地气象主管机构所属气象台站直接提供的适时气象灾害预警信息和其他部门提供的风暴潮等次生灾害预警信息。

第十二条 气象主管机构应当布设覆盖城乡的雷电监测装置，完善雷电监测网络，加强对农村雷电易发的种养殖区域以及其他雷电灾害重点防御区域的公共防雷设施建设的指导。

第十三条 按照国家规定应当安装防雷装置的建（构）筑物、场所和设施，其安装的防雷装置应当符合国家防雷标准。

防雷装置施工图设计文件，应当由气象主管机构对是否符合国家防雷设计规范提出审查意见。建设单位对建（构）筑物组织竣工验收时，应当通知气象主管机构同时验收防雷装置。防雷装置施工图设计文件和竣工验收资料，应当纳入建设项目档案。

防雷装置所有人或者管理人应当做好防雷装置的日常维护工作，并按照规定进行检测。其中，易燃易爆物品和危险化学品的生产、储存、经营场所的防雷装置，应当由具有防雷装置检测资质的单位每半年检测一次；其他防雷装置检测的具体办法，由市人民政府或者有关部门另行规定。

第十四条 市、区(市)人民政府应当组织有关部门和单位建立气象灾害监测信息网络和气象灾害信息共享机制。

有关部门和单位应当按照各自职责开展气象灾害及其次生、衍生灾害的监测工作,并及时、准确地提供雨情、风情、旱情、水情、潮汐、风暴潮、地质险情、森林火险、环境污染、植物病虫害、动物疫情等与气象灾害有关的监测信息。

气象主管机构应当会同农业、林业、海洋与渔业、水利等部门,加强专项气象灾害监测和预警,为农牧渔业生产、森林防火等提供气象实时服务。

第十五条 可能发生气象灾害时,有关部门和单位应当增加监测时次和预报、预警频次。气象主管机构所属气象台站应当组织跨区域预报会商和监测联防,并根据天气变化情况,及时发布气象灾害预警信息。

市、区(市)人民政府应当根据气象主管机构提供的气象灾害预警信息,适时启动相应的应急预案,并及时向社会发布相关信息。

市、区(市)人民政府以及有关部门、单位应当将采取的应急措施向受影响人群发布公告,并及时向社会提供有关交通状况、运行计划调整等信息。

第十六条 气象灾害应急预案启动后,市、区(市)人民政府应当组织有关部门和单位采取下列措施:

(一)划定气象灾害危险区,情况紧急时组织、动员人员疏散或者撤离;

(二)及时向社会发布避免或者减轻危害的建议、劝告;

(三)调集应急救援所需物资、设备、工具,准备应急设施和避难场所,并保障其处于良好状态;

(四)保障交通、通信、电力、市政公用等设施的安全和正常运行；

（五）关闭或者限制使用易受气象灾害影响的场所；

（六）法律、法规规定的其他措施。

必要时，市、区（市）人民政府可以采取交通管制、决定停工停业停课、临时征用应急救援所需设备、设施、场地、交通工具等应急处置措施。

第十七条 气象灾害发生后，有关部门和单位应当根据气象灾害发生的情况，加强气象次生、衍生灾害的监测和预警工作，并根据相应的应急预案，按照职责做好应急处置工作。

市、区（市）人民政府以及有关部门、单位应当根据本地台风、降雨、大雾、霾、降雪、冰冻等情况的预测预报，加强对地质灾害易发区、洪涝易发区等区域的巡查和道路、电力、通信线路、排水设施等的维护。

第十八条 气象灾害应急处置工作结束后，市、区（市）人民政府应当组织有关部门对气象灾害造成的损失进行调查、核实、评估，组织受灾地区尽快恢复生产、生活、工作和社会秩序，制定恢复重建计划，并向上一级人民政府报告。

第十九条 气象灾害发生地的居民委员会、村民委员会和其他单位应当按照当地人民政府的决定、命令，进行宣传动员，组织群众开展自救和互救，协助维护社会秩序。

当地人民政府依法在居民委员会、村民委员会和有关单位确定的专职或者兼职信息报告员，应当做好气象灾害预警信息和应急处置工作信息传播、灾情收集报告等工作。

第二十条 鼓励、支持保险机构开展气象灾害风险保险业务，鼓励单位和个人参加气象灾害保险，分散气象灾害风险。

鼓励公民、法人和其他组织为气象灾害防御工作提供物资、资金、技术支持和捐赠。

第二十一条 市、区（市）人民政府应当建立统一协调的人工影响天气指挥和作业体系，配备必要的装备设施和作业队伍。

气象主管机构应当根据需要适时组织实施人工增雨雪、防雹等人工影响天气作业，预防和减轻气象灾害。

第二十二条 违反本条例规定，有下列行为之一的，由气象主管机构责令限期改正，处五千元以上二万元以下罚款；给他人造成损失的，依法承担赔偿责任；构成犯罪的，依法追究刑事责任：

（一）应当安装防雷装置而未安装的；

（二）使用不符合标准的防雷装置的；

（三）未按照规定对防雷装置进行检测或者检测不合格又不整改的。

第二十三条 违反本条例规定，有下列行为之一的，由气象主管机构责令限期改正，给予警告，可以处一万元以上五万元以下罚款；构成违反治安管理行为的，由公安机关依法给予处罚；构成犯罪的，依法追究刑事责任：

（一）广播、电视、报纸、网络等媒体和基础电信运营企业未按照要求播发或者刊载气象灾害预警信息的；

（二）擅自向社会发布气象灾害预警信息的；

（三）传播虚假的灾害性天气信息和气象灾害灾情的。

第二十四条 本条例自 2013 年 11 月 1 日起施行。

厦门经济特区气象灾害防御条例

（2013 年 8 月 30 日厦门市第十四届人民代表大会
常务委员会第十一次会议通过）

第一章　总　则

第一条　为了规范和加强气象灾害的防御，避免、减轻气象灾害造成的损失，保障人民生命财产安全，遵循《中华人民共和国气象法》等有关法律、行政法规的基本原则，结合本经济特区实际，制定本条例。

第二条　本市行政区域内气象灾害的预防、监测、预报、预警、应急处置以及防御保障等活动，适用本条例。

本条例所称气象灾害，是指台风、暴雨、雷电、大雾、霾、大风（雷雨大风、海上大风）、低温、高温、高湿、干旱、冰雹、霜冻等造成的灾害。

第三条　气象灾害防御工作坚持以人为本、科学防御、政府主导、部门联动、社会参与的原则。

第四条　市、区人民政府应当加强对气象灾害防御工作的领导、组织和协调，建立健全气象灾害防御工作机制，提升气象灾害防御能力。

第五条　市气象主管机构负责本行政区域内气象灾害的监测、预报、预警、风险评估以及气候可行性论证、人工影响天气等气象灾害防御工作；已设立的区级气象主管机构，按照规定负责本行政区域内的气象灾害防御工作。

农业、林业、水利、海洋与渔业、规划、建设、国土资源、环境保护、交通运输、港口、旅游、教育、公安、民政等有关部门在各自职责范围内负责气象灾害防御的相关工作。

第六条 市、区人民政府及气象、科技、教育、文化广播新闻出版等有关部门应当加强气象科普和防灾减灾知识的宣传，增强社会公众气象灾害防御意识，提高避险、避灾、自救、互救的应急能力。

气象主管机构应当会同有关组织和单位开展气象灾害防御相关知识和技能培训，提高气象灾害防御应急能力。

广播、电视、报纸、互联网、电信等媒体应当及时准确传播气象信息，宣传气象灾害防御法律法规，普及气象灾害防御知识。

第二章 预 防

第七条 市气象主管机构应当会同有关部门编制气象灾害防御规划，报市人民政府批准并公布。

气象灾害防御规划应当和城乡规划、土地利用总体规划相互协调。

第八条 市、区人民政府应当根据市气象灾害防御规划制定气象灾害防御应急预案，并根据气象灾害防御工作需要适时予以修订。

气象主管机构、有关部门应当根据市气象灾害防御规划和同级人民政府气象灾害防御应急预案，制定本部门的气象灾害防御应急预案，并报同级人民政府备案。

第九条 涉及公共利益并与气候影响密切相关的建设项目应当开展气候可行性论证，对气象灾害风险作出评估。

需要进行气候可行性论证的建设项目类别由市气象主管机构会同市发展改革部门提出，报市人民政府批准并公布。

第十条 实行气象灾害防御重点单位名录制度。

市气象主管机构应当根据地理位置、气候背景、工作特性，将可能遭受气象灾害较大影响的单位列入气象灾害防御重点单位目录，报市人民政府审定后公布。

第十一条 气象灾害防御重点单位应当按照气象灾害防御要求履行下列职责：

（一）落实防御责任人及其职责；

（二）建设必要的气象灾害紧急避难场所；

（三）接收和传播预警信息；

（四）按照规定启动应急预案，加强应急预案演练，提升应急处置能力；

（五）开展气象灾害防御知识培训；

（六）其他防御准备工作。

气象灾害防御重点单位应当在每年第一季度将上一年度气象灾害防御职责的落实情况报市气象主管机构备案；对未落实气象灾害防御职责的，市气象主管机构应当责令其整改。

第十二条 气象主管机构及所属单位应当无偿为气象灾害防御重点单位提供人员培训、指导制定应急预案及其演练等服务。

第十三条 市、区人民政府及有关部门应当加强对台风、风暴潮灾害的预防，做好海堤、避风港、避风锚地、紧急避难场所等防御设施的建设、维护和管理，并定期组织开展对广告牌、危险房屋、在建建（构）筑物、电力设施等防风加固工作的安全检查。

第十四条 市人民政府应当根据国家有关规定，编制城市排水（雨水）防涝综合规划，有效应对不低于五十年一遇的暴雨。

市、区人民政府及有关部门、单位应当加强对暴雨灾害的预防，加强堤防、闸坝、泵站和排水设施的建设。

建设单位或者管理单位应当在立交桥下、下穿通道、隧道等易积水区域设置明显防汛水位标志警示线或者其他警示标识，定期检查地下商场、地下车库、隧道以及各种防洪排涝设施的运行情况，做好堤防、闸坝等重要险段的巡查、维护和地质灾害易发区的巡查、防范。有关行政管理部门应当加强监督检查。

第十五条 气象主管机构应当加强对各类建（构）筑物雷电防护装置设计审查及其竣工验收的监督检查。

属于国家《建筑物防雷设计规范》规定的第一类、第二类防雷建（构）筑物施工图设计文件进行审查时，建设单位应当就雷电防护装置的设计征求气象主管机构的意见。气象主管机构出具的意见应当作为施工图设计文件审查的依据之一。

属于国家《建筑物防雷设计规范》规定的第一类、第二类、第三类防雷建（构）筑物竣工验收时，建设单位应当通知气象主管机构参加。气象主管机构的意见应当作为建设工程质量监督机构出具工程质量监督报告的依据之一。

第十六条 市、区人民政府及有关部门、单位应当加强对大雾、霾等灾害的预防，做好机场、港口、航道、铁路、高速公路、桥梁、隧道等重要场所和交通要道的监测设施建设。

第十七条 市、区人民政府应当根据气象灾害防御的需要，加强人工影响天气工作，配备必要的设备、设施，建立统一协调的人工影响天气作业系统，推动本市与漳州、泉州人工影响天气作业指挥系统和作业空域申报审批系统的建设。

气象主管机构应当制定人工影响天气作业计划，报本级人民政府批准后，根据天气条件适时组织实施。

第三章 监测、预报和预警

第十八条 市人民政府应当按照合理布局、有效利用、资源共享的原则，建立跨地区、跨部门的气象灾害联合监测网络和气象灾害监测信息共享平台，完善气象灾害监测体系和信息共享机制。

气象、农业、林业、水利、海洋与渔业、国土资源、环境保护等有关部门和单位应当按照各自职责开展监测工作，及时、准确、无偿地向气象灾害监测信息共享平台提供气象、水情、森林火险、地质灾害、环境污染、植物病虫害等与气象灾害有关的监测信息，保障信息资源共享。

市气象主管机构对气象灾害监测信息共享平台进行统一管理和协调，并为有关部门免费提供信息。

第十九条 实行气象主管机构所属气象台站对公众气象预报和灾害性天气警报统一发布制度。

气象台站应当加强和完善气象预警信息发布系统，按照国家规定发布灾害性天气警报。

市人民政府应当支持气象主管机构加强气象现代化建设，提高气象预报、警报的准确率和时效性。

第二十条 气象主管机构所属气象台站应当及时向社会统一发布、更新或者解除台风、暴雨等灾害性天气警报和气象灾害预警信号。

其他组织和个人不得向社会发布灾害性天气警报和气象灾害预警信号。

第二十一条 气象主管机构所属气象台站应当加强对大雾、霾的监测，按照规定及时发布大雾、霾灾害的预警，适时增加预报频次，根据大雾、霾的影响程度，进行综合分析和评估。

环境保护部门应当加强对大雾、霾发生时环境空气质量状况的监测，为大雾、霾灾害的应急处置提供服务。

第二十二条 市、区人民政府及有关部门应当在人员密集区域和气象灾害易发区域建立灾害性天气警报、气象灾害预警信号接收和传播设施，并保证设施的正常运转。

第二十三条 镇人民政府、街道办事处应当协助气象主管机构、民政部门等开展气象灾害防御知识宣传、应急联络、信息传递、灾害报告和灾情调查等工作，完善气象灾害信息联络机制。

学校、医院、文化体育场（馆）、旅游景点、机场、车站、码头、高速公路等单位或者管理机构收到灾害性天气警报、预警信号后，应当通过电子显示屏、广播、信息专栏等方式及时向公众传播气象预警信息。

第二十四条 广播、电视、报纸、互联网、电信等媒体应当及时、无偿地向社会播发或者刊登市气象主管机构所属气象台站提供的适时灾害性天气警报、气象灾害预警信号，并根据气象台站的要求及时增播、插播或者刊登；不得拒绝传播、延误传播，不得更改、删减灾害性天气警报和气象灾害预警信号，不得传播虚假、过时的灾害性天气警报和气象灾害预警信号。

对台风、暴雨、大雾等气象灾害红色预警信号和局地暴雨、大风等突发性气象灾害预警信号，广播、电视、互联网、电信等媒体应当采用滚动字幕、加开视频窗口以及中断正常节目予以插播、语音提示等方式实时播发。

第四章 应急处置

第二十五条 市、区人民政府应当根据气象灾害预警级别、气象灾害种类、范围和程度，及时启动气象灾害防御应急预案，并向社会公布。其中，台风、暴雨、干旱气象灾害防御应急预案由防汛抗旱指挥机构具体负责启动并组织实施；海上大风、雷电、大雾、霾、低温、高温、高湿、冰雹、霜冻等气象灾害防御应急预案由气象灾害防御领导小组具体负责启动并组织实施。

气象灾害防御应急预案启动后，有关部门和单位应当按照各自职责，做好相应的气象灾害防御应急工作。

对市、区人民政府及有关部门采取的气象灾害应急处置措施，任何单位和个人应当配合实施，不得妨碍气象灾害救助活动。

第二十六条 台风可能影响或者登陆前12小时，电视、广播应当固定一个频道(率)，整点连线报道台风信息和防台抗台工作动态，必要时应当连续滚动播报。

台风气象灾害防御应急预案启动后，市、区防汛抗旱指挥机构以及全市各级各单位防汛责任人应当按照应急预案规定到岗到位。

台风气象灾害防御应急预案启动后，市防汛抗旱指挥机构以及有关部门、单位应当按照应急预案相应的要求，作出停课、停航、渔船回港、停运、大桥和道路交通管制、旅游景点关闭以及其他相关决定，并通过电视、广播等媒体及时向社会发布。

第二十七条 暴雨气象灾害防御应急预案启动后，市、区防汛抗旱指挥机构以及全市各级各单位防汛责任人应当按照应急预案规定到岗到位。有关单位应当按照应急预案相应的要求，及时组织低洼地、危房、工棚、简易搭盖、地质灾害隐患点等危险地带群众安全转移，实施水库、河道洪水调度，采取城市建城区排涝应急措施。

市气象主管机构所属气象台及时滚动发布暴雨警报，海洋预报机构及时预测预报潮位、通报实测潮位，水文机构及时监测预报洪水。广播、电视至少安排一个频道(率)宣传报道暴雨气象灾害信息和防灾抗灾动态。

第二十八条 大雾、霾等气象灾害防御应急预案启动后，气象主管机构所属气象台站应当及时发布防御指引，引导市民采取防护措施并减少户外活动，建议限制大型户外活动和调整中小学校、幼儿园等户外活动时间。

民航、港口、海事、交通运输、公安交通等有关部门应当根据大雾、霾等影响程度，按照职责做好交通疏导、调度、管制等工作。

第二十九条 市、区人民政府应当根据气象主管机构提供的灾害性天气发生、发展趋势信息以及灾情发展情况，按照有关规定适时调整气象灾害级别或者作出解除气象灾害应急措施的决定，并向社会公告。

第三十条 重大、特别重大气象灾害发生后，市、区人民政府应当组织有关部门及时对气象灾害造成的损失及气象灾害的起因、性质、影响和可能存在的安全隐患等问题进行调查、评估，完善气象灾害防御规划和应急预案。评估结果应当及时向社会公布。

第五章 防御保障

第三十一条 市、区人民政府应当将气象灾害的防御列入本级国民经济和社会发展规划，所需经费纳入同级财政预算，并作为公共财政支出的重点领域予以支持。

第三十二条 市、区人民政府应当建立气象灾害防御工作责任制和考核评价制度，将落实气象灾害防御职责的情况纳入同级人民政府的绩效考核内容。

第三十三条 市、区人民政府应当组织气象主管机构和农业、林业、水利、国土资源、环境保护等有关部门开展气象灾害普查，建立气象灾害信息数据库，并为公众查询提供便利。

第三十四条 市人民政府鼓励气象灾害防御的科学技术研究和推广应用，促进海峡两岸气象灾害防御科技交流与合作。

市气象主管机构应当积极开展台湾海峡、厦金海域气象预报预警业务，推进与漳州、泉州以及金门地区的气象信息共享、气象灾害联防和气象灾害监测预警服务体系建设，提高气象灾害防御能力。

第三十五条 本市中小学校应当将气象灾害防御知识纳入有关课程和课外教育内容，培养和提高学生的气象灾害防范意识和自救互救能力。

支持学校、科技馆、青少年宫、文化宫（馆）等单位设立模拟灾害演练场所进行灾害防御教育，加强气象灾害防御演练。

教育部门、气象主管机构应当对学校开展的气象灾害防御教育进行指导和监督。

第三十六条 支持保险机构推出适合本市气象灾害特点的险种。

鼓励单位和个人参加气象灾害保险。气象主管机构所属气象台站等气象服务机构应当为单位和个人提供保险所需的气象灾害证明材料。其中，对被保险人为个人的应当免收费用，对被保险人为单位的可以按照物价部门核定的标准收费。

第六章 法律责任

第三十七条 违反本条例第九条第一款规定，应当进行气候可行性论证的建设项目，未经气候可行性论证的，由气象主管机构按照职责权限责令限期改正，给予警告；逾期未改正的，处一万元以上三万元以下的罚款。

第三十八条 违反本条例第十一条第二款规定，气象灾害防御重点单位未按照市气象主管机构的要求对气象灾害防御职责落实情况进行整改的，由市气象主管机构责令限期改正；逾期未改正的，处一万元以上三万元以下的罚款。

第三十九条 违反本条例第十五条规定，建设单位有下列行为之一的，由气象主管机构按照职责权限责令限期改正；逾期未改正的，处五万元以上十万元以下的罚款：

（一）属于国家《建筑物防雷设计规范》规定的第一类、第二类防雷建（构）筑物，未就雷电防护装置的设计征求气象主管机构意见的；

（二）雷电防护装置未通过气象主管机构竣工验收，擅自投入使用的。

第四十条 气象灾害发生时，市、区人民政府及其有关部门，各相关单位，部门和单位直接负责的主管人员及责任人员，未按照应急预案要求履行职责的，市、区人民政府及其监察部门、有关单位应当按照规定权限责令有关单位和个人限期整改并依法追究责任。

第七章 附 则

第四十一条 本条例自 2013 年 10 月 1 日起施行。

附：

2013年1月1日至2013年12月31日应予废止的气象方面规范性文件目录(11件)

序号	文件名称	发文日期文号	说明
1	气象部门领导干部任期经济责任审计暂行规定	(气发〔2002〕4号)2002年1月15日	已被2013年1月5日(气发〔2013〕3号)《中国气象局党组管理的主要领导干部和企业领导人员经济责任审计办法》所代替
2	中国气象局工作规则	(气发〔2007〕371号)2007年10月23日	已被2013年6月18日(气发〔2013〕55号)《中国气象局工作规则》所代替
3	全国气象部门新闻发言人管理制度(试行)	(气发〔2008〕485号)2008年12月2日	已被2013年10月12日(气发〔2013〕93号)《中国气象局新闻发布制度》所代替
4	气象技术装备管理办法	(中气测发〔2001〕14号)2001年5月25日	已被2013年10月24日(气发〔2013〕98号)《气象观测专用技术装备管理办法》所代替

5	气象部门技术装备列装管理暂行办法	（国气装发〔1993〕3号）1993年4月30日	已被2013年10月24日（气发〔2013〕98号）《气象观测专用技术装备管理办法》所代替
6	气象部门落实审计结果整改情况跟踪检查暂行办法	（气纪函〔2008〕1号）2008年1月3日	已被2013年12月25日（气发〔2013〕125号）《气象部门审计结果整改情况跟踪检查办法》所代替
7	气象部门企业财务管理暂行办法	（气办发〔2011〕53号）2011年11月21日	已被2013年12月28日（气发〔2013〕126号）《气象部门企业财务管理办法》所代替
8	气象科技服务财务管理暂行办法	（气发〔2007〕302号）2007年8月30日	已被2013年12月28日（气发〔2013〕127号）《气象部门事业单位科技服务财务管理办法》所代替
9	气象科技服务财务管理补充规定	（气发〔2010〕15号）2010年1月19日	已被2013年12月28日（气发〔2013〕127号）《气象部门事业单位科技服务财务管理办法》所代替

10	中国气象局全国性会议管理办法	(气发〔2007〕78号)2007年3月30日	已被2013年12月31日(气发〔2013〕130号)《气象部门会议费管理办法》所代替
11	新疆维吾尔自治区人工影响天气工作管理办法	(政府令第82号)1998年7月13日	已被2013年1月15日新疆维吾尔自治区第十一届人民政府第36次常务会议讨论通过的《新疆维吾尔自治区实施〈人工影响天气管理条例〉办法》所代替